Festungen in Nordrhein-Westfalen

Deutsche Festungen, Band 6

Herausgegeben von der
Deutschen Gesellschaft für Festungsforschung e. V., Wesel

Guido von Büren · Andreas Kupka (Hg.)

Festungen in Nordrhein-Westfalen

SCHNELL + STEINER

Umschlagbild: Zitadelle Jülich
Foto: Dr. Ulrich Eckardt, Jülich

Bibliografische Information der Deutschen Nationalbibliothek:
Die Deutsche Nationalbibliothek verzeichnet diese Publikation in der
Deutschen Nationalbibliografie; detaillierte bibliografische Daten
sind im Internet über https://dnb.de abrufbar.

1. Auflage 2025
© 2025 Verlag Schnell & Steiner GmbH, Leibnizstraße 13, 93055 Regensburg
Umschlaggestaltung und Satz: typegerecht berlin
Druck: Grafisches Centrum Cuno GmbH & Co. KG, Calbe

ISBN 978-3-7954-3416-8

Alle Rechte vorbehalten. Ohne ausdrückliche Genehmigung des Verlages ist
es nicht gestattet, dieses Buch oder Teile daraus auf fotomechanischem oder
elektronischem Weg zu vervielfältigen.

Weitere Informationen zum Verlagsprogramm erhalten Sie unter:
www.schnell-und-steiner.de

INHALTSVERZEICHNIS

Vorwort 8

Festungen in Nordrhein-Westfalen
Eine Einführung 11
Guido von Büren · Andreas Kupka · Johannes Müller-Kissing

Die Festungen

1 Aachen
Eine wehrhafte freie Reichsstadt 43
Andreas Kupka

2 Bielefeld
Festung Sparrenberg – 250 Jahre Baustelle über Bielefeld 53
Johannes Müller-Kissing

3 Bonn
Eine befestigte Residenzstadt 65
Guido von Büren

4 Schloss Detmold
Wehrhafter Glanz 75
Johannes Müller-Kissing

5 Düsseldorf
Landesfestung und Residenz 85
Andreas Kupka

> Eine Dynastie von Festungsbaumeistern
> Die Familie Pasqualini im 16. und frühen 17. Jahrhundert 100
> *Guido von Büren*

6 Die Fossa Eugeniana und ihre Schanzen
Ein befestigtes Kanalbauprojekt zwischen Rhein und Maas 103
Wolfgang Wegener

7 Jülich
Eine befestigte Idealstadt der Renaissance 115
Guido von Büren · Andreas Kupka

8 Kaiserswerth
Festung zwischen Erzstift Köln und Herzogtum Berg 133
Andreas Kupka

9 Köln
Großfestung am Rhein 141
Andreas Kupka

> **Gotthilf Benjamin Keibel (1770–1835)** 166
> *Andreas Kupka*

10 Krefeld
Burg Linn in Krefeld – von der Landesburg zur Festung 169
Guido von Büren

11 Lemgo
Starke Wälle gegen Feinde … und den Landesherren 177

> **Hermann Wulff** 184
> *Johannes Müller-Kissing*

12 Lipperode
Einmal Festung sein … 187
Johannes Müller-Kissing

13 Minden
Mal wichtig, mal unwichtig 197
Johannes Müller-Kissing

14 Mönchengladbach
Schloss Rheydt in Mönchengladbach – ein Bollwerk gegen
den Landesherrn 209
Guido von Büren

15 Münster
Ein befestigtes Zentrum klerikaler Macht 217
Johannes Müller-Kissing

> **Baumeister in Krieg und Frieden**
> Johann Conrad Schlaun (1695–1773) 224
> *Guido von Büren*

16 Neviges
Schloss Hardenberg – ein befestigtes Wasserschloss 227
Kristin Dohmen

17 Orsoy
Landesfestung der Renaissance am Niederrhein 237
Guido von Büren

18 Schloss Varenholz
Bastionierter Glanz 243
Johannes Müller-Kissing

19 Wesel
Strategischer Knotenpunkt am Zusammenfluss von Lippe und Rhein 253
Josef Vogt

20 Der Westwall in Nordrhein-Westfalen
Das Ende des linearen Festungsbaus im 20. Jahrhundert 263
Wolfgang Wegener

Literatur (in Auswahl) 285
Besichtigungshinweise 289
Glossar 292
Bildnachweis 294

VORWORT

Vor mehr als 40 Jahren wurde die Deutsche Gesellschaft für Festungsforschung e. V. in Wesel gegründet. Seit gut zehn Jahren befindet sich ihr Archiv im Museum Zitadelle Jülich. Unsere Gesellschaft pflegt also starke Verbindungen zum Bundesland Nordrhein-Westfalen. Es ist uns daher eine besondere Freude, in der gemeinsam mit dem Verlag Schnell & Steiner herausgegebenen Reihe »Deutsche Festungen« nun den entsprechenden Band zu Nordrhein-Westfalen vorlegen zu können. Nicht selten gilt das Bundesland selbst als weitgehend geschichtslos, da die Gründung des Jahres 1946 kaum tieferreichende Wurzeln habe. Zudem prägt die Industrie an Rhein und Ruhr sowie der Braunkohletagebau im Rheinischen Revier das Bild eines vor allem an wirtschaftlichen Interessen ausgerichteten Landes. Nordrhein-Westfalen ist aber viel mehr als rauchende Schlote, Ballungszentren und ein dichtes Verkehrsnetz. Natur und Kultur sind hier genauso beheimatet und das mit herausragenden Beispielen und einer Dichte, wie kaum sonst in Europa. Neben Kathedralen und Kirchen, Burgen und Schlössern, Bürger- und Bauernhäuser, sind es vor allem beeindruckende Zeugnisse des modernen Festungsbaus, die Städte und Ortschaften in ihrer äußeren Gestalt bis heute prägen. Auf ihren Spuren wollen wir uns auf den folgenden Seiten bewegen, indem einerseits ein Überblick über Entwicklungslinien der »Architectura Militaris« vom 15. bis zum 20. Jahrhundert, eingebettet in die wichtigsten historischen Zusammenhänge, gegeben wird und andererseits 20 Fallbeispiele ausführlich vorgestellt werden. Dabei sollen die Texte, Abbildungen und weiterführenden Hinweise dazu anregen, selber die vorgestellten Anlagen zu besichtigen. Zudem werden einzelne Festungsbaumeister näher vorgestellt, um noch einen weiteren Zugang zum Thema aufzuzeigen.

Der Erhalt und die Inwertsetzung von Festungsanlagen stellen für die jeweiligen Eigentümer eine große Herausforderung dar. In den letzten Jahrzehnten ist eine ganze Reihe von erhaltenen Festungen restauriert und für Besucherinnen und Besucher erschlossen worden. Manches ist jedoch noch weitgehend unbekannt und geht dem schleichenden Verfall entgegen. Die Reihe »Deutsche Festungen« richtet sich in erster Linie an den interessierten Laien, der mit fundierten Informationen versorgt werden soll. Auf diese Weise hoffen wir, Verständnis für den Erhalt und die Erforschung unseres militärischen Erbes zu schaffen. Es sind »unbequeme« Denkmäler, die jedoch integraler Bestandteil unseres kulturellen Erbes sind. Die Festungsbaustellen der Neuzeit waren Großbaustellen, auf denen zahlreiche Menschen arbeiteten. Über Jahrhunderte prägten die Festungsbauten dann die Geschichte der jeweiligen Stadt oder des Ortes und schufen eine jeweils spezifische Identität, die mitunter bis heute fortwirkt.

Guido von Büren · Andreas Kupka

Die Herausgabe des vorliegenden Bandes wäre nicht möglich gewesen, ohne den Einsatz der Mitautorinnen und -autoren, die ihre jeweils ganz eigene Expertise mit eingebracht haben. Zu großem Dank verpflichtet sind wir den zahlreichen Bildgebern für ihre unkomplizierte Unterstützung. Namentlich sei der Luftbildfotograf Hajo Dietz erwähnt, der auch diesem Band der Reihe mit seinen hervorragenden Aufnahmen ein ganz eigenes Gepräge gegeben hat. Bei der Objektauswahl standen solche Anlagen im Vordergrund, die weitgehend erhalten und leicht zugänglich sind. Dass noch viel mehr Orte in Nordrhein-Westfalen einst stark befestigt waren, zeigen nicht nur historische Pläne und Ansichten, sondern auch Spuren im Boden, die durch das Verfahren des Oberflächenscans sichtbar gemacht werden können. Rouven Meidlinger verdanken wir die Aufarbeitung des entsprechenden Datenmaterials. Wie immer war die Zusammenarbeit mit dem Verlag Schnell & Steiner ein Vergnügen und zeitigt wieder eine schöne Frucht am gemeinsamen Baum der Aufarbeitung unseres festungsgeschichtlichen Erbes.

Guido von Büren und Andreas Kupka

Abb. 1 Bombardierung der Festungsstadt Geldern durch brandenburgisch-preußische Truppen im Spanischen Erbfolgekrieg 1703. Kupferstich von Jan van Huchtenburgh nach Jean de Bodt, 1729

FESTUNGEN IN NORDRHEIN-WESTFALEN
EINE EINFÜHRUNG

Der vorliegende Band beschäftigt sich mit ausgewählten Beispielen des festungskulturellen Erbes auf dem Boden des heutigen Bundeslandes Nordrhein-Westfalen (NRW). In dieser Einleitung werden die übergreifenden Entwicklungslinien herausgearbeitet und auch wichtige Festungen thematisiert, die vollständig oder bis auf wenige, unbedeutende Reste verschwunden sind. Unter Festungen werden hier Verteidigungsbauwerke verstanden, die auf den Einsatz von mit Schwarzpulver betriebenen Waffen, den sogenannten Feuerwaffen, hin konzipiert wurden (Abb. 1). Seit dem 15. Jahrhundert spielten diese in der Kriegsführung eine immer bedeutsamer werdende Rolle, sodass Städte und Adelssitze mit ihren Verteidigungsanlagen darauf reagieren mussten. Dabei ist jedoch zu berücksichtigen, dass dem im Nordwesten des Alten Reiches zahlreich vertretenen Niederadel das Befestigungsrecht weitgehend versagt blieb. Es waren somit vor allem die Reichsfürsten, die ihrer Stellung gemäß ausgewählte Residenzen und Städte zeitgemäß befestigen ließen. Hinzu traten die Freien Reichsstädte, die sich selbst verteidigen mussten und über die finanziellen Mittel verfügten, dies auch zu tun. Denn die Frage, ob man sich mit starken Mauern und Wällen gegen Angriffe mit Feuerwaffen verteidigen konnte, war vor allen Dingen eine der zur Verfügung stehenden Ressourcen. Hier war es allein dem sich seit dem 15. Jahrhundert herausbildenden frühmodernen Fürstenstaat

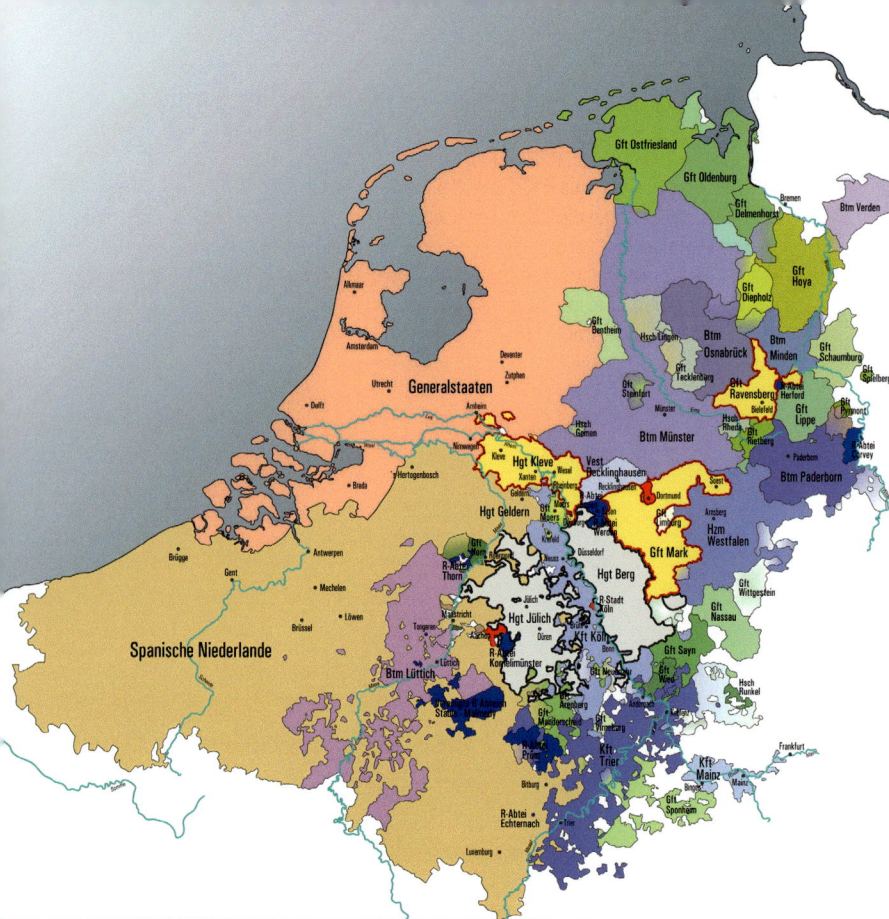

Abb. 2 Die territoriale Gliederung des rheinisch-westfälischen Raumes und der angrenzenden Regionen 1614

vorbehalten, eine Landesverteidigung zu organisieren und umzusetzen. Nur wenige Reichsstädte, wie in unserem Raum Köln, oder wohlhabende Gemeinwesen, die sich vom landesherrlichen Zugriff emanzipierten, konnten da mithalten.

Für die einzelnen Elemente des frühneuzeitlichen Festungsbaus hat sich eine eigenständige Terminologie entwickelt, die im Folgenden verwendet wird. Erläuterungen zu den Begriffen finden sich im Glossar. Dabei ist zu bedenken, dass die Benennungen in den zeitgenössischen Quellen von den heute gebräuchlichen Fachtermini abweichen können. Ein gutes Beispiel hierfür ist der Begriff der Bastion, der sich erst im Laufe des 17. Jahrhunderts allgemein durchzusetzen begann.

Das 1946 geschaffene Bundesland NRW setzt sich aus dem nördlichen Teil der ehemaligen Preußischen Rheinprovinz – der südliche Teil dieser Provinz gehört heute weitgehend zu Rheinland-Pfalz –, der preußischen Provinz Westfalen und dem 1947 hinzugekommenen Gebiet des ehemaligen Fürstentums bzw. Freistaates Lippe (heute der Landkreis Lippe) zusammen. Infolge der Revolutionskriege, der Neuordnung der europäischen Staatenwelt auf Druck des französischen Kaisers Napoleon I. und schließlich des Wiener Kongresses 1814/15 war das Gebiet an Rhein und Ruhr bis an die Weser im 19. Jahrhundert weniger territorial zersplittert als der Südwest- oder Mitteldeutsche Raum, da bis auf Lippe alles preußisches Staatsgebiet war. In der Vormoderne sah dies jedoch anders aus.

DIE POLITISCH-TERRITORIALE SITUATION IN RHEINLAND UND WESTFALEN SEIT DEM SPÄTMITTELALTER

Die territoriale Situation zwischen dem 15. und ausgehenden 18. Jahrhundert an Rhein und Ruhr wurde durch die zeitweilig miteinander vereinigten Länder Jülich, Kleve und Berg mit den Grafschaften Mark und Ravensberg sowie den Ländern Kurköln, Herzogtum Westfalen, Erzstift Paderborn und Fürstbistum Münster, die unter geistlicher Führung standen, geprägt (Abb. 2). Hinzu kamen die Grafschaft (später das Fürstentum) Lippe, wenige Reichsstädte wie Aachen, Köln und Dortmund sowie Reichsabteien und -stifte wie Essen und Kornelimünster, die über eigene, jedoch räumlich eng begrenzte territoriale Herrschaft verfügten. Das galt auch für kleinere Territorien wie die Grafschaften Moers und Riethberg.

Die Niederrheinlande zwischen Bonn und Emmerich links und rechts des Rheins sowie der nördliche Teil Westfalens gehörten zum Einflussgebiet des niederländischen Raums, der im 15. Jahrhundert unter den burgundischen Herzögen eine außerordentliche Blüte erlebte. Eine führende Macht am Rhein bildete der Erzbischof und Kurfürst von Köln, der über das Erzstift Köln, das Herzogtum Westfalen und das Vest Recklinghausen gebot. Die Soester Stiftsfehde kurz vor der Mitte des 15. Jahrhunderts und die Kölner Stiftsfehde zu Beginn des letzten Drittels des 15. Jahrhunderts gingen aber jeweils zu Ungunsten des Kölner Erzbischofs aus, der zwar auf Reichsebene als einer der sieben Kurfürsten seine herausgehobene Stellung behielt, als regionale Macht aber deutlich an Einfluss verlor. Das änderte sich erst zeitweilig im 18. Jahrhundert wieder, als der Kölner Kurfürst Clemens August von Bayern auch über das Fürstbistum Münster und das Erzstift Paderborn herrschte. Subsidienzahlungen des Königs von Frankreich erlaubten ihm eine verschwenderisch erscheinende barocke Hofhaltung, die aber wenig über seine tatsächliche Macht und seinen Einfluss aussagt. Seit dem ausgehenden 16. Jahrhundert kamen die Kölner Erzbischöfe und Kurfürsten aus dem Hause Wittelsbach, womit in großem Maße Interessen einer süddeutschen Macht – des Herzogtums und späteren Kurfürstentums Bayern – die im Rheinland gemachte Politik prägten.

Das gilt auch für andere Territorien auf dem Gebiet des heutigen Bundeslandes NRW. Seit 1423 waren die Herzogtümer Jülich und Berg miteinander vereinigt. Nach längerer Vorbereitungszeit kam es 1521 zum Zusammenschluss dieses Doppelterritoriums mit dem Herzogtum Kleve. Die Vereinigten Herzogtümer Jülich-Kleve-Berg mit den Grafschaften Mark und Ravensberg bildeten eine erhebliche Machtakkumulation, die sich auch als Sicherheitsbündnis gegen das Herzogtum Burgund begriff, das im Rahmen der Kölner Stiftsfehde schon auf die Länder am Rhein ausgegriffen hatte. Der burgundische Herzog Karl der Kühne belagerte 1474/75 die Stadt Neuss (Abb. 3). Trotz des massiven Einsatzes von Feuerwaffen, gelang es ihm aber nicht, die Stadt zu erobern. Vielmehr musste er durch das Eingreifen Kaiser

Abb. 3 Die Belagerung von Neuss 1474/75, kolorierter Holzschnitt aus »Die Cronica van der hilliger Stat Coellen«, 1499

Sigismunds, den Truppen der Stadt Köln maßgeblich unterstützten, die Belagerung abbrechen. Hier war aber erstmals für die Herrscher am Rhein spürbar, dass eine neue Zeit der rücksichtslosen Machtpolitik auf der Basis militärischer Stärke angebrochen war. Insoweit war das Zusammengehen wichtiger weltlicher Territorien im Nordwesten des Alten Reiches in der Zeit danach nur folgerichtig. 1542/43 scheiterte schließlich der Versuch, die Vereinigten Herzogtümer noch um das Herzogtum Geldern zu arrondieren, am erbitterten Widerstand Kaiser Karls V. als Herzog von Burgund. Herzog Wilhelm V. von Jülich-Kleve-Berg musste 1543 auf Geldern verzichten und wurde vertraglich an das habsburgische Lager gebunden. Dies war auch in konfessioneller Hinsicht von Bedeutung, da der Herzog zusichern musste, sich niemals der Reformation anzuschließen. In diesem Geldrischen Krieg hatte Wilhelm V. aber auch erfahren müssen, wie wenig seine Städte und Burgen den mauerbrechenden Feuerwaffen gewachsen waren (Abb. 4). So fand die Höhenburg Nideggen am Nordrand der Eifel durch massiven Kanonenbeschuss 1542 ihr unrühmliches Ende als eine der wichtigen Residenzen im Herzogtum Jülich (Abb. 5).

Die durch die Reformation seit 1517 ausgelöste Frage nach der Konfession bestimmte in den Ländern an Rhein und Ruhr trotz des Eingreifens Karls V. die Politik. Auch wenn der Bauernkrieg, der unmittelbar mit der Reformation in Verbindung stand, in diesem Raum keine Rolle spielte, kam es zu Unruhen, die durch religiöse Schwärmer ausgelöst wurden. Spektakulär war die zeitweilige Herrschaft der Täufer über die Stadt Münster, die durch einen massiven militärischen Einsatz der Territorialherren und ihrer Söldner 1534 beendet wurde (Abb. 6). Krieg aus konfessionellen und damit machtpolitischen Gründen innerhalb des Heiligen Römischen Reiches Deutscher Nation wurde immer wahrscheinlicher, was auch den Wunsch nach Festungsanlagen zur Herrschaftssicherung und zum Landesschutz beförderte. Hinzu trat die Türkengefahr, die als Bedrohung der westlichen Christenheit mit der Belagerung von Wien 1529 sehr reale Züge bekam. Darüber hinaus befand sich das Haus Habsburg in einem Dauerkonflikt mit dem König von Frankreich, der immer wieder auf die Länder am Rhein auszugreifen drohte. Als 1556 Philipp von Spanien die Herrschaft über die Habsburgischen Niederlande (Burgund) übernahm, löste dies extreme Spannungen aus, da der König keine Protestanten unter seinen Untertanen dulden wollte. Seit 1568 tobte der später sogenannte 80-jährige Krieg zwischen den sieben nördlichen Provinzen der Niederlande, die sich 1579 in der

Abb. 4 Erstürmung der Stadt Düren 1543 durch die Truppen Karls V., Kopie einer zeitgenössischen Ansicht aus dem beginnenden 17. Jahrhundert, aquarellierte Federzeichnung

Abb. 5 Burg Nideggen von Südosten

Abb. 6 Ansicht der belagerten Stadt Münster von Süden, kolorierter Holzschnitt aus dem Jahr 1534 von Erhard Schön

Union von Utrecht zu den Generalstaaten zusammenschlossen, und dem König von Spanien um die Unabhängigkeit von dessen Herrschaft. Dieser äußerst verbissen geführte Konflikt griff unmittelbar auf den nordwestdeutschen Raum aus, was den Bau und Ausbau zahlreicher Festungen zur Folge hatte (Abb. 7).

Der Spanisch-Niederländische Krieg vermischte sich dabei mit regionalen Konflikten wie dem Kölner Krieg in den 1580er-Jahren und dem Jülich-Klevischen Erbfolgestreit seit 1609. Letzterer wurde 1614 im Vertrag von Xanten insoweit gelöst, als die Länder Jülich-Berg an den Herzog von Pfalz-Neuburg fielen und die Länder Kleve-Mark-Ravensberg an den Kurfürsten von Brandenburg. Wie schon im Fall von Kurköln beschrieben, waren es nun Kräfte außerhalb der Region, die hier herrschten. Die kriegerischen Auseinandersetzungen gingen weiter, da der Spanisch-Niederländische Krieg erst im Frieden von Münster 1648 beendet werden konnte. Der Frieden blieb aber brüchig, da in den 1660er-Jahren der Jülich-Klevische Erbfolgestreit im sogenannten Kuhkrieg noch einmal kurzzeitig aufbrach und 1672 König Ludwig XIV. von Frankreich die 1648 souverän gewordenen Niederlande angriff und dabei über die Länder am Rhein vorstieß. Zu Beginn des 18. Jahrhunderts brach der Spanische Erbfolgekrieg aus und auch die weiteren Kriege dieses Jahrhunderts griffen immer wieder nach Rheinland und Westfalen über.

Für die lange Phase kriegerischer Auseinandersetzungen zwischen 1568 und 1648 spielte der Nordwesten des Alten Reiches auch deshalb eine so wichtige Rolle, weil hier eines der bedeutendsten Waffenproduktionsgebiete der Zeit zu verorten ist. Die seit dem Spätmittelalter nachweisbare Eisenverhüttung im Bergischen Land und im Sauerland führte zur Produktion hochwertiger Klingen sowie zu Herstellung von Harnischen und Helmen. Diese wurden als halbfertige Waren in Köln konfektioniert und verhandelt. Insoweit bildete die Reichsstadt Köln einen

Abb. 7 Spanisch und staatisch-niederländisch besetzte und umkämpfte Plätze am Niederrhein (1585–1672)

der wichtigsten Waffenumschlagplätze in dieser Zeit und konnte sich somit auch als Ort vertraulicher Verhandlungen zwischen unterschiedlichen Kriegsparteien und aus Austauschbörse für Informationen etablieren.

Die in Folge der Französischen Revolution einsetzende Expansion Frankreichs in Richtung des Rheins hatte eine andere Qualität als die Kriege zuvor. Hier zeichnete sich ein Epochenumbruch ab, der zu Massenheeren und damit einhergehenden

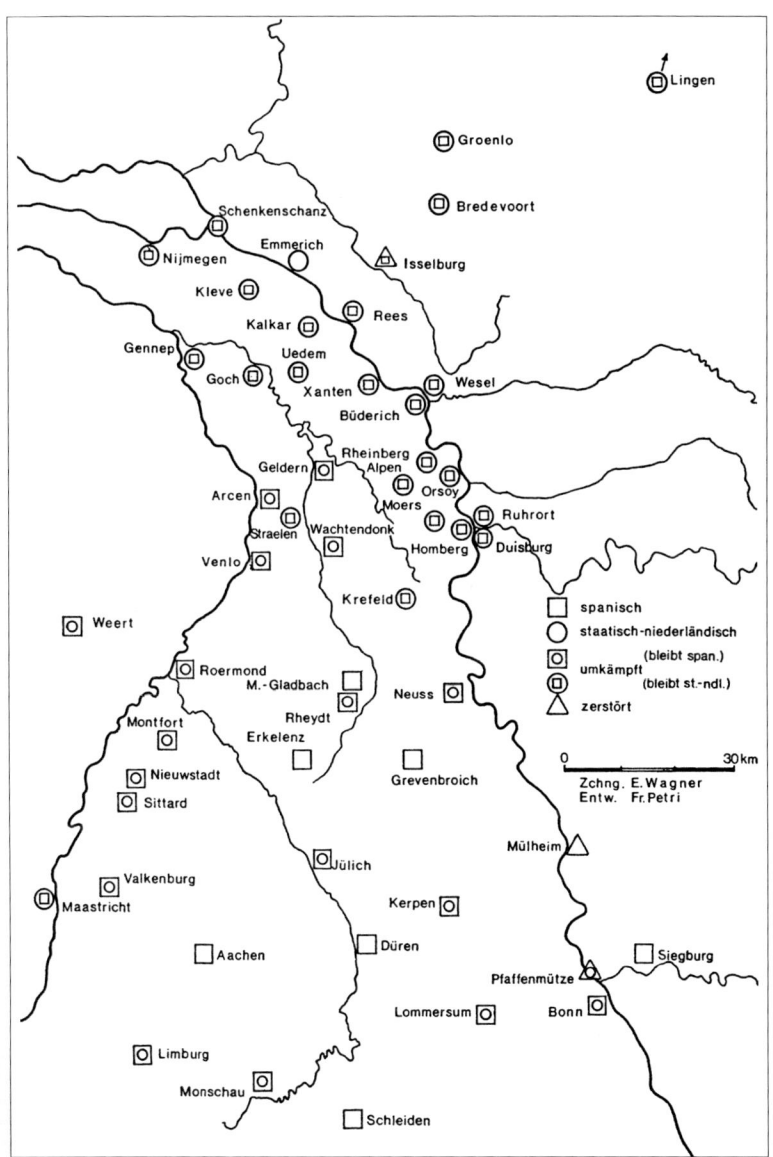

neuen taktischen Ausrichtungen führte. Die linksrheinischen Gebiete fielen 1794 an Frankreich, was 1797 in einem Geheimvertrag durch den Kaiser garantiert und 1801 im Frieden von Lunéville auch völkerrechtlich anerkannt wurde. Die Gründung des Rheinbundes 1806 hatte schließlich die Auflösung des Heiligen Römischen Reiches Deutscher Nation zur Folge. Rechts des Rheins entstanden mit dem Großherzogtum Berg und dem Königreich Westfalen französische Satellitenstaaten. Es versteht sich von selbst, dass sich damit auch die Funktion der Festungsbauten änderte, die nun vor allen Dingen am Rhein zur Grenzsicherung dienten. Eine Reihe von Festungen wurden auch geschleift, da die Kriegstaktik nur noch weniger befestigter Plätze bedurfte. War der Krieg in der Vormoderne weitgehend von Belagerungen geprägt gewesen, spielten nun Feldschlachten eine immer kriegsentscheidendere Rolle. Diese Entwicklung setzte sich auch nach dem Zusammenbruch der napoleonischen Herrschaft und der Neuordnung der europäischen Staatenwelt auf dem Wiener Kongress 1814/15 fort. Neue Macht in Rheinland und Westfalen war nun das Königreich Preußen, das seine Festungen an Rhein (Wesel, Köln, Koblenz) und Weser (Minden) weiter ausbaute (Abb. 8). Dabei griffen die Festungswerke immer weiter in das Vorfeld aus, um den Fortschritten in der Waffentechnik entgegenzuwirken. Nach der Jahrhundertmitte entstanden in Köln und Minden Außenforts, die den Angreifer binden und von der Kernfestung möglichst lange fernhalten sollten.

Die Einführungen von Hinterladern mit gezogenem Lauf ermöglichten ein viel zielgenaueres Beschießen von Festungswerken. Zudem bedeutete die Sprengkraft der als Munition verschossenen Granaten eine neue Qualität in deren Zerstörungskraft, der traditionelle Bauten aus Ziegeln und Erde nicht mehr gewachsen waren. Paradigmatisch hierfür ist die vom preußischen Militär in Jülich durchgeführte Belagerungsübung im Jahr 1860, bei der die Wirkung der neuesten Typen der von der Firma Krupp in Essen entwickelten Geschütze erfolgreich getestet wurden (Abb. 9). Die Neuausrichtung des Festungsbaus galt dann noch bis in die Zeit des Ersten Weltkriegs. Die Niederlage des Deutschen Reiches im Jahr 1918, die nachfolgende Besetzung weiter Teile des Rheinlands durch belgische, britische, französische und zeitweilig US-amerikanische Truppen sowie schließlich die Auflagen des Versailler Vertrags führten zu einer vollständigen Entmilitarisierung des Rheinlands und zum Rückbau der bis 1918 militärisch genutzten Festungswerke etwa in Köln und Wesel.

Die völkerrechtswidrige Remilitarisierung der linksrheinischen Gebiete 1936 durch das »Dritte Reich« hatte zur Folge,

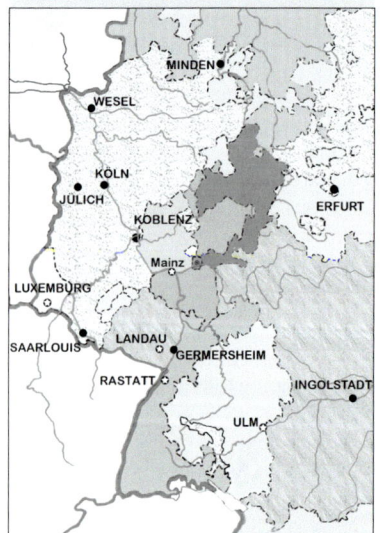

Abb. 8 Festungen im Westen des Deutschen Bundes in der Mitte des 19. Jahrhunderts

Abb. 9 Zum Abschluss der Belagerungsübung in Jülich versammelten sich 46 hochrangige Offiziere mit Prinz Karl von Preußen am 27. September 1860 zu einem Gruppenbild auf der Erdrampe der großen Bresche in der nördlichen Face der Zitadellenbastion Marianne

dass ehemalige militärisch genutzte Liegenschaften wieder in Betrieb genommen wurden. Zudem begann man mit der Sicherung der Westgrenze durch den sogenannten Westwall mit Bunkern und Panzersperren. Im Zuge des Luftschutzes, forciert nach Ausbruch des Zweiten Weltkriegs 1939, wurden in den Städten Luftschutzanlagen und Bunker errichtet, die aber keinen Charakter als aktive Verteidigungsanlagen hatten. Dennoch steht der Bunkerbau in der Tradition des permanenten Festungsbaus, der nach 1945 im Zeitalter des möglichen Atomkriegs insoweit eine Fortsetzung fand, als während des Kalten Krieges atomsichere Bunkeranlagen entstanden. Der entsprechende Bunker für die Bundesregierung im Ahrtal (Rheinland-Pfalz) und für die nordrheinwestfälische Landesregierung in Mechernich wurden nach 1990 aufgegeben. Reine »Kampfbunker« wurden nach 1945 dagegen in NRW nicht mehr gebaut, jedoch stützten sich die Verteidigungspläne der NATO auf sogenannte Geländeverstärkungen und Sperrstellen, bei denen es sich um vorbereitete (Panzer-)Sperren und Sprengstellen handelte.

DIE ENTWICKLUNG DES FESTUNGSBAUS AN RHEIN UND RUHR

Der kursorische Überblick zur politischterritorialen Situation im Rheinland und in Westfalen hat gezeigt, dass der Raum wenige Friedenszeiten erlebte. Das schuf

Abb. 10 Karte der kriegerischen Auseinandersetzungen am Niederrhein und in Westfalen im Jahr 1614 von Wilhelm Baudartius

die Notwendigkeit zu einem beständigen Ausbau strategisch wichtiger Orte mit effektiven Verteidigungsanlagen. Geografisch gliedert sich das Bundesland NRW einerseits in eine Mittelgebirgszone, die aus Eifel, Bergischem Land, Sauerland, Weserbergland und Teutoburger Wald gebildet wird und andererseits aus eine überwiegend flachen Landschaft, die vom Niederrhein über das Münsterland bis zur beginnenden norddeutschen Tiefebene reicht. Dieses Landschaftsbild hatte Auswirkungen auf den Festungsbau, als dieser im 16. Jahrhundert durch das Bastionärsystem immer raumgreifender wurde.

Die flache Landschaft des Niederrheins und des nördlichen Westfalens begünstigte dabei den Bau großflächiger Festungen, für die aus der topographischen Situation heraus ausreichend Platz vorhanden war. Zudem erkannten die Landesherren früh, dass sie ihre Territorien mit Festungen schützen mussten, da es sich um ein »offenes Land« mit wenigen geografischen Hindernissen in Form von Flüssen handelte, wie es bereits 1538 Jungherzog Wilhelm V. von Jülich-Kleve-Berg als Begründung gegenüber dem Landtag für den Ausbau der Stadt Jülich zum Hauptwaffenplatz des gleichnamigen Herzogtums formulierte (Abb. 10). Dabei wirkte der landesherrliche Festungsbau auch immer nach innen. Nach 1660 ließ Kurfürst Friedrich Wilhelm von Brandenburg die Stadt Kalkar befestigen und dort eine vierbastionäre Zitadelle errichten. Die Landstände des Herzogtums Kleve legten dagegen heftigen Protest ein, befürchteten sie doch nicht zu Unrecht die disziplinierende Wirkung landesherrlicher Truppen im Land. Der Aus- und Umbau von Stadtbefestigungen ging aber nicht selten von Besatzungstruppen aus, die damit strategisch wichtige Stellungen sicherten. Das gilt vor allem für die Zeit des Spanisch-Niederländischen Krieges, als der Niederrhein zum Aufmarsch- und Kampfgebiet fremder Mächte wurde.

Wie auch in anderen Regionen Deutschlands, verlief der Wechsel zwischen mittelalterlicher und neuzeitlicher Fortifikation im rheinisch-westfälischen Raum fließend, nicht sprunghaft. Hierbei lassen sich zwei Entwicklungsstränge fassen, die in den kommenden Jahrhunderten symptomatisch sein sollten: Einerseits der zum Teil in großen politischen Dimensionen gedachte Festungsbau der Landesherren und andererseits der Festungsbau der Städte, die sich notgedrungen die größeren und damit teureren Stadtbefestigungen leisten mussten, wollten sie nicht ins waffentechnische Hintertreffen geraten und eine zu leichte Beute werden. So entstanden in der Freien- und Reichsstadt Köln Mitte des 15. Jahrhunderts steinerne Bollwerke vor den mittelalterlichen Haupttoren, die ganz auf die Bedürfnisse der modernen Artillerie zugeschnitten waren, wie das um 1469 belegte Bollwerk Severinii vor der Severinstorburg. Archäologische Untersuchungen zeigen indes, dass in der zweiten Hälfte des 15. Jahrhunderts nach heutigem Wissensstand in der Fläche, neben kleineren baulichen Modifikationen am mittelalterlichen Bestand, eher mit ersten Holz-Erde-Befestigungen experimentiert wurde. Bedauerlich ist, dass der Beginn der Feuerwaffenfortifikation im späten 15. Jahrhundert noch immer ein Desiderat der Forschung ist, das nur langsam aufgearbeitet wird.

Ende des 15. Jahrhunderts begannen Landesherren und Stadträte, die bis dahin eher für den Einsatz von Handfeuerwaffen ausgelegten Befestigungen auch gegen den Beschuss von schwerer Belagerungsartillerie zu sichern. Zu diesem Zeitpunkt wurden die mittelalterlichen Stadtmauern durch klassische Stadtmauertürme verstärkt, die deutlich stärkere Wände aufwiesen, als ihre Vorgänger. Gleichzeitig waren sie für den Einsatz von leichten Geschützen aus den Erdgeschossen und Handfeuerwaffen aus den oberen Stockwerken ausgelegt. Beispiele für diese Türme haben sich in Horn und Lemgo, aber auch im weiter westlich gelegenen Unna erhalten. Im Burgenbau wiederum verließ man sich ganz auf die starken Mauern und tiefen Gräben. Lediglich zusätzliche Verteidigungsanlagen zur infanteristischen Abwehr – vorgelagerte Holz-Erde-Werke, Blockhäuser und selten eine Geschützscharte – wurden vermehrt gebaut, wie Untersuchungen auf den lippischen Burgen Blomberg, Sternberg und der Falkenburg zeigten. Die Verteidigungsartillerie der Wahl scheint die Kammerbüchse ge-

Abb. 11 Kammerbüchse aus der Zeit um 1500

wesen zu sein, die eine deutlich höhere Kadenz bei der Sturmabwehr erlaubte als einfache Vorderlader und in vielen Arsenalverzeichnissen vorkommt (Abb. 11). Mauern und Toranlagen hingegen blieben bis um 1500 in ihrem mittelalterlichen Bild bestehen. Auch die meist im Spätmittelalter angelegten vorgelagerten zweiten Gräben der Städte blieben unverändert. Ausnahmen sind die Stadtmauern von Lippstadt, Soest und Unna, die in der zweiten Hälfte des 15. Jahrhunderts bereits mit einer Erdhinterschüttung verstärkt wurden (Abb. 12).

Der große Umschwung trat dann in den 1520er-Jahren ein und trennte von nun an den landesherrlichen und den städtischen Festungsbau für gute 100 Jahre. Mittlerweile hatte sich die Belagerungsartillerie derart entwickelt, dass die Artillerie schnell verlegt werden konnte und eine deutlich höhere Schussfolge und Zielgenauigkeit besaß. Um die meist nur etwa 0,8 m starken Stadtmauern zu schützen, wurde den mittelalterlichen Mauern ein vollkommen neues Verteidigungsbauwerk vorgelagert, bei dem es sich um einen einfachen Erdwall handelte. Mit einer Sockelmauer ausgestattet, diente er als neue Verteidigungslinie. Die heute noch erhaltenen Wälle in Höxter, Lemgo und Werl besitzen Höhen von bis zu 5 m. Die Erdwälle schmiegten sich noch an den geschwungenen Verlauf der Stadtmauern an und wurden von den spätmittelalterlichen Toranlagen durchbrochen. Diese wurden ihrerseits meist nur mit Feuerwaffenscharten ausgestattet und behielten selbst bei Neubauten ihre hoch aufragende Form, wie sie das Neutor der Stadt Blomberg

Abb. 12 Schnitt durch den Ulrich-Jakobi-Wall in Soest. In den Wallkörper wurde 1943 ein Deckungsgraben bergmännisch eingebaut. Die Wallhinterschüttung wird allgemein in das Jahr 1450 datiert und in Zusammenhang mit der Soester Fehde 1444–1449 gebracht

Abb. 13 Auf Grabenhöhe verfügt der »Alte Turm« in der Stadtbefestigung von Wiedenbrück über mehrere Handfeuerwaffenscharten. Die in den vergangenen 100 Jahren abgetragenen oberen Stockwerke wiesen keine Scharten auf

von 1520 zeigt. Eine Ausnahme war der vorgelagerte Geschützturm »Bollwerk« in Lemgo.

Die Flankierung dieser Erdwälle geschah über in den Graben vorspringende gemauerte Streichwehren, die teilweise nur ein Stockwerk hoch waren und so annähernd im Graben verschwanden. Hinzu kamen an neuralgischen Punkten der Befestigung Verbreiterungen des Erdwalles, die mal Rondellform, mal die vage Form einer Bastion annehmen konnten. Bei der um 1530 ausgebaute Befestigung von Wiedenbrück und der bisher nicht näher datierten Wallanlage von Höxter wurden gemauerte Flankierungsbauwerke in den Wall gesetzt. Im Fall von Wiedenbrück handelte es sich dabei um einen mit Treppenscharten im Erdgeschoss ausgestatteten dreistöckigen Turm, der an seine Vorgänger aus dem späten 15. Jahrhundert erinnert (Abb. 13). In Fällen von Städten wie Lippstadt, bei denen die Stadtmauern verstärkt worden waren, wurden diese Flankierungsbauwerke an die mittelalterliche Mauer angefügt. Das galt auch für den Bau der Flesgentorbastion in Wesel im Jahr 1568 nach einem Entwurf von Johann Pasqualini d. Ä.

Das Bastionärsystem war das modernste Konzept im Wehrbau des 16. Jahrhunderts, das über Norditalien (zum Beispiel Verona 1521) seit Mitte des Jahrhunderts nördlich der Alpen Verbreitung fand. Das Prinzip beruhte auf einer Umsetzung ballistischer Beobachtungen in geometrische Grundrisse der Wehranlagen als Antwort der Festungsbaukundigen auf die ständige Verbesserung der Pulverartillerie und deren Anwendung bei Belagerungen. Die geplanten Anlagen sollten einen maximalen Schutz vor den Waffen der Belagerer bei gleichzeitiger optimaler Ausnutzung der eigenen Artillerie bieten. Hauptelemente der Befestigung bildeten breite, geradlinige Wälle, die Kurtinen, die vier, fünf oder mehr Bastionen miteinander verbanden.

Festungen in Nordrhein-Westfalen

Im Bastionärsystem wurde die Festung so konstruiert, dass das Vorfeld weitgehend ohne tote Winkel mit Feuerwaffen verteidigt werden konnte. Die im Grundriss fünfeckigen Bastionen schoben sich in das Vorfeld der Festung hinein und erlaubten von den Wällen aus den Angreifer umfassend unter Beschuss zu nehmen (Abb. 14). Gleichzeitig bestand die Möglichkeit, aus zurückgezogenen Flankenstellungen am Übergang der Bastion zum Wall hin den Grabenbereich zu verteidigen. Befanden sich die Bastionen in einem abgestimmten Verhältnis zueinander, konnten sie sich gegenseitig verteidigen, indem die Face der gegenüberliegenden Bastion jeweils bestrichen wurde. Bei einer rechteckigen Festung mit vier Bastionen war somit eine Rundumverteidigung gegeben. Als problematisch erwies sich aber, dass der Angreifer eine Bastion zu isolieren vermochte, da die Verteidigung von den benachbarten Bastionen diesem kaum gefährlich werden konnte. Zitadellen mit fünfeckigem Grundriss waren deshalb deutlich besser, da die Kurtinen hier in einem stumpferen Winkel aufeinandertrafen und somit das Vorfeld einer einzelnen Bastion von den flankierenden aus ins Kreuzfeuer zu nehmen waren. Das Bastionärsystem wurde in der nachfolgenden Zeit verbessert, indem zusätzliche, der Kernfestung vorgelagerte Schutzwerke wie Lünetten, Ravelins und Kontergarden den Angreifer weit vor der Kernfestung aufhalten und bereits dort zu aufwändigen Gegenmaßnahmen zwingen sollten. Sein Siegeszug in Europa und in Folge der Kolonisation auch in Übersee lässt sich dahingehend erklären, dass die Funktion sich in überzeugender Weise medial, z. B. durch den Buchdruck, vermitteln ließ. Tatsächlich waren auch andere Formen von Festungswerken durchaus erfolgreich verteidigungsfähig.

Bis hinein in den 30-jährigen Krieg wurde an den städtischen Befestigungen im westfälischen Raum wenig weitergebaut. Meist gingen die Ratsherren davon aus, dass die Kosten einer wie hier beschriebenen moderneren Befestigung ihren Nutzen übersteigen würden und verließen sich auf die Söldner und deren Waffen, die – jedenfalls in der Theorie – im Krisenfall angeheuert werden sollten. Lediglich die Tore erhielten meist einen zusätzlichen Schutz durch Ravelins. Erst nachdem ab den 1620er-Jahren immer mehr (ost-)westfälische Städte in die Kampfhandlung hineingerieten und eingenommen wurden, begann ein Umdenken. Während Lippstadt eine komplette Bastionärbefestigung erhielt, wurden Städte wie Höxter lediglich mit weiteren Vorwerken an taktisch entscheidenden Stellen verstärkt. Noch häufiger hingegen scheiterten auch diese Pläne an fehlenden Finanzen, Arbeitskräften und Material und die jeweiligen Herren begnügten sich damit, die oftmals vernachlässigten Befestigungen mittels Palisaden, Stumpfählen und kleineren Verbesserungen wieder in einen verteidigungsfähigen Zustand zu versetzen.

Hatten die meisten Städte noch den Befestigungsbau bis etwa 1500 mitaufnehmen können, wurden nur wohlhabende Städte mit den vorgelagerten Erdwällen und den genannten Einzelanlagen ausgebaut. Ähnliches geschah auf Seiten der Landesherren. Der Großteil der Burgen behielt zwar eine gewisse Garnison, wurde aber nicht weiter baulich verstärkt. Lediglich die bedeutenden Zentren wurden nach modernen Gesichtspunkten befestigt. Dabei konnten sich die Landesherren einerseits auf größere Finanzmittel stützen, andererseits waren die zu befestigenden Flächen deutlich kleiner. Im Endeffekt bedeutete dies, dass sie eine bessere Fortifikation auf kleinerem Raum schaffen konnten. Der vorherrschende Bautyp war ab den 1530er-Jahren die rondellierte Festung, wie sie in kurzer Zeit zum Beispiel im west-

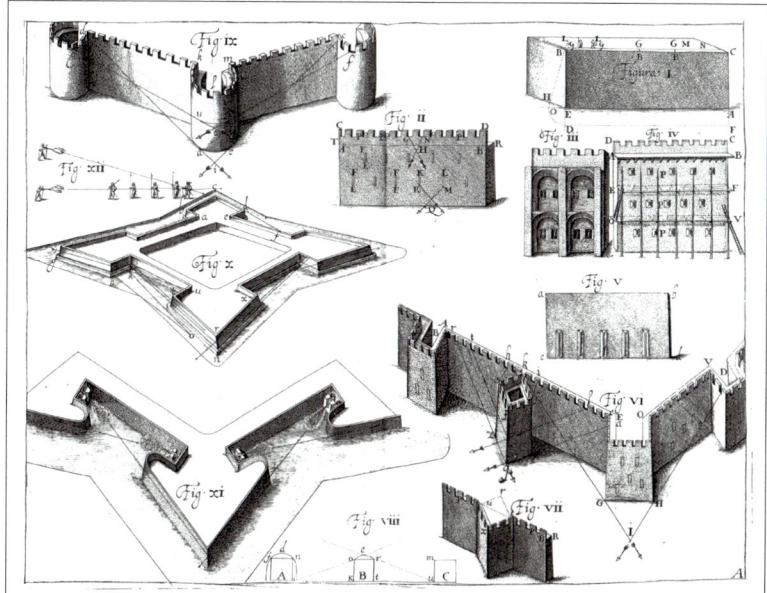

Abb. 14 Die Funktionserläuterung des Bastionärsystems im Vergleich zu mittelalterlichen Befestigungsweisen bei Matthias Dögen, L'Architecture Militaire Moderne Ou Fortification, Amsterdam 1648

fälischen Werl durch den Kurfürsten von Köln, in Detmold durch die Grafen zur Lippe oder in Nordkirchen durch Gerhard III. von Morrien errichtet wurden (Abb. 15). Damit war aber auch die Entwicklung an ihrem Ende angelangt. Abgesehen von den bastionären Ausbauten der Vorwerke der Festung Sparrenberg oberhalb von Bielefeld und einem bastionsartigen Torbau auf Burg Ravensberg, hielten die ostwestfälischen Landesherren an den Befestigungen der 1530er-Jahre fest. Dabei gilt es zu beachten, dass dieser sich während des 30-jährigen Krieges nicht als nachteilig herausstellte. Vielmehr zeigte sich, dass die in Ostwestfalen-Lippe errichteten rondellierten Befestigungen durchaus effektiv waren und somit für die knapp hundert Jahre zuvor errichten Anlagen eigentlich kein Verbesserungsdruck bestand.

Ganz anders dagegen war die Situation im Rheinland, wo unter Herzog Wilhelm V. von Jülich-Kleve-Berg ab der Mitte des 16. Jahrhunderts mit den Landesfestungen Düsseldorf, Jülich und Orsoy ein Bauprogramm aufgelegt wurde, das sich des zeitgemäß empfundenen Bastionärsystems bediente. Daniel Specklin hob 1589 in seiner »Architectura von Vestungen« den Jülich-Klevischen Herzog für seine Festungsbauten entsprechend hervor: »Deßgleichen hat Herzog Wilhem von Gülch sehr vil Vestungen in seinem Fürstenthum/als ein Fürst in Teutschland haben mag.« Hinzu kam der Ausbau der strategisch bedeutsamen Orte und Städte durch Besatzungstruppen in Folge etwa des 80-jährigen Krieges. Die Stadt Jülich ist ein gutes Beispiel für den Umstand, dass es, wenn möglich, mit dem Ausbau zur Festung auch zu einer umfassenden Reorga-

Festungen in Nordrhein-Westfalen

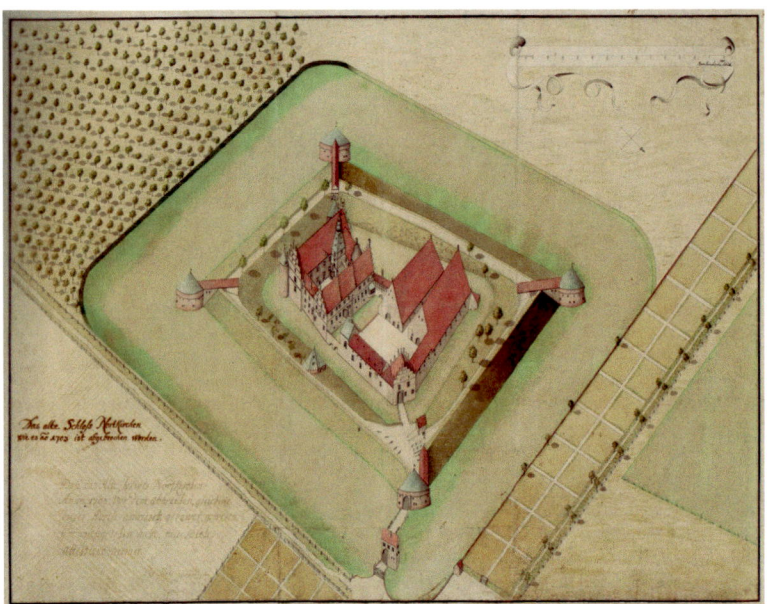

Abb. 15 Das alte Schloss Nordkirchen vor dem Abbruch 1703, Vogelschau von Peter Pictorius d. J., um 1703

FESTUNGSBAU DER FRÜHEN NEUZEIT ZWISCHEN THEORIE UND PRAXIS

nisation oder Neuanlage von Stadtgrundrissen kam. Die theoretischen Grundlagen hierfür waren im italienischen Städtebau gelegt worden. Die Straßenführungen nahmen auf die Belange als Festungsstadt Rücksicht oder wurden im rechtwinklig aufeinandertreffenden Raster angelegt, wie etwa bei der als Planstadt ab 1612 neu angelegten Stadt Mülheim gegenüber von Köln auf der anderen Rheinseite. Der Ausbau Mülheims nach einem Entwurf von Johann Pasqualini d. J. musste jedoch nach Intervention der Reichsstadt Köln beim Kaiser und beim Reichskammergericht eingestellt werden (Abb. 16). Köln selbst begann erst um 1635 angesichts einer gesteigerten Bedrohungslage mit dem Bau einer neuen Stadtbefestigung im Bastionärsystem unter Mitwirkung des Lütticher Ingenieurs Jean Gallé.

Ein Spezifikum des frühneuzeitlichen Festungsbaus ist der Umstand, dass parallel zu seiner Entwicklung in der Praxis ein theoretisch geführter Diskurs in Form von Traktaten stattfand. Das erste gedruckte Buch zur »Architectura Militaris« verfasste Albrecht Dürer, der 1527 sein Werk »Etlicher Underricht zur befestigung der Stett, Schloss und flecken« herausgab. Dieses beschäftigte sich jedoch nicht mit dem in der Zeit um 1500 in Italien entwickelten Bastionärsystem, sondern erläuterte Aufbau und Funktion rondellierter Befestigungen. Das Buch war König Ferdinand von Ungarn gewidmet und sollte ihm im Kampf gegen die Türken nützlich sein. Die von Dürer entwickelten Vorschläge waren jedoch wenig praxistauglich und so ist sein Einfluss auf die Entwicklung des Befestigungswesens eher gering einzuschätzen.

Im Hinblick auf die Form der Theorievermittlung ist sein Buch jedoch als bahnbrechend anzusehen (Abb. 17). Erst in der Mitte des 16. Jahrhunderts erschienen in Italien Werke, die das Bastionärsystem thematisierten. Hier war es dann an dem Straßburger Festungsbaumeister Daniel Specklin, das erste deutschsprachige Werk zu dieser Festungsbauweise zu veröffentlichen. 1589 erschien seine »Architectura von Vestungen«, die stark rezipiert wurde und eine Reihe von Neuauflagen erlebte. Specklin hatte für sein Werk zahlreiche Reisen unternommen, die ihn unter anderem an den Niederrhein und in die Niederlande führten. Intensiv beschäftigt er sich mit der Zitadelle Jülich (Abb. 18). Auf einem hohen, reflektierten Niveau diskutiert Specklin die verschiedenen Faktoren, die den Festungsbau bestimmten. Die Traktate der ersten Hälfte des 17. Jahrhunderts bauten auf den Erfahrungen auf, die man während des 80- und des 30-jäh-

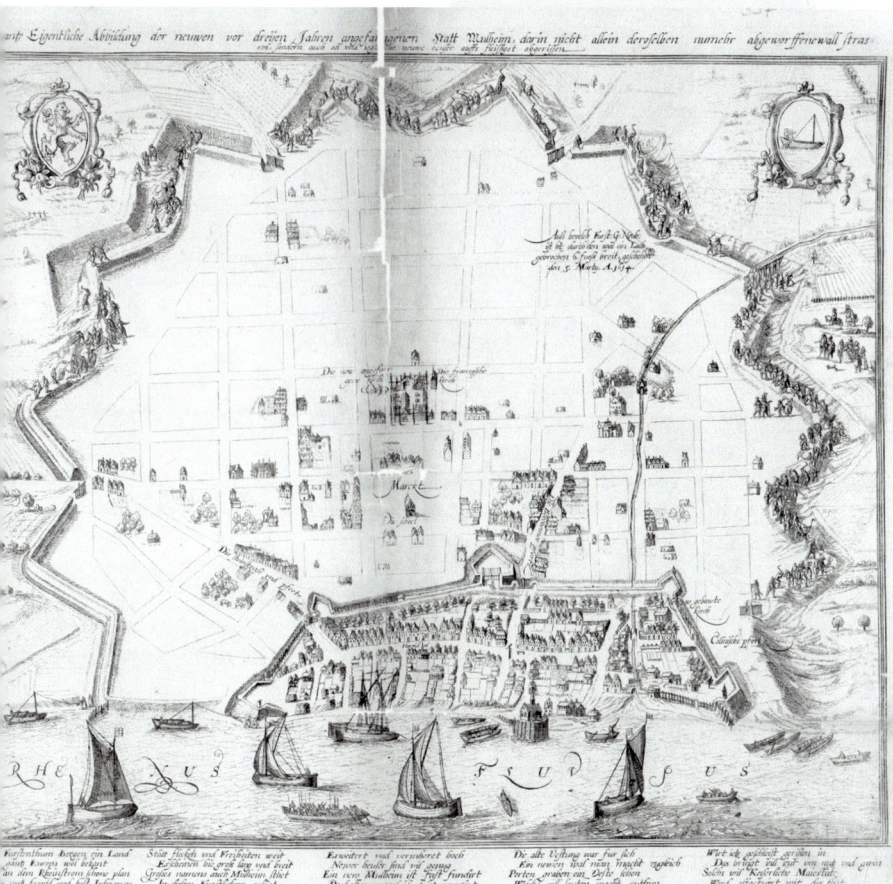

Abb. 16 Schleifung der Wälle der Stadterweiterung von Mülheim am Rhein im Jahr 1614, Kupferstich

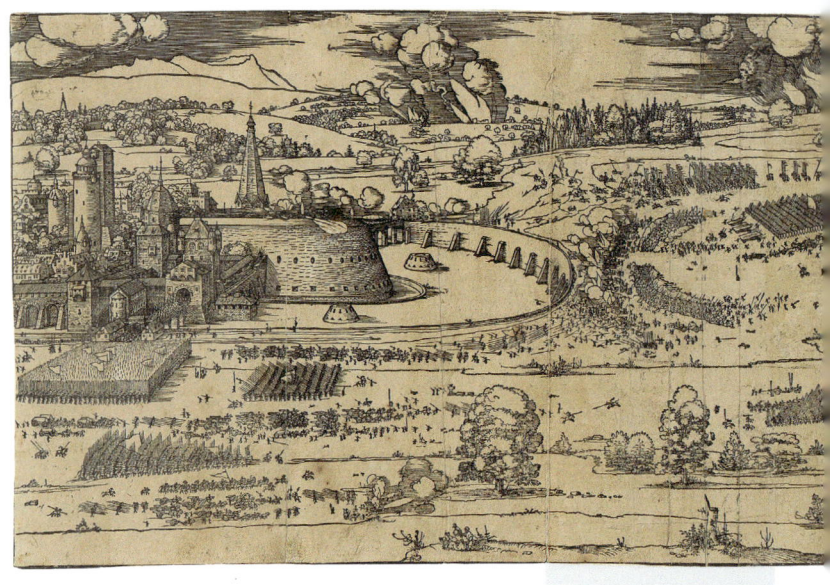

Abb. 17 Die Belagerung einer Festung, 1527. Der Holzschnitt Albrecht Dürers findet sich regelmäßig seinem Traktat aus dem selben Jahr beigebunden

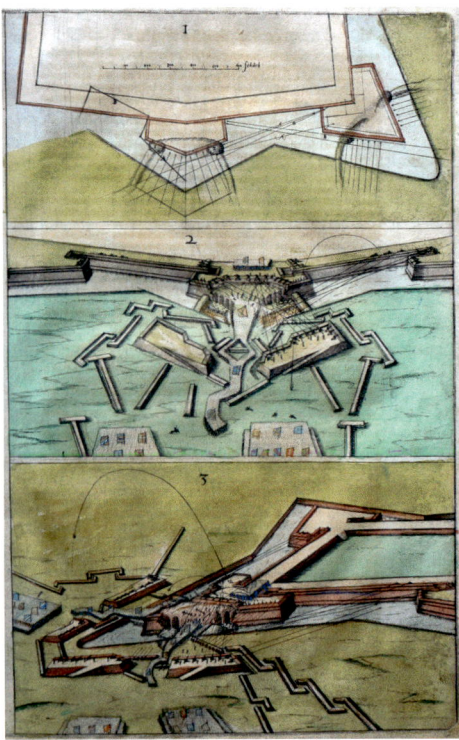

Abb. 18 Illustration aus der »Architectura von Vestungen« von Daniel Specklin, 1589

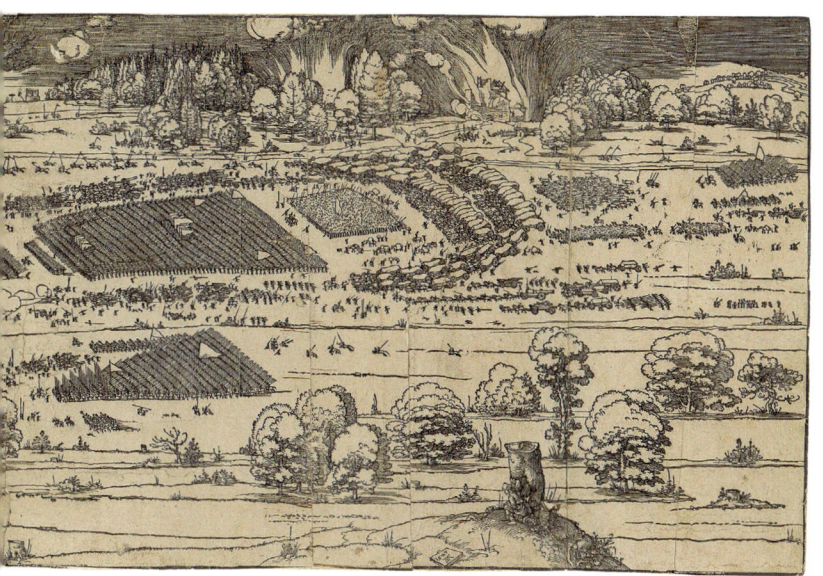

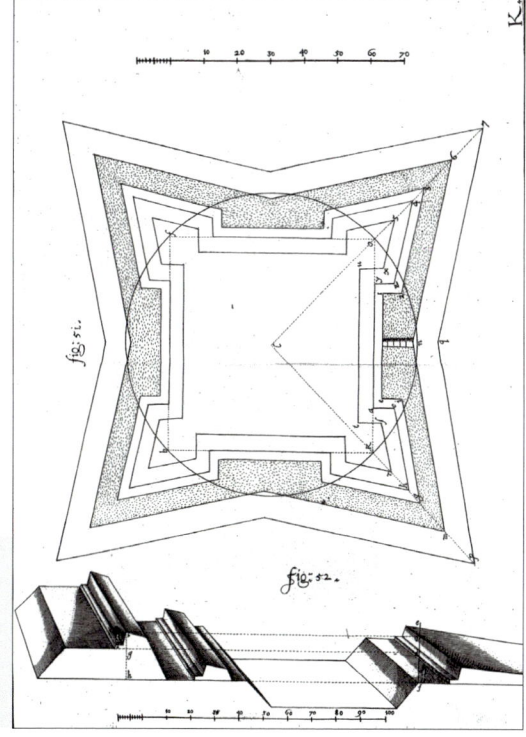

Abb. 19 Darstellung einer vierbastionären Zitadelle aus Adam Freitag, Architectura militaris nova…, 1665, Erstausgabe 1630

rigen Krieges gesammelt hatte. Vor allem die stark von der durch reine Erdbauweise geprägten Formen der niederländischen Befestigungen gegen die spanische Herrschaft hatten hier Vorbildcharakter. Ein wichtiger Theoretiker dieser Manier war der Niederländer Adam Freitag (Abb. 19). Matthias Dögen fasste in der Mitte des 17. Jahrhunderts den Kenntnisstand in seinem monumentalen Werk »Architectura militaris moderna« zusammen, wobei er auch die Grundrisse zahlreicher Festungen im nordwestdeutschen Raum publizierte (Abb. 20). Die Zeit nach dem 30-jährigen Krieg brachte einhergehend mit dem Aufbau stehender Heere eine Verwissenschaftlichung des Kriegswesens. Diese ging vor allem von Frankreich aus, wo unter König Ludwig XIV. das Militärwesen umfassen reorganisiert wurde. Bezogen auf den Festungsbau war die zentrale Persönlichkeit hier Sébastien Le Prestre, Marquis de Vauban, der ein umfassendes Konzept zur Landesverteidigung entwickelte. Zudem beschäftigte er sich intensiv mit der Frage, wie eine Belagerung möglichst effektiv zu gestalten sei. Seine diesbezüglichen Überlegungen legte er handschriftlich nieder (Abb. 21). Sie wurden erst nach seinem Tod in gedruckter Form verbreitet. Die Systematisierung des Krieges war von der Vorstellung geprägt, dass hiermit Momente der Überraschung und des Chaos vermieden werden könnten. Vauban plante sternförmige Stadtanlagen, deren Enceinte von Bastionen, Ravelins, Kontergarden und Grabenscheren geprägt waren. Mit dem stark gestaffelten Aufbau des Festungstracés sollte der Angreifer möglichst lange aufgehalten werden. Umgekehrt entwickelte Vauban detaillierte Vorstellungen davon, wie man durch die planvolle Anlage von Annäherungsgräben (»Sappen«) sich als Angreifer einer Festung bis zum Sturmangriff am effektivsten nähern konnte. Sein Gegenspieler auf

Abb. 20 Titelblatt von Matthias Dögens »Kriges Bau=Kunst«, Amsterdam 1648

niederländischer Seite war der Ingenieur Menno Baron van Coehoorn, der zu vergleichbaren Ergebnissen bei der Theoriebildung wie Vauban kam. Er fortifizierte zahlreiche Städte in den Niederlanden in ganz ähnlicher Weise wie dies Vauban an den Grenzen Frankreichs tat. Anders als Vauban publizierte van Coehoorn seine theoretischen Überlegungen noch zu Lebzeiten. Im späten 17. und im Laufe des 18. Jahrhunderts erschien eine kaum zu überblickende Zahl an Festungstraktaten, die auch von Dilettanten verfasst wurden, die die Grundrissbildung der Festungen als angewandte Geometrie verstanden und entsprechend ihre eigenen Berechnungen publizierten. Hinzu trat die Ausbildung an den Ritterschulen und Militärakademien, die vor allem das Kopieren von Festungsgrundrissen sowie deren theoretische Weiterentwicklung in den Vordergrund rückten. Das führte dazu, dass sich in zahlreichen Archiven in Europa Grundrisspläne wichtiger Festungsanlagen, auch aus dem rheinisch-westfälischen Raum, befinden, die jedoch wenig über die gebaute Realität vor Ort aussagen. Der französische Ingenieur Marc-René de Montalembert entwickelte die Idee vorgelagerter Forts und tenaillierter Wälle, was die Abkehr vom Bastionärsystem bedeutete. Bemerkenswert ist, dass seine Vorstellung im 19. Jahrhundert in der sogenannten Neupreußischen Manier aufgegriffen wurde. Grundsätzlich stellt sich hier die Frage, wie stark Theorie und Praxis tatsächlich aufeinander Bezug genommen haben. Im 16. und frühen 17. Jahrhundert stand sicherlich die Praxis im Vordergrund, da im Hinblick auf die mauerbrechende Kraft der Geschütze rasch eine bauliche Lösung der effektiven Verteidigung und des Schutzes gefunden werden musste. Erst mit und mit wurde das Wissen kodifiziert und über Traktate öffentlich verfügbar und diskutierbar gemacht. Dabei richteten sich die gedruckten Bücher an eine kriegswissenschaftlich interessierte Öffentlichkeit und waren für die Auftraggeber der Festungsanlagen von gewisser Relevanz. Die Festungsbaukundigen selbst bedurften dieses theoretischen Diskurses wohl eher weniger.

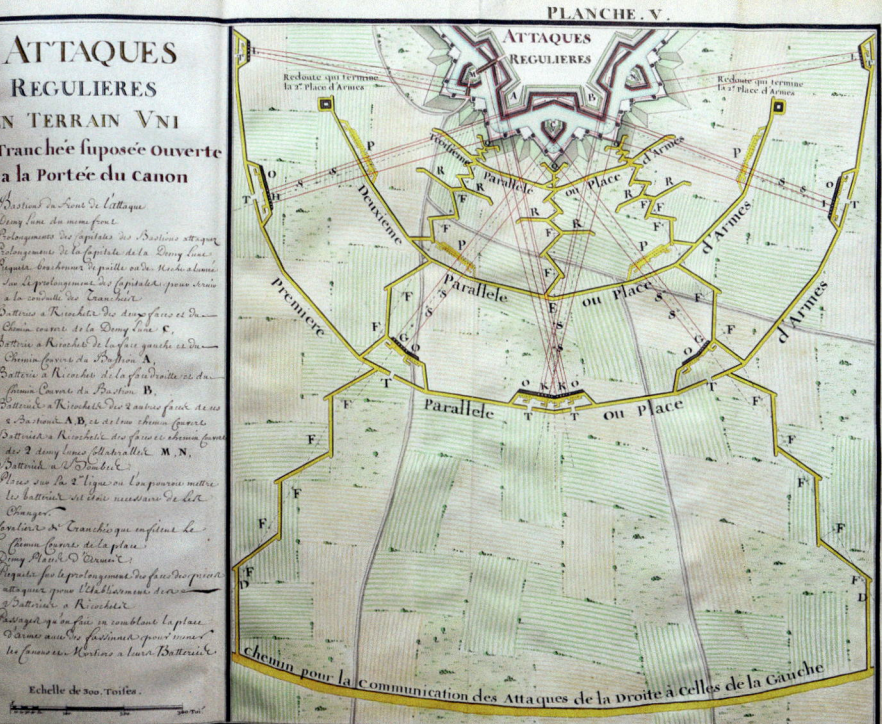

Abb. 21 Illustration aus einer zeitgenössische Abschrift eines Manuskripts von Vauban über die Belagerung und Einnahme einer Stadt, 1714

BELAGERUNGS- UND LAGERWESEN

Der Krieg in der Vormoderne wurde überwiegend von Belagerungen geprägt, offene Feldschlachten waren selten und wurden auch deshalb meist vermieden, da hier höhere Opferzahlen zu erwarten waren. Im 16. und 17. Jahrhundert konzentrierten sich die militärischen Auseinandersetzungen meist auf strategisch wichtige Punkte. Dies kann man sehr gut im 80-jährigen Krieg verfolgen, in dessen Verlauf der Niederrhein zum Kriegsschauplatz wurde. Sowohl die niederländischen Generalstaaten als auch der König von Spanien sahen die Bedeutung des unmittelbaren Vorfelds der Konfliktzone. Der Niederrhein diente als Aufmarschgebiet und Rückzugsraum, gerade auch, um den Truppen eine Verschnaufpause zu ermöglichen. Städte wie Wesel, Rheinberg oder Jülich waren zwischen den Kriegsparteien umstritten und wechselten regelmäßig die Besatzung. Das hatte auch den fortdauernden Ausbau der Befestigungen zur Folge, die immer auf Stand zu halten waren. Festungen mit strategischer Schlüsselstellung, wie beispielsweise die 1586 errichtete »Schenkenschanz« am Niederrhein, zogen den Krieg geradezu an und waren zeitweilig weit bekannt (Abb. 22). Spuren der Festungszeit sind im heutigen kleinen Ortsteil der Stadt Kleve nicht mehr zu finden, nachdem der Rhein hier im ausgehenden 17. Jahrhundert immer mehr versandete und die Festung aufgegeben wurde.

Im Zuge von Belagerungen kam es zum Bau von Feldbefestigungen, die nicht als permanente Einrichtungen gedacht waren, sondern zum Schutz von Heerlagern und Nachschubwegen dienten. Aufwändige Belagerungen wie diejenigen von Jülich in den Jahren 1610 und 1621/22 wurden in zeitgenössischen Flugschriften und Einblattdrucken in Text und Bild dokumentiert und verbreitet. Die hier von den

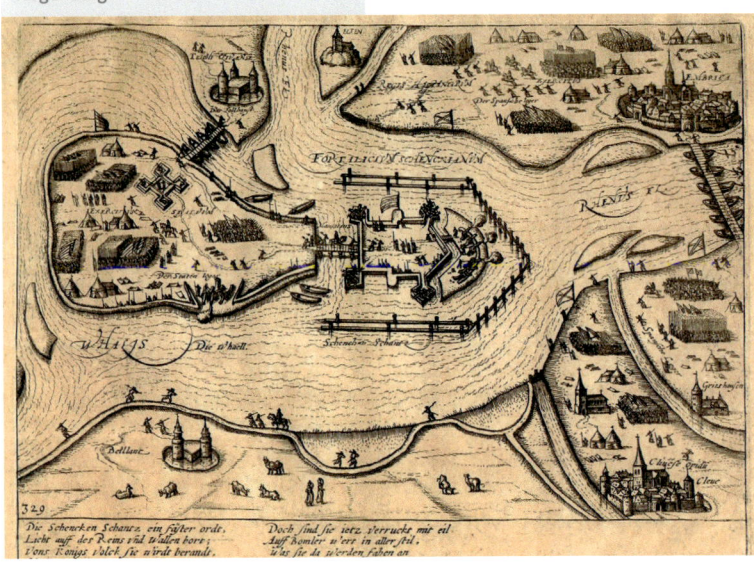

Abb. 22 Die Belagerung der Schenkenschanz durch spanische Truppen im Frühjahr 1599, Kupferstich von Abraham Hogenberg

Abb. 23 Matthäus Seutter, Tafel zur Kriegskunst, Kupferstich, um 1730

Militärs gesammelten Erfahrungen fanden dann auch Eingang in die zeitgenössische Traktatliteratur. So behandelt Simon Stevin in seinem Lehrbuch zum Bau von Heerlagern (»Castrametatio«) dasjenige, das er für den niederländischen Heerführer Moritz von Oranien 1610 vor Jülich eingerichtet hatte. Stevin verwies dabei auch auf antike Praktiken des Lagerwesens, die die Grundlage für die aktuellen Entwicklungen bildeten. Im 18. Jahrhundert wurden die Kenntnisse im beständigen und ephemeren Befestigungsbau in Lehrtafeln bildlich sowie textlich zusammengefasst. Die auf solchen Drucken dargestellten Gerätschaften wie Schüppen, Eimer, Schubkarren etc. machen deutlich, dass jede Form des Festungsbaus zahlreicher helfender Hände bedarf (Abb. 23).

DER BAU VON FESTUNGEN

Der neuzeitliche Festungsbau war eine hochkomplexe Bauaufgabe, sowohl auf der Ebene des Entwurfs, als auch auf der der Bauausführung. Neben Bauplänen wurden deshalb nicht selten Modelle angefertigt, um die Struktur der Anlagen nachvollziehbar zu machen. Die notwendigen Erdbewegungen und Transporte von Materialien konnten von ungelernten Kräften durchgeführt werden, für alles andere benötigte man jedoch ausgewiesene Fachleute. Das begann mit der Wasserhaltung der Baugruben, ging über das Brennen der

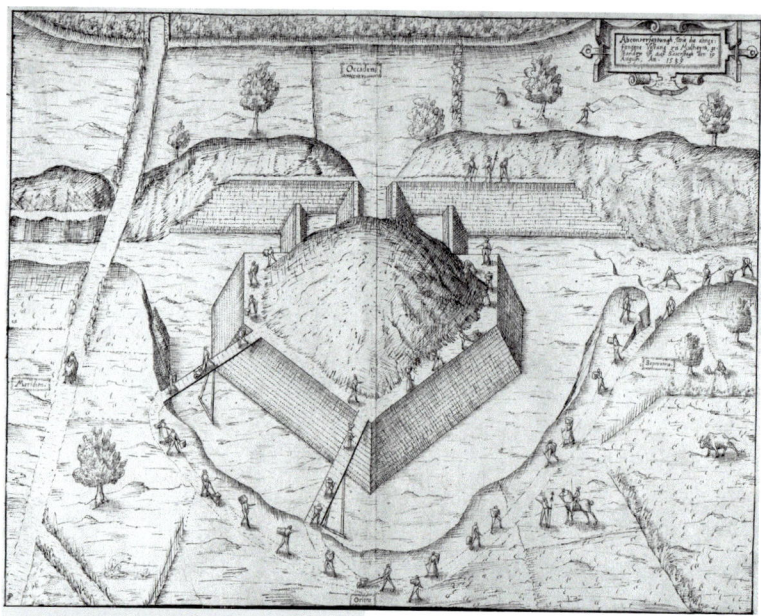

Abb. 24 Das im Bau befindliche Ost-Bollwerk von Mülheim am Rhein, Zeichnung von Peter Pannensmit, 19. August 1589

Ziegel und die Beschaffung von Natursteinen aus den Steinbrüchen, bis hin zu den Maurerarbeiten, die bestimmter Techniken bedurften. Die Festungswälle wurden auf der Feldseite leicht schräg gestellt (dossiert), um die Festigkeit des Walls zu erhöhen und den Auftreffwinkel der Geschützkugeln in ihrer mauerbrechenden Wirkung zu entschärfen. In einzelnen Fällen haben sich Schrift- und Bildquellen erhalten, die Einblicke in den Ablauf einer Festungsbaustelle ermöglichen. Ein Beispiel bildet der Bau der bereits erwähnten Flesgentorbastion in Wesel im Jahr 1568 nach einem Entwurf des klevischen Landesbaumeisters Johann Pasqualini d. Ä. Der Baurechnung ist zu entnehmen, dass auf der Baustelle meist sechs Tage die Woche gearbeitet wurde. Von Mitte August bis Ende Oktober 1568 arbeiteten durchschnittlich vier Meister, 14 Maurer und 80 Tagelöhner auf der Baustelle. Die Aufgaben letzterer waren Schanzarbeiten, Graben, Sand fahren, Kalk löschen, Steine schleppen und Holz hauen. Sie übernahmen auch die Nachtwache, die darauf achten musste, dass der Grundwasserspiegel in der Baugrube konstant niedrig war und der Kalk immer verarbeitungsfähig blieb. Zeichnungen vom Bau einer ersten bastionären Befestigung der Stadt Mülheim am Rhein aus dem Jahr 1589 zeigen die Erdarbeiten, die beim Bau von Wällen und Bastionen notwendig waren (Abb. 24). Neben Tagelöhnern kamen für diese Arbeit mitunter auch Untertanen beziehungsweise Einwohner zum Einsatz, die man zu entsprechenden Hand- und Spanndiensten verpflichtete. Nahezu alle Schritte beim Festungsbau dokumentiert das Gemälde von H.E. Beckers (oder Beikers), das dieser von der Baustelle der Ratinger Lünette in Düsseldorf 1735 anfertigte (Abb. 25). Die Arbeiter

Abb. 25 H.E. Beckers (oder Beikers), Ausbau der Festung Düsseldorf, Gemälde von 1735

schachten den Boden für die Fundamente aus, legen die Fundamente und errichten die Futtermauern, transportieren die Steine auf Handkarren und Fuhrwerken. Aufsichtspersonen scheinen jeden Vorgang zu beobachten und zu überwachen. Im Hintergrund erkennt man Ziegelmeiler und am Rand der Baustelle wird Kalk gelöscht.

FESTUNG UND GARNISON

Mit der Schaffung stehender Heere durch die Landesherren wurden die Festungsstädte mit beständigen Garnisonen belegt. Für diese musste eine bauliche Infrastruktur geschaffen werden, die über die eigentlichen Festungsanlagen hinausging. Vor allem im aufgeklärten Absolutismus des 18. Jahrhunderts legte man auf den Bau von Kasernen großen Wert, um die Bevölkerung von Einquartierungen möglichst frei zu halten. Hinzu kamen notwendige Infrastrukturbauten wie Zeughäuser, Magazine jedweder Art, Bäckereien, Pulvermühlen und vieles mehr (Abb. 26). Für die Einwohner einer Festungsstadt bedeutete die Umwallung einerseits Schutz, andererseits aber auch eine Einschränkung der Entwicklungsmöglichkeiten. Das Vorfeld der Festungsanlagen war von Bebauung weitgehend frei zu halten und die Gärten vor den Toren der Stadt oder auf den Wällen wurden im Ernstfall einplaniert. Zudem wurden zahlreiche innerstädtische Flächen durch die militärische Nutzung dem Zugriff der Zivilbevölkerung entzogen.

DAS ENDE DER FESTUNGEN UND IHRE INWERTSETZUNG

Das Schleifen von Festungsanlagen setzte früh ein. Einzelne Bauteile oder Fronten wurden niedergelegt, um moderneren Anlagen zu weichen. Mitunter wurden aber auch ganze Festungswerke zerstört, wie etwa die Wälle und Bastionen der klevischen Landesfestung Orsoy auf Befehl König Ludwigs XIV. nach der Einnahme der Stadt 1672. Eine tiefgreifende Zäsur für das Rheinland stellte der Frieden von Lunéville 1801 dar, der beispielsweise die Niederlegung der Festungsanlagen von Düsseldorf zur Folge hatte. Ein Bewusstsein für den denkmalpflegerischen Wert der historischen Festungsbauten und deren Inwertsetzung für Naherholung und Tourismus sind erst spät feststellbar. Ein herausragendes Beispiel ist hier die Stadt Köln, deren beiden äußeren Festungsringe infolge des Vertrags von Versailles nach 1919 geschleift werden mussten. Der damalige Kölner Oberbürgermeister Konrad Adenauer erkannte den Wert der Festungsgürtel als Grünzonen und die einzelnen Vorwerke als Ankerpunkte einer nicht-militärischer Nutzung. Die Festungswerke blieben daher teilweise erhalten, wurden aber militärisch unbrauchbar gemacht.

Die aufgelassenen Festungswälle prägten vielfach noch die Grundrisse ehemals stark befestigter Städte in Form von Straßenführungen, Grünanlagen oder großmaßstäblicher Bebauung auf den durch die Schleifungen entstandenen Freiflächen. Nicht immer wurde der Wert dieser Überreste erkannt und in Folge der Modernisierung von Städten nach dem Zweiten Weltkrieg gingen entsprechenden Strukturen unwiederbringlich verloren. Als Beispiel sei die Stadt Moers genannt, wo die erhaltenen Spuren der Stadtumwallung in den späten 1960er-Jahren weitgehend dem Straßenausbau geopfert wurden. Auch im Luftbild sind die Spuren, die sich von Festungsanlagen erhalten haben, nicht immer auf Anhieb erkennbar. Umso interessanter sind die Möglichkeiten, die sich durch die Visualisierungen anhand von digitalen Oberflächenscans ergeben. Durch das Herausrechnen von Bewuchs und Bebauung

Abb. 26 Ostminden, Bahnhofsbefestigung, Kaserne

lassen sich kaum wahrnehmbare Spuren sichtbar machen, wie etwa im Fall von Geldern, dessen Festungsanlagen 1764 geschleift wurden. In Kombination aus historischem Planmaterial, LIDAR-Scan und aktuellem Stadtplan kann die ursprüngliche Festung im Gelände hervorragend nachvollzogen werden (Abb. 27–29). In Verbindung mit 3D-Rekonstruktionen der ursprünglichen Festungsstruktur ist ein völlig neuer Vermittlungsansatz möglich, der auch anderenorts bereits zum Einsatz gekommen ist (Abb. 30). In zahlreichen nordrhein-westfälischen Städten wurden immer wieder durch archäologische Grabungen bedeutende Festungsreste untersucht, die sich trotz der Schleifungsmaßnahmen erhalten haben. Entsprechend großflächige Grabungen gab es in Folge des U-Bahn-Baus in den letzten Jahren vor allem in Düsseldorf (Wehrhahn-Linie) und Köln (Nord-Süd-Stadtbahn). Sowohl in Düsseldorf, als auch in Köln konnten einzelne Befunde der Grabungen dauerhaft für die Öffentlichkeit zugänglich gemacht werden.

Eine große Herausforderung stellt die dauerhafte Pflege erhaltener Festungen dar. Sichtbar wird dies an der Stadt Jülich: Während sich die Zitadelle aus dem 16. Jahrhundert im Besitz des Landes NRW befindet und hier eine beständige Bauunterhaltung stattfindet, ist dies für den Brückenkopf aus der Zeit um 1800 nicht in dieser Weise möglich. Hier ist die Stadt Jülich Eigentümerin, die im Rahmen der 7. nordrhein-westfälischen Landesgartenschau 1998 zwar eine teilweise Restaurierung der Anlage mit Hilfe von Fördermitteln durchführen konnte, seitdem aber nicht mehr in den Substanzerhalt und Sanierung investiert hat (Abb. 31). Dabei stellt die Integration und damit Inwertsetzung des Brückenkopfes in eine Parkanlage mit Zoo, Mustergärten und Spielplätzen der gelungene Weg der Erschließung einer Festungsanlage für die Öffentlichkeit dar.

Abb. 27 Grundriss von Geldern, um 1701–1715, Samuel Du Ry de Champdoré, Südwesten oben

Festungen in Nordrhein-Westfalen

Abb. 28 Die Innenstadt von Geldern aus nördlicher Richtung

Festungen in Nordrhein-Westfalen

Abb. 29 Der digitale Oberflächenscan von Geldern lässt die Überreste der Festung deutlich hervortreten

Abb. 30 3D-Modell der Festung Geldern

Festungen sind »unbequeme« Denkmäler: Sie erinnern an Krieg und stehen nicht selten quer zu den Anforderungen an eine zeitgemäße Stadtgestaltung oder einer an sich naturnahen Landschaft. Letzteres gilt etwa für die Reste des Westwalls in der Nordeifel mit seinen (gesprengten) Bunkern und den zahlreichen aus Beton gefertigten Höckerlinien, die als Panzersperren gedacht waren. Diese sind aber auch wichtige Erinnerungszeugnisse daran, dass der Frieden nicht selbstverständlich ist und alles daran zu setzen ist, dass der Krieg nicht wieder zurückkehrt. In-

Abb. 31 Blick von der rechten Rurseite auf den Brückenkopf in Jülich 1998

soweit sind historische Festungsanlagen weitaus mehr als Zeugnisse der Kriegsführung in der Vergangenheit, vielmehr sollten sie Denkanstoß für die Gegenwart sein. Wenn sie zudem noch eine friedliche Nutzung zugeführt werden können und im Sinne des Naturschutzes als Rückzugsort seltener Pflanzen und Tiere dienen, ergibt sich ein vielfacher Mehrwert für die Gesellschaft (Abb. 32). Davon legen nicht wenige der im Folgenden vorgestellten Beispiele eindrucksvoll Zeugnis ab.

Abb. 32 Exemplar der Fledermausart »Braunes Langohr« in den Kasematten der Zitadelle Jülich

Abb. 1 Lage des inneren und äußeren Berings der Aachener Stadtbefestigung

AACHEN
EINE WEHRHAFTE FREIE REICHSSTADT

Gelegen im Dreiländereck Belgien–Deutschland–Niederlande kann die ehemalige freie Reichsstadt Aachen als Pfalz Karls des Großen und langjähriger Krönungsort der deutschen Könige auf eine reiche Geschichte zurückblicken. Sie ist eine der wenigen Städte, die im Mittelalter im Zeitraum eines Jahrhunderts zweimal ummauert wurde, aber keine frühneuzeitliche Befestigung erhielt (Abb. 1).

Archäologische Funde lassen eine erste Besiedlung bereits in der Jungsteinzeit vermuten. In der Bronzezeit und der frühen Eisenzeit war Aachen von Kelten besiedelt. Außergewöhnlich heiße Thermalquellen, vor allem im Stadtteil Burtscheid, wurden wohl schon in vorrömischer Zeit genutzt. Von der großen Bedeutung der Quellgottheiten wie Grannus in der keltischen Kultur kündet auch der lateinische Name »Aquae Granni«, was etwa so viel bedeutet wie »bei den Wassern des Grannus«. Dieser Name ist allerdings erst im frühen Mittelalter belegt.

Die heißen Quellen wurden in augusteischer Zeit intensiv von den Römern genutzt, u. a. auch durch die Angehörigen der niedergermanischen Legionen. Die ersten Steinbauten datieren in die Mitte des 1. Jahrhunderts. Die Ausdehnung der Siedlung, deren Kern sich auf dem Markthügel befand, umfasste eine Fläche von etwa 20–30 ha. Dank seiner begehrten Thermalbäder wies Aachen vermutlich einen hohen Grad von Urbanität auf und nahm als einziges Heilbad in der Provinz Germania inferior eine herausgehobene Stellung ein. Archäologische Funde deuten auf eine Kastellumfassung des Markthügels im 3. Jahrhundert. Zwischen Ende des 4. und Anfang des 5. Jahrhunderts endete die römische Epoche Aachens, das jedoch danach durchgängig besiedelt blieb. Einen Höhepunkt in der Aachener Geschichte bildete die karolingische Herrschaft unter Kaiser Karl dem Großen, der nach römischen und byzantinischen Vorbildern ab 789 eine Pfalzanlage mit einer Stiftskirche errichten ließ, dem Mittelpunkt des heutigen Doms. Aachen wurde sein Lieblingsaufenthaltsort. Nach dem Zusammenbruch des karolingischen Kaiserreichs gewann Aachen erst ab dem 10. Jahrhundert unter den Ottonen und Staufern wieder an Bedeutung und wurde für fast 600 Jahre Krönungsort für 31 deutsche Könige. Durch die Verlegung des Krönungsortes nach Frankfurt am Main 1562 verlor Aachen seine Bedeutung im Reich.

Obgleich man eine frühere Befestigung mit Wall und Graben annehmen kann, erfolgte die erste Befestigung des mittelalterlichen Aachens mit einer Steinmauer gesichert unter Kaiser Friedrich I. Barbarossa, der im Jahr 1152 in Aachen zum König gekrönt wurde und der Stadt zahlreiche Privilegien verlieh. Im Gegenzug verlangte er den Bau einer Befestigung innerhalb von vier Jahren. Der Bau der 2,5 km langen, sogenannten Barbarossamauer, die entlang des heutigen Grabenringes verlief, begann im Jahr 1171 und

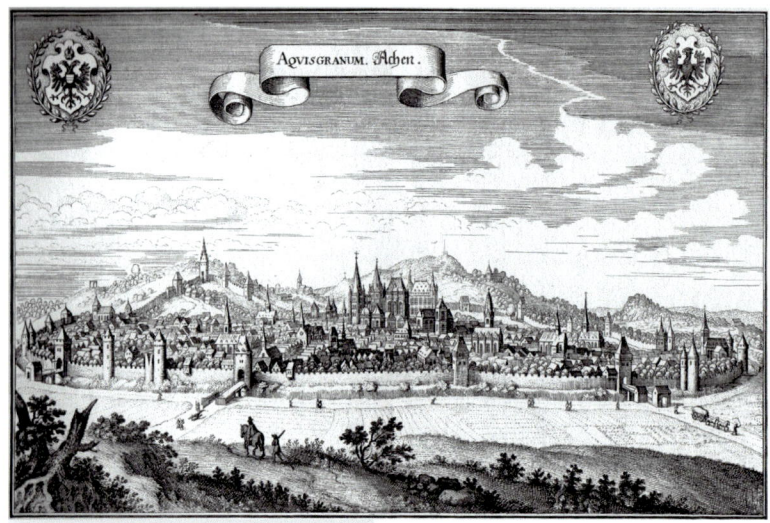

Abb. 2 Matthäus Merian, Ansicht von Aachen, Kupferstich von 1647

umfasste ein Stadtgebiet von etwa 45 ha. Diese erste, innere Stadtmauer aus Gussmauerwerk mit zehn Türmen und zehn Toren wurde in ihren wesentlichen Teilen um 1174 fertiggestellt. Reste der inneren Stadtmauer haben sich am Templergraben, am Seilgraben sowie an der Minoritenstraße erhalten.

Für die zweite Befestigung Aachens, den äußeren Bering, begannen die Arbeiten bereits in der ersten Hälfte des 13. Jahrhunderts, etwa um 1215 vermutlich unter Kaiser Friedrich II. Der Grund, der zur Errichtung dieser großzügigen Befestigungsanlage geführt hat, ist weniger in dem Anwachsen des Stadtgebietes zu suchen, als in dem Bedürfnis, den Krönungsort gegen Angriffe zu sichern. Der zweite Mauerring hatte einen Umfang von ca. 5,3 km Länge und folgte der Bauweise der inneren Mauer, die Höhe betrug zwischen 8 und 10 m bei 2–3 m Stärke. Die äußere Mauer besaß 23 Türme, von denen nur noch wenige erhalten geblieben sind (Abb. 2). Wie bei der inneren gab es auch bei der äußeren Stadtmauer Schanztürme und Volltürme. Neben den halbrunden und runden Volltürmen kamen hier auch solche mit viereckigem Grundriss vor. Die Bauzeit des äußeren Berings hat sich über ein ganzes Jahrhundert hingezogen. Die Fertigstellung des Vorhabens wird erst in den beiden ersten Jahrzehnten des 14. Jahrhunderts erfolgt sein.

Vom äußeren Bering haben zwei imposante Torburgen, das Marschiertor und das Ponttor sowie drei Turmreste (Langer Turm, Pfaffenturm, Lavenstein) und das Rondell Marienburg den Abbruch, der beim äußeren Bering in der Mitte des 19. Jahrhunderts erfolgte, überdauert. Der heutige »Alleenring« befindet sich in der Nähe der ursprünglichen äußeren Stadtmauer.

Eine große Zahl perspektivischer Ansichten und Pläne vermittelt eine vorzügliche Anschauung des mittelalterlichen Aachens. Auf dem bedeutendsten dieser Pläne aus dem Jahr 1576 sind die beiden Befestigungsringe mit ihren Tor- und Turmanlagen in weitgehend richtiger Lage zu erkennen (Abb. 3).

Abb. 3 Aachen aus der Vogelschau 1576, kolorierter Kupferstich nach Hendrick van Steenwyck d. Ä., 1582

Seit der zweiten Hälfte des 15. Jahrhunderts hatte die Aachener Befestigung infolge der Entwicklung der Waffentechnik als Verteidigungsanlage nur noch geringe Bedeutung. Der Bau neuer Befestigungswerke, die dem Stand der Kriegstechnik entsprachen, wird der Stadt aus wirtschaftlichen Gründen nicht möglich gewesen sein, zumal keine Bedrohungen absehbar waren. Das einzige Befestigungswerk neuerer Art ist die Marienburg (auch Marienturm genannt), zu deren Erbauung die besonders gefährdete strategische Lage des Befestigungsteiles am Abhang des Lousberges Anlass gab.

Die Marienburg als Befestigungswerk des äußeren Berings ist ein bereits in der Form eines Rondells an der Stelle des ehemaligen Breuerturms erbautes Artilleriewerk (Abb. 4). Unter Rondell ist ein dickwandiger, nicht sehr hoher Rundbau zu verstehen, auf dessen Plattform Verteidigungsgeschütze aufgestellt wurden als Anpassung an den vermehrten Einsatz der Feuerwaffen. Die Marienburg liegt gegenüber dem Lousberg an der Stelle, wo die heutige Kupferstraße in die Ludwigsallee einmündet. Eine an der Stadtseite angebrachte Inschrift besagt, dass am 14. August des Jahres 1512, dem Maria Himmelfahrtstag, die Grundsteinlegung des Rondells stattgefunden hat: »Anno dusent v^c Inde xii vp marie(n) / cruitwionge(n) oue(n)t wart dis tor(n) aen/gelacht.« (Im Jahr tausend fünfhundert und zwölf am Abend vor Maria Kräuterweihe wurde dieser Turm angelegt).

An der Feldseite zum Salvatorberg hin nennt eine zweite Inschrift, die wohl anlässlich der Fertigstellung angebracht

Abb. 4 Das Artillerierondell »Marienburg« aus dem frühen 16. Jahrhundert

Abb. 5 Ansichten, Grundrisse, Schnitte und Details der Marienburg

Abb. 6 Schlüsselscharte in der Westseite der Marienburg

Abb. 7 Maulscharte in der Westseite der Marienburg

Aachen

wurde, den Namen des Rondells: »O sint Salvatoir / du heilant Marie(n) / burch by(n) ich Gena(n)t / 1513«.

Eine weitere Inschrift an der Stadtseite berichtet über eine Instandsetzung im Jahre 1690. Die Marienburg war gleich dem Langen Turm 1638 durch die Soldaten des Spanischen Generals Marquis de Grana beschossen worden, woran die feldseitig ebenfalls 1690 angebrachten steinernen Kugeln erinnern sollen. Der Wortlaut dieser zeitlich letzten Inschrift lautet: »O Ein Geluckliche statt die Bey Zeit dess fridens den Krich fur Augen hadt. 1690 ist dieser Thorn Ermwert durch Zeitliche H.: Bawmeistere Henrich Simons vu Johan Kaffenberg«. Der städtische Bau- und Werkmeister war 1650 Simon von Ameln, Johann Kaffenberg war ebenfalls zu dieser Zeit Werkmeister in Aachen.

Im Jahre 1933 wurde die Marienburg zu einem Ehrenmal der Stadt umgebaut. Zwar hat dieser Umbau den feldseitigen unteren Teil des Bauwerks unverändert gelassen, doch wurden dabei die Stadtseite, die oberen Teile und vor allem das Innere stark erneuert. Im Zweiten Weltkrieg erhielt das Rondell an der Ostseite schwere Beschädigungen, wobei auch ein Teil des Gewölbes eingedrückt wurde. In den Jahren 1950 bis 1955 erfolgte der Wiederaufbau.

Die Grundrissform des Rondells wird aus einem Dreiviertelkreis mit stadtseitig viereckiger Vorlage gebildet (Abb. 5). Der Durchmesser beträgt 15,20 m und die Vorlage hat eine Breite von 13,30 m. Der ebenerdig liegende Geschossraum ist von 3,80 m starken Mauern umgeben und durch ein in Ziegel gemauertes Gewölbe überdeckt. Feldseitig sind fünf tiefe Nischen angeordnet. Die drei Schlüssel-

Abb. 8 Innenraum der Marienburg mit Gedenkstätte

und zwei Maulscharten, die seit Ende des 15. Jahrhunderts im Wehrbau vorkommen, wechseln sich ab (Abb. 6 und 7).

Vom Erdgeschossraum führt in der westlichen Mauer zur Stadtseite hin eine Spindeltreppe nach oben auf die Plattform und nach unten in ein kellerartiges Untergeschoss. Letzteres enthält stadtseitig eine fast quadratische Kammer, die durch eine Bruchsteintonne überwölbt ist und früher mit dem Erdgeschossraum durch eine Öffnung im Gewölbe direkt verbunden war. Eine Tür führt von hier in eine zweite Kammer, die um 3,35 m tiefer in der feldseitigen Rundung liegt. Überdeckt wird diese Kammer durch ein Halbkugelgewölbe in Bruchstein. Die gleiche tiefe Bodenlage besitzt eine weitere rechteckige Gewölbekammer, die eigenartigerweise außerhalb des Rondells unter dem inneren Wallgang liegt und von der Spindeltreppe aus über einen 5,60 m langen Gang zu erreichen ist. Vermutlich haben die unteren Kammern der Marienburg, der ja ein Geschützturm war, als Pulver- und Kugelmagazin gedient. Die äußeren Mauerteile bestehen im Sockel, der in halber Höhe mit einer Schräge abschließt, aus großen, unregelmäßigen Kalksteinquadern. Das aufgehende obere Mauerwerk zeigt einen sauberen Schichtwechsel zwischen gleichhohen Kalksteinen und Ziegellagen. An seinen Seiten befinden sich noch deutlich erkennbare Reste der äußeren Stadtmauer.

Das Rondell Marienburg ist ein Musterbeispiel aus der Übergangszeit im Wehrbau vom 15. zum 16. Jahrhundert, als die mittelalterlichen Befestigungen durch Bauwerke ersetzt wurden, die den Anforderungen der Pulverartillerie genügten. Von der oberen Geschützplattform konnte mit weitreichenden Geschützen über Bank geschossen und das Glacis gedeckt werden. Die fünf Nischen im Erdgeschoss erlaubten die Sicherung des nahen Umfelds mit Musketen. Gleichzeitig sollte Form und Baumaterial besser dem Beschuss durch die Geschütze eines Angreifers widerstehen.

Anfang des 19. Jahrhunderts wurde um die Marienburg eine Gartenanlage im Zuge der Umgestaltung des äußeren Grabenrings in einen geschlossenen Grüngürtel von dem Düsseldorfer Hofgärtner Maximilian Friedrich Weyhe angelegt. Bereits in der Zeit der Weimarer Republik geplant, wurde 1933 in der Marienburg ein »Ehrenmal« für die deutschen Gefallenen des Ersten Weltkrieges eingeweiht, das nach dem Zweiten Weltkrieg zur Gedenkstätte der Kriegsopfer beider Weltkriege wurde. Dort befindet sich ein steinerner Sarkophag des Künstler Mathias C. Korr (Abb. 8).

Da die Stadt durch Verlegung des Krönungsaktes nach Frankfurt am Main auch politisch nur noch geringe Bedeutung hatte und größere Belagerungen eigentlich nicht mehr zu befürchten waren, wird man die Befestigungsanlagen mehr und mehr vernachlässigt haben. Interessanterweise ist die Stadtbefestigung der Reichsstadt Aachen nie mit einer an die Bedrohung durch die neuzeitliche Pulverartillerie angepassten Fortifikation im Bastionärsystem verstärkt worden, was eine große Ausnahme in der Stadtentwicklung der Zeit vom 16. bis 18. Jahrhundert im Rheinland darstellt. Offenbar vertraute man auf die Stärke der doppelten mittelalterlichen Stadtumwehrung oder war nicht in der Lage die enormen Kosten für eine Neubefestigung aufzubringen. Belegt sind lediglich zwei Schanzen als Schutzwerke vor den Torburgen an der Westseite der Stadt (Abb. 9).

Der Bau dieser Dreieckschanzen könnte die Folge der einzigen Belagerung Aachens im 30-jährigen Krieg im Jahre 1638 durch den Spanischen General Marquis de Grana gewesen sein, der für seine Truppen Winterquartiere erzwingen woll-

Abb. 9 Johann Ferdinand Jansen, Kölntor mit vorgelagertem Erdwerk aus dem 17. Jahrhundert, um 1800

te. Sie währte nur drei Tage, da die Befestigung der Beschießung nicht standhielt und weiterer Widerstand darum nutzlos war. In der folgenden Zeit ist die Befestigung nur noch als Stadt- und Zollgrenze wirksam gewesen. Der Abbruch des inneren Berings ist in der zweiten Hälfte des 18. Jahrhunderts erfolgt.

Durch ein Dekret Napoleons I. wurde der Stadt 1804 auch offiziell die Eigenschaft als Festung genommen. Die Geländeteile der Befestigungen wurden der Stadt zum Geschenk gemacht. Der Abbruch der Befestigungswerke des äußeren Berings hat, beschleunigt durch die zunehmende Ausdehnung der Stadt, in den darauffolgenden Jahren stattgefunden. Auf den freigewordenen Geländeteilen entstand die heutige Ringführung der Grabenstraßen.

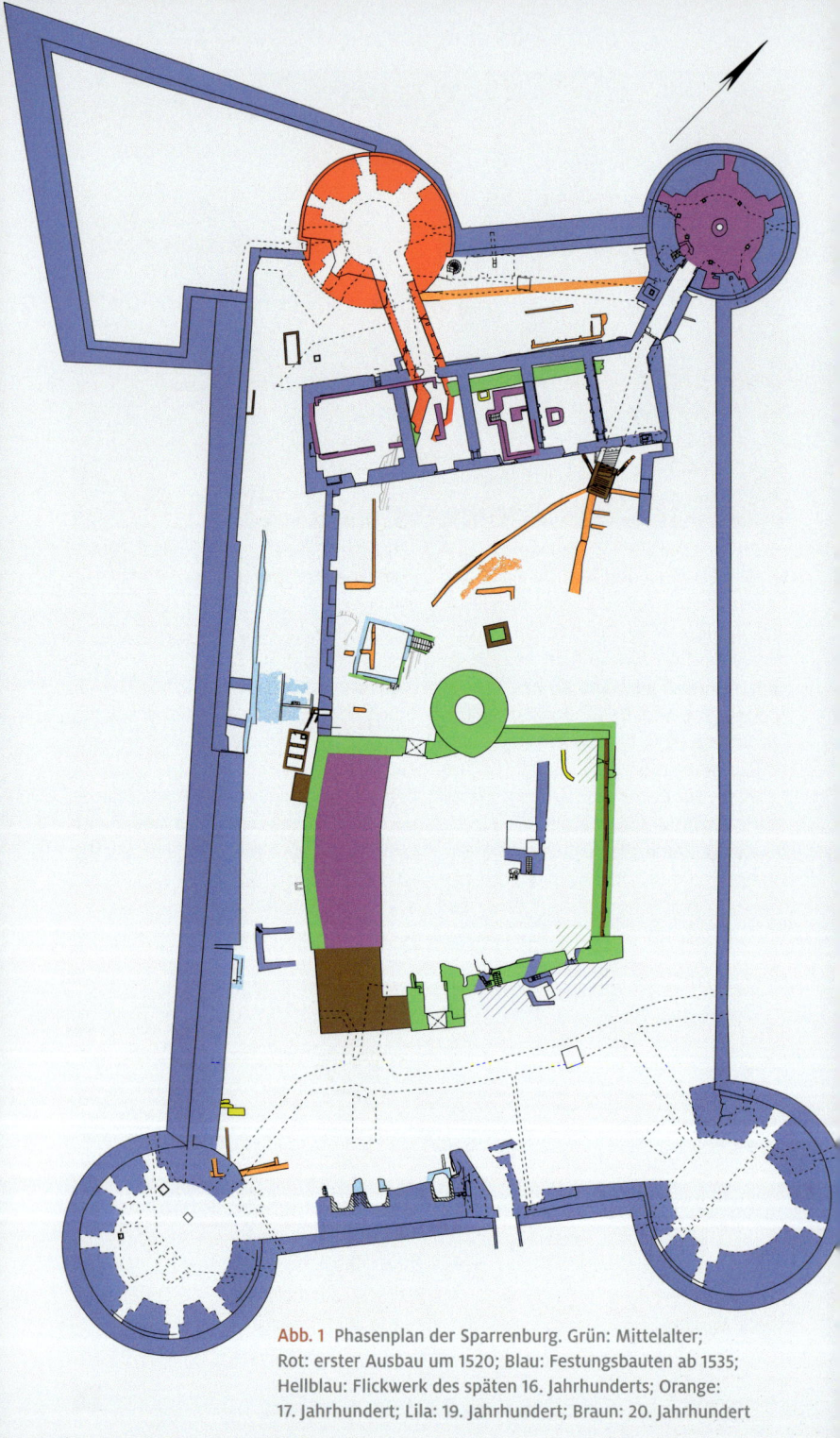

Abb. 1 Phasenplan der Sparrenburg. Grün: Mittelalter; Rot: erster Ausbau um 1520; Blau: Festungsbauten ab 1535; Hellblau: Flickwerk des späten 16. Jahrhunderts; Orange: 17. Jahrhundert; Lila: 19. Jahrhundert; Braun: 20. Jahrhundert

FESTUNG SPARRENBERG
250 JAHRE BAUSTELLE ÜBER BIELEFELD

Als in den 1530er-Jahren die Burg Sparrenberg zur Festung ausgebaut wurde, blickten Burg und Stadt bereits auf eine gut dreihundertjährige Geschichte zurück. Grund für die Errichtung einer Stadt durch die Grafen von Ravensberg an dieser Stelle war einer der wenigen Übergänge über den Osning – den Höhenzug des Teutoburger Waldes –, durch den ein wichtiger Nord-Süd verlaufender Handelsweg führte.

Auch wenn das Gründungsjahr der Burg nicht bekannt ist, sprechen archäologische Befunde für das erste Drittel des 13. Jahrhunderts. Ebenso unbekannt ist, ob zuerst die Burg oder die Stadt (1214) errichtet wurden. 1511 fielen Bielefeld und die Sparrenburg an das Haus Kleve, das unter Herzog Johann III. 1535 mit dem Bau der Festung begann (Abb. 1 und 2). Zuvor war bereits das Windmühlenrondell als Solitär vor den Graben der Burg gesetzt worden, der mit einer gedeckten Brücke mit der Burg verbunden war (Abb. 3). Jeweils zwei Treppenscharten in den Brückenseiten ermöglichten die Flankierung des nordwestlichen und südwestlichen Burggrabens (Abb. 4 und 5). Eine Besonderheit stellt der als Talus ausgeführte Sockel dar.

Abb. 2 Luftbild der Sparrenburg aus südwestlicher Richtung

Der Bau wird als direkte Folge des Erbweges anzusehen sein, bei dem die Grafschaft Ravensberg an Herzog Johann III. von Jülich-Kleve-Berg gelangte. Sicherlich ging es, wie auch bei den kommenden Bauphasen, darum, den Jülich-Klevischen Machtanspruch in dieser entfernten Region zu sichern. Es kann daher von einer »fortifikatorischen Sofortmaßnahme« gesprochen werden.

Allerdings lag in der weiten Entfernung zu den Jülich-Klevischen Kernlanden das Grundproblem des ambitionierten Projektes. Wie im Folgenden zu zeigen sein wird, war es dem Sparrenberg nie beschieden, vollständig ausgebaut zu werden. Deshalb darf vermutet werden, dass die Ravensberger Besitzungen eher von zweitrangiger Bedeutung waren.

Der Bau der eigentlichen Festung ab 1535 schleppte sich über die Jahrzehnte.

Abb. 4 Außenansicht der schräg im Zugangsbauwerk sitzenden Treppenscharte

Abb. 3 Das von Kurtine und Scherpentiner eingefasste Windmühlenrondell

Johannes Müller-Kissing

Abb. 5 Innenansicht der schräg im Zugangsbauwerk des Windmühlenrondells sitzenden Treppenscharte

Wie die Grabungen der LWL-Archäologie für Westfalen/Außenstelle Bielefeld zeigten, war eine für damalige Verhältnisse moderne rondellierte Anlage geplant gewesen. Jeweils zwei Rondelle waren über Kasemattensysteme miteinander verbunden. Ein teilweise bombensicheres Zeughaus mit 50 × 14 m Grundfläche nahm den Großteil der Nordhälfte der Festung ein. Der bis zu 15 m breite Zwischenraum zwischen den Kurtinen und dem Zeughaus mit seinem vorgelagerten Waffenplatz sollte im Norden, Süden und Westen mit Erde aufgefüllt werden, wodurch sich das Geländeniveau in diesem Bereich im Vergleich zu heute um mindestens drei Meter angehoben hätte. Über Gänge sollten die Geschützplattformen des Windmühlen- und Kiekstattrondells durch das Zeughaus hindurch erreichbar sein (Abb. 6). Östlich, im Bereich des Zuganges, vor dem alten Bergfried gefundene Fundamente von beträchtlicher Stärke deuten auch hier darauf hin, dass weitere bombensichere Gebäude vorgesehen waren. In ihrer Endgestalt hätten sich die Gebäude der Festung mit dem Rücken an einen hohen Wall angelehnt, dessen 15 m breiter Fahrweg genug Platz zum Manövrieren von Geschützen auf einer durchgehenden Ebene bot. Das Oberflächenniveau der Innenhöfe vor den Wohn- und Magazingebäuden wäre dahingegen je nach Standort drei bis fünf Meter tiefer gewesen. Dem heute auf dem Hof stehenden Besucher bietet sich dagegen ein direkter Blick vom Hof auf die Umgebung.

Die Festung galt noch in den 1570er-Jahren als nur bedingt verteidigungsfähig, da große Teile der eben angesprochenen Erdbedeckungen, Erdbewegungen, Neubauten und weitere Ausbauten fehlten. Um die Festung wenigstens bewohnbar zu halten, wurden während dieser Periode mehrere Fachwerkgebäude im Schutz zwischen Kurtine und Zeughaus errichtet,

Abb. 8 Gewölbe zur Versteifung der Kurtine

deren Zwischenräume eigentlich aufgefüllt werden sollten (Abb. 7). Auch die Gewölbebögen zum Versteifen der Kurtinen wurden teilweise zu Lagerräumen umgenutzt. In einem konnte sogar eine Feuerstelle dokumentiert werden (Abb. 8). 1583 fragte dann die ravensbergische Ritterschaft in Düsseldorf nach, wann der Herzog gedenke, die Arbeiten zu vollenden und unter anderem eben diese Hohlräume zu verfüllen. Nach weiteren Verhandlungen geschah dies dann in der Folgezeit – jedenfalls in Teilen. Diese enormen Massen an Erdmaterial, die in die Festung gefahren werden mussten, resultierten aus dem Bauverfahren. Dabei wurden drei Rondelle – das Windmühlenrondell stand bereits – und die sie verbindenden Kurtinen außerhalb der deutlich kleineren Burg hochgezogen.

Die Rondelle besitzen eine offene Gefechtsplattform mit Scharten, von der aus das Umfeld beschossen werden konnte und ein darunter liegendes überwölbtes Geschoss, das zur Flankierung der Gräben mit großen Treppenscharten für Geschütze ausgestattet war (Abb. 9). Hinzu kommen im Marien- und Kiekstattrondell auf Bielefeld gerichtete Scharten. Als Besonderheit kann die 2007 freigelegte und sehr gut erhaltene Gefechtsplattform des Kiekstattrondells gelten, die im Rahmen von Führungen besichtigt werden kann. Die in den Fußboden eingesetzten Lüftungsöffnungen mit einer Regenwasser abhaltenden Wulst sind hier ebenso zu sehen, wie Details der vermauerten Scharten, ein in die Wandstärke eingebautes Pulvermagazin und der Treppenabgang in die Kasematten.

Durch das Errichten der Kurtine verlor das Windmühlenrondell seine flankieren-

Abb. 6 (links oben) Blick auf den gepflasterten Boden im Zeughaus und den Durchgang zum Kiekstattrondell

Abb. 7 (links unten) Freigelegte Partie der Kurtinenversteifung (oben) und der Fachwerkgebäude. Dazwischen eine gepflasterte Straße

Abb. 9 Das Innere des Schusterrondells mit seinen Munitionsnischen

de Wirkung in Richtung Südosten (Marienrondell). Um dies zu beheben wurde ab 1556 eine Bastion an das Rondell angesetzt. Baumeister war Alessandro Pasqualini, der 1559 in Bielefeld verstarb und dort auch seine letzte Ruhestätte fand. Seine Arbeit an der Sparrenburg wurde durch seinen Sohn vollendet (Abb. 10). Ein von der Bastion in die Tiefe gehendes Gegenminensystem lief schnell voll mit Wasser, weshalb es nur als Zisterne genutzt werden konnte.

Die Untersuchungen der vergangenen Jahre zeigten, dass die beiden Kasemattensysteme im Nordwesten und Südosten teilweise in den alten Burggraben gesetzt wurden. Im Südwesten dagegen wurde ein kleiner Teil des Grabens zu einem großdimensionierten Kloakenschacht umfunktioniert.

Beide Kasemattensysteme verfügten über – nie fertig gestellte – Zufahrtsrampen für Wagen und Geschütze, Bereitschaftsmunitionslager, groß dimensionierte Lüftungsschächte und Tore, mit denen einzeln Sektionen abgesperrt werden konnten (Abb. 11). In dem Eingang der Festung am nächsten liegenden System zwischen Marien- und Schusterrondell war noch eine stadtseitige Poterne vorhanden, weshalb sich erklärt, dass dieses System

mit einer deutlich stärkeren Innenverteidigung ausgestattet war, die getrennt von außen begangen werden konnte. Zusätzlich beherbergte das Schusterrondell eine Backstube mit Ofen und eine Zisterne. Als Besonderheit sind hier kleine Nebenräume neben den Geschütznischen zu nennen, von denen aus die Geschützschartenöffnungen durch Scharten für Handfeuerwaffen gedeckt werden konnten (Abb. 12).

All diese Einrichtungen zeigen, wie ambitioniert und fortschrittlich der Entwurf der Festung Sparrenberg gewesen ist. Nach Schriftquellen und Grabungen scheint es aber so, als seien vor allem die obertägigen Wallmodellierungen und Gebäude nur zum Teil fertig gestellt worden. Wie genau die Festung ursprünglich hätte aussehen sollen, ist daher nicht zu sagen. Sicher ist jedoch, dass es sich um eine aus artilleristischer Sicht äußerst gut geschützte Anlage gehandelt haben würde, sieht man einmal von dem hohen Aufzug der Kurtinen ab.

Abb. 10 Blick auf den Scherpentiner sowie das Kiekstatt- und Schusterrondell

Abb. 12 Geschütznische im Schusterrondell. Der Zugang links führt in den Nahkampfraum

Erst 1622 wurde die Festung so instand gesetzt, dass sie einer Belagerung längere Zeit standhalten konnte. Archäologische Untersuchungen ergaben, dass es sich nicht um ein Ausführen des knapp 100 Jahre zuvor geplanten imposanten Baubestandes handelte. Vielmehr wurde der Ist-Zustand als gegeben hingenommen und nur das nötigste unternommen, um die Festung verteidigen zu können. Im 30-jährigen Krieg kam es dann allerdings zu keiner Belagerung. 1648 war die Passseite der Festung mit einem heute noch in Teilen zu erkennenden Hornwerk verstärkt worden. Der stadtseitigen Kurtine wurde ein gedeckter Weg vorgesetzt, während die gegenüberliegende Kurtine eine vorgelagerte, niedrige bastionierte Front mit einem Kavalier erhielt. Der Zugang erfolgte – je nachdem, welchem Plan man glauben möchte – über ein oder zwei Vorwerke, denen ein gedeckter Weg vorgelagert war. Da die chronikalische Überlieferung zu diesem Thema äußerst dürftig ist, kann nur gesagt werden, dass Vorwerke vorhanden waren. Wie genau sie beschaffen waren, könnten unter Umständen Grabungen zeigen.

Mit der endgültigen Übergabe des Sparrenberges an das Haus Brandenburg 1648 wurden bis 1650 weitere (Instandsetzungs-)Arbeiten durchgeführt. Nach einer erfolglosen kurzen Belagerung 1679 durch französische Truppen wurde die Festung schrittweise aufgegeben und ihre Verwaltungseinrichtungen sowie das Archiv in die Stadt verlegt. 1765 verfügte König

Abb. 11 Belüftungsschacht im Kasemattensystem. Rechts der Zugang zum Munitionsraum

Abb. 13 Ansicht des Windmühlenrondells vom Scherpentiner aus. Die Treppe führt auf die Festung, die Tür in die Kasematten

Friedrich II. von Preußen, dass Steine auf der Festung gebrochen werden durften. So wurde neben mehreren Gebäuden vor allem das behauene Schalenmauerwerk der Rondelle und Kurtinen abgetragen. Die Festung als solche hatte zu diesem Zeitpunkt bereits aufgehört zu existieren, ohne dass sie vollständig fertig gestellt geworden wäre (Abb. 13 und 14).

Im Zweiten Weltkrieg wurde die Festung ein letztes Mal militärisch genutzt, als die Luftwaffe dort eine Beobachtungsstelle einrichtete. Zusätzlich dienten die Rondelle und Kasematten dem Luftschutz. Hierzu wurde eine Türöffnung mit Schikane in den stadtseitigen Teil des Marienrondells gebrochen. Weitere Umbauten unterblieben glücklicherweise. Am 30. September 1944 wurde dann der Großteil des Gebäudebestandes bei einem Luftangriff zerstört.

In den 1960er-Jahren wurde begonnen, die Mauerkerne wieder mit Sichtmauerwerk zu verkleiden. Weitere Sanierungsarbeiten begannen 2007 und führten mit großangelegten Freilegungsarbeiten, die archäologisch begleitet wurden, zu dem Bild, dass sich dem Besucher heute zeigt.

Die Reste der bastionierten Außenanlagen der Sparrenburg sowie das Äußere der Gebäude sind das Jahr über durchgehend zu besichtigen. Die Kasematten im Nordwesten wie auch im Südosten sind

regelmäßig von April bis Oktober mittels Führungen zu betreten, wobei der Nordwestteil Fledermäusen zur Überwinterung dient und daher deutlich seltener betreten werden kann. Ein im Inneren der Festung liegendes Restaurant und eine Touristeninformation bieten Möglichkeiten zur Erfrischung. Freie Pausenplätze sind ebenfalls mit Blick auf Bielefeld vorhanden. Kostenpflichtige Parkplätze liegen direkt vor der Festung.

Abb. 14 Ansicht des Torbereichs vor dem Zweiten Weltkrieg

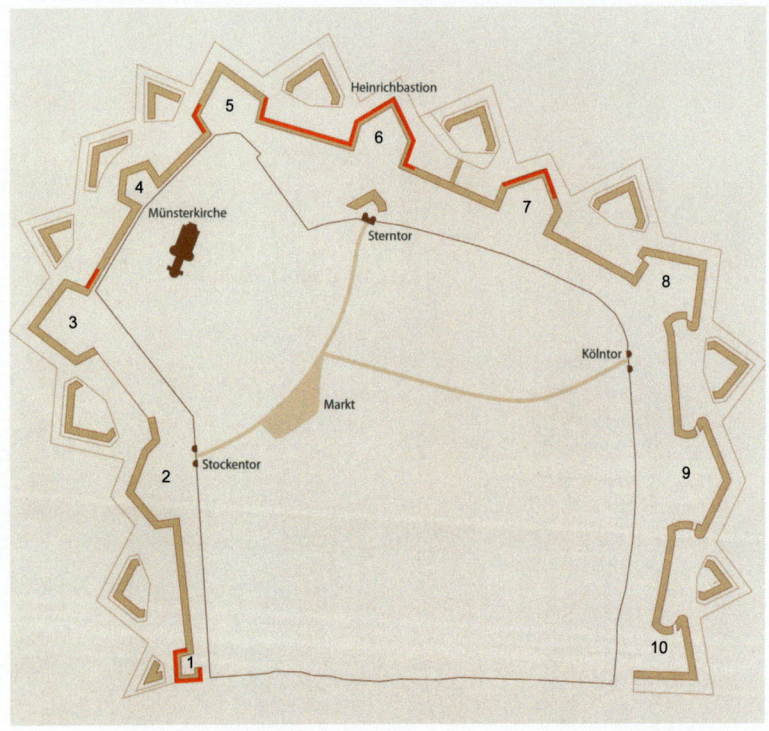

Abb. 1 Festungsplan von Bonn mit mittelalterlicher Stadtmauer und Stadttoren sowie frühneuzeitlichen Bastionen, heute noch vorhandene Festungsmauern sind rot markiert; Norden rechts. Bastionen: 1 – Zoll, 2 – Stockentor, 3 – Ferdinand, 4 – Cassius, 5 – Maximilian, 6 – Heinrich, 7 – Sterntor, 8 – Wilhelm, 9 – Camus, 10 – Rhein bzw. Michael

BONN
EINE BEFESTIGTE RESIDENZSTADT

Die Stadt Bonn, zeitweilig Regierungssitz der Bundesrepublik Deutschland, kann auf eine über 2.000-jährige Geschichte zurückblicken. Aus der keltischen Siedlung der Ubier, die die Römer »Bonna« nannten, entwickelte sich ein Militärstandort mit Versorgungssiedlungen. Das im 1. Jahrhundert n. Chr. entstandene Kastell war für etwa 6.000 Legionäre ausgelegt. In fränkischer Zeit verlagerte sich die Besiedlung in den Bereich des noch intakten Kastells. Ein zweiter Siedlungsschwerpunkt bildete sich oberhalb eines Altrheinarms, der sogenannten Gumme, aus einem römischen Gräberfeld heraus. Die »cella memoriae« des 4. Jahrhunderts für die Bonner Märtyrer Cassius und Florentius war der Nucleus des Bonner Münsters und des Cassiusstiftes mit seiner Immunität.

Die Geschichte der Befestigung der Stadt Bonn begann im Jahr 1244 (Abb. 1). In diesem Jahr befahl der Kölner Erzbischof Konrad von Hochstaden (reg. 1238–1261) der Stadt den Bau einer Stadtmauer, die die bereits gesicherte Stiftsimmunität und die Marktsiedlung umschließen sollte. Ein zuerst mit Palisaden versehener Wall wurde schließlich abschnittsweise vom 13. bis zum 15. Jahrhundert durch eine 10 m hohe und 1,5 m starke Mauer mit Türmen und drei Toranlagen (Sterntor, Kölntor und Stockentor) gesichert. Nachdem die Stadt Köln 1268 Erzbischof Engelbert II. von Falkenburg (reg. 1261–1274) aus ihren Mauern vertrieben hatte, machte dieser Bonn zu seiner Residenz. Offiziell wurde Bonn erst 1597 Haupt- und Residenzstadt des Erzstifts Köln. Die im Kontext des Kölner Krieges im ausgehenden 16. Jahrhundert entstandenen Stadtansichten zeigen, dass die mittelalterliche Befestigung bis zu diesem Zeitpunkt nur wenige Ausbauten erfahren hatte, um sie den Erfordernissen der pulverbetriebenen Angriffswaffen anzupassen (Abb. 2). Lediglich vor den drei Stadttoren hatte man Barbakanen angelegt und vor dem Stockentor war 1587 eine Schanze errichtet worden. Erst die Ereignisse des 30-jährigen Krieges zwangen den Kölner Kurfürsten und Erzbischof dazu, den entsprechenden Ausbau seiner Haupt- und Residenzstadt anzugehen. Anlass hierfür war die zeitweilige Präsenz von Truppen der Niederländischen Generalstaaten in unmittelbarer Nachbarschaft zu Bonn. Vor der Mündung der Sieg in den Rhein hatten die Generalstaaten auf einer Rheininsel 1619 eine Schanze errichten lassen, die wegen ihrer Form »Pfaffenmütz« genannt wurde (Abb. 3). Zwar wurden die Niederländer nach einer mehrmonatigen Belagerung durch die Spanier 1622 vertrieben, die Kriegsgefahr blieb jedoch. Unter Kurfürst Ferdinand von Bayern (reg. 1612–1650) begann 1622 die Modernisierung der Bonner Stadtbefestigung, wobei sich diese zuerst auf die Südwestecke der Stadt konzentrierte, wohl vor allem um das kurfürstliche Schloss zu schützen. Der hier nun in den 1630er- und 1640er-Jahren entstehende bastionierte Wall vom Alten Zoll am Rhein bis zur Maximilianbastion wurde

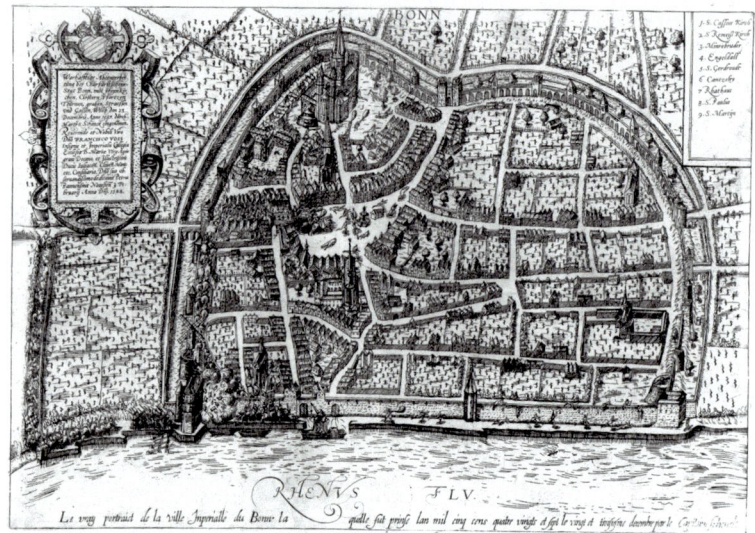

Abb. 2 Vogelschau auf Bonn, Kupferstich von Peter Pannensmit, 1588

Abb. 3 Anlage der Schanze »Pfaffenmütz« 1620, der Kupferstich aus der Werkstatt von Franz Hogenberg

Abb. 4 Maximilian-, Heinrich- und Sterntorbastion, virtuelle 3D-Visualisierung

der mittelalterlichen Stadtmauer vorgelagert. Zwischen 1658 und 1664 entstanden unter Kurfürst Maximilian Heinrich (reg. 1650–1688) im Bereich vor dem mittelalterlichen Sterntor die Bastionen Heinrich und Sterntor (Abb. 4). Der Lückenschluss zwischen Sterntorbastion und dem Rhein erfolgte erst in den Jahren 1673 und 1674, nachdem sich französische und kaiserliche Besatzungen abgewechselt hatten. Infolge des Pfälzischen Erbfolgekrieges besetzten im September 1688 französische Truppen die Stadt Bonn, die sofort mit dem Ausbau der Festungsanlagen durch die Errichtung von Vorwerken (Ravelins und Lünetten) begannen. Vom 24. bis zum 29. Juli 1689 wurde Bonn von der anderen Rheinseite aus von kaiserlichen Truppen beschossen. Die innerstädtische Bebauung wurde dabei weitgehend zerstört, dennoch wurde die Kapitulation erst am 12. Oktober 1689 unterzeichnet. Zu Beginn des 18. Jahrhunderts geriet die Festung Bonn ein letztes Mal in den Fokus einer militärischen Auseinandersetzung. Im Spanischen Erbfolgekrieg besetzten 1702 französische Truppen die Stadt. Der Zustand der Festungsanlagen war schlecht und so begann man umgehend mit Reparaturarbeiten. Diese reichten jedoch nicht aus. Im Mai 1703 wurde die Stadt von der antifranzösischen Koalition innerhalb weniger Tage eingenommen. Da die Leitung der Belagerung in den Händen des erfahrenen Ingenieurs und Generals Menno Baron van Coehoorn lag, ist dies nicht weiter verwunderlich (Abb. 5). Bis 1717 blieb eine niederländische Garnison in der Stadt. Im Frieden von Utrecht 1713 war die Schleifung der Bonner Festungsanlagen festgelegt worden. Als der Kölner Kurfürst 1717 seine Stadt wieder in Besitz nahm, begann man dann auch umgehend mit der Schleifung der Vorwerke, während der bastionierte Wall nicht planmäßig niedergelegt wurde, sondern nach und nach mit dem weiteren Ausbau der Stadt verschwand bzw. überformt wurde. Nur im Bereich des seit 1715

Abb. 5 Plan der Festung Bonn, 1703

neu errichteten Schlosses an der Südseite wurden die Festungswerke tatsächlich vollständig geschleift. Deshalb ließ Kurfürst Clemens August von Bayern (reg. 1723–1761) vor der neuen Schlossfront 1725 eine leichte Befestigung nach einem Entwurf von Johann Conrad Schlaun errichten, die 1741/42 jedoch zur Anlage des Hofgartens wieder niedergelegt wurde. Die Festungswerke im Westen und Norden der Stadt blieben lange Zeit erhalten, einige Reste, zum Beispiel der Sterntorbastion, bis heute (Abb. 6). In den Gräben wurden Gärten angelegt und kleinere Handwerksbetriebe siedelten sich an. Der heutige Florentiusgraben vor der ehemaligen Heinrichbastion folgt dem Verlauf des barocken Festungsgrabens (Abb. 7). Die

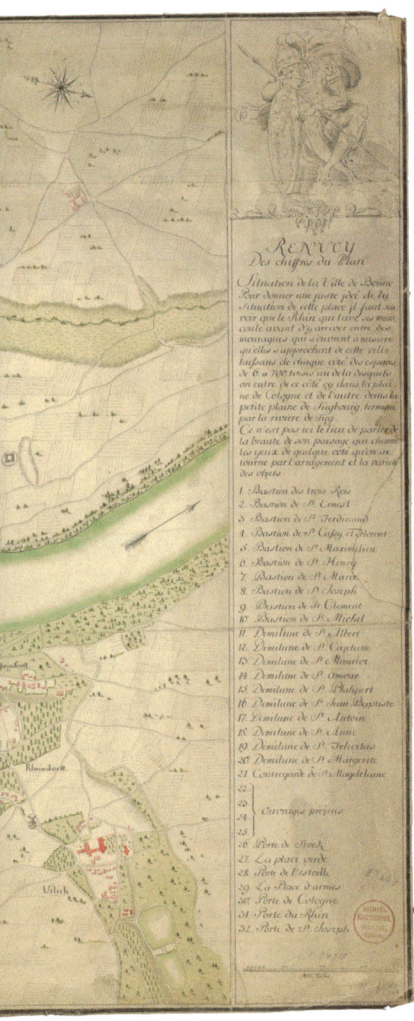

erhöhen. Die meisten der zehn Bastionen waren nicht kasemattiert. In den Wällen gab es aber an mehreren Stellen Ausfallpoternen in den Graben. Insgesamt betrachtet, blieb die Festung Bonn Stückwerk und nur eingeschränkt verteidigungsfähig.

Geht man mit offenen Augen durch Bonn, begegnet man immer wieder Überresten der Befestigungsgeschichte der Stadt. Die Südostecke des ehemaligen Festungsberings bildet der »Alte Zoll« (Abb. 8). Die von den Zeitgenossen Zoll oder Dreikönig genannte Bastion wurde 1642 auf relativ kleinem Grundriss aus Stein errichtet. Sie dient schon seit der Aufgabe der Festung als Aussichtspunkt. Der Galerieflügel des kurfürstlichen Schlosses entlang der von hier aus Richtung Westen führenden Konviktstraße folgt dem alten Festungswall. In Höhe des Schlosses, wo sich heute der Hofgarten befindet, lag die 1622 als reines Erdwerk errichtete »Schanze« (Bastion) Stockentor. Die Reste der unter Johann Conrad Schlaun nach 1725 erbauten Festungswerke vor dem Schloss, die die nach 1715 vollständig geschleifte Enceinte ersetzten, wurden Ende der 1960er-Jahre beim Bau einer Tiefgarage freigelegt und zerstört. Die im Uhrzeigersinn nächstfolgende Bastion war die Ferdinandbastion. In der Kaiserpassage zwischen Kaiserplatz, Wesselstraße und Martinsplatz hat man ein kurzes Teilstück der Eskarpenmauer der Bastion erhalten. Das sogenannte »Bonner Loch« vor dem Zugang zur U-Bahn-Station Hauptbahnhof bot lange Zeit einen Eindruck vom ehemaligen Wallgraben, der an dieser Stelle durch den Altrheinarm »Gumme« gebildet wurde. Hier lagen die Bastionen Cassius und Maximilian. Ein Teil des Unterbaus der 1644 entstandenen Maximilianbastion ist im Untergeschoss des Geschäftscenters »Cassius-Bastei« zu besichtigen. Der nach Norden weisende Florentiusgraben folgt dem ehemaligen Wallgrabenverlauf

Wälle bestanden überwiegend aus Erde und erreichten eine Höhe von insgesamt etwa 12 m. Die ca. 6 m hohen Mauern, die den Unterbau bildeten, bestehen aus Säulenbasalt und Ziegeln. Aus statischen Gründen sind sie leicht schräg gestellt. Ziegelstein war ein preisgünstiges, aber nicht sehr widerstandsfähiges Baumaterial. Deshalb sollten die Säulenbasalte die Festigkeit des Walls gegen feindlichen Beschuss

Abb. 6 Grundriss der Stadt Bonn von Bernhard Hundeshagen, 1819

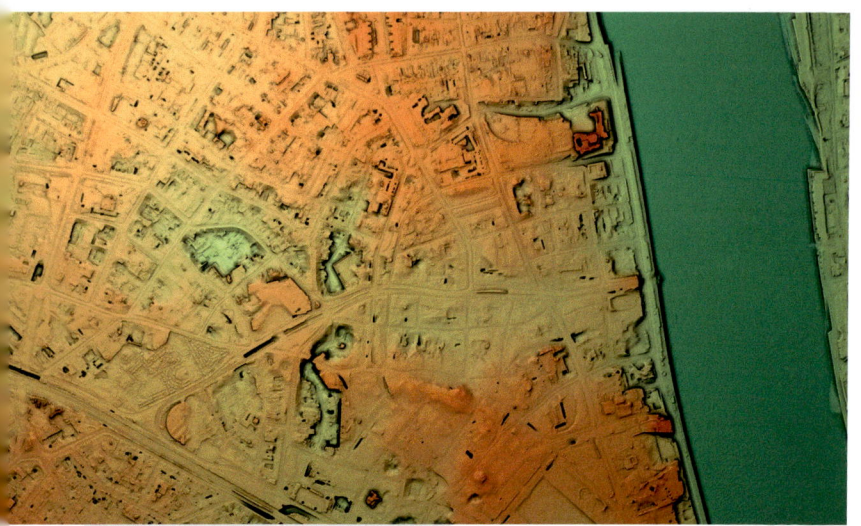

Abb. 7 Digitaler Oberflächenscan der Innenstadt von Bonn. Deutlich erkennt man in der Mitte den Florentiusgraben und die Spitzen der Bastionen Heinrich und Sterntor

vor der Heinrichbastion, deren steinerner Unterbau teilweise erhalten ist. Die Spitze der Bastion, die nach 1945 wieder freigelegt wurde, ziert das aufwändig gestaltete Wappen des Bauherrn Kurfürst Maximilian Heinrich (Abb. 9). Reste des anschließenden Teils der Eskarpenmauer traten 2011 beim Bau eines Geschäftshauses am Friedensplatz zu Tage. Ein kleiner Teil des Befundes konnte in der zugehörigen Tiefgarage konserviert werden, ist aber nicht öffentlich zugänglich. Die Spitze der Sterntorbastion ist vollständig erhalten. Die Bastion wird seit 2003 als Unterbau für den Erweiterungsbau des Bonner Amts- und Landgerichts genutzt (Abb. 10). Die Freifläche um die beiden Facen der Bastion lassen den ehemaligen Grabenbereich erahnen, der aber aufgefüllt wurde. Die

Abb. 8 Blick auf den »Alten Zoll« von der rechten Rheinseite aus

Abb. 9 (oben) Die Spitze der Heinrichbastion mit dem Wappen von Kurfürst Maximilian Heinrich

Abb. 10 Die linke Face der Sterntorbastion

das Festungsrund abschließende Nordfront bestand aus den Bastionen Wilhelm, Camus und der zum Rhein hin gelegenen Halbbastion Rhein bzw. Michael. Diese Bastionen hatten zurückgezogene Flankenstellungen. Auf dem Areal der Rheinbastion entstand nach dem Zweiten Weltkrieg die Beethovenhalle.

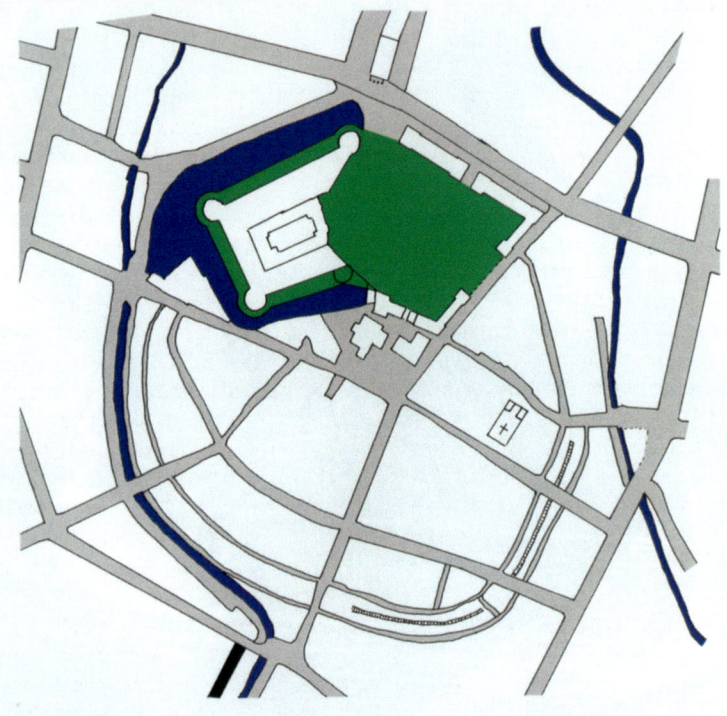

Abb. 1 Stadtplan von Detmold mit Schloss und Park sowie der Stadtmauer

SCHLOSS DETMOLD
WEHRHAFTER GLANZ

Von Paderborn in Richtung der Porta Westfalica reisend ist Detmold die erste größere Stadt nördlich des Teutoburger Waldes, östlich von Bielefeld gelegen. Ab dem 16. Jahrhundert fester Regierungssitz der Herren, später Grafen und dann Fürsten zur Lippe lag es an mehreren wichtigen Handelsstraßen, die Ostwestfalen kreuzten. Dennoch war die Stadtgründung (um 1260) der Edelherren zur Lippe nicht so gut positioniert, dass es sich gegen das benachbarte Lemgo – das überdies viele Freiheiten genoss – als Handelsknotenpunkt durchsetzen konnte. So blieb Detmold im Mittelalter die Rolle eines Regionalzentrums, wenn auch besonders Simon III. zur Lippe ab den 1360er-Jahren mehrere Sonderrechte an die Stadt vergab. Die hiernach stetig steigende Bedeutung von Detmold als Verwaltungszentrum konnte aber nicht helfen, die im Vergleich mit Lemgo zweitrangige Wirtschaftskraft zu steigern. Detmold fiel so die Rolle des politischen Zentrums zu, während Lemgo das Zentrum des lippischen Handels blieb.

Die neuzeitliche Umgestaltung der mittelalterlichen Stadtburg hin zum Festen Schloss begann 1525, nachdem die Burg ab 1511 zur Residenz erhoben worden war (Abb. 1 und 2). Somit stellt diese Befestigung einen der frühsten Belege frühneuzeitlichen Festungsbaus in Westfalen-Lippe dar, bei dem die Trennung zwischen Wehr- und Wohnfunktion komplett vollzogen wurde. Zu Beginn wurde mit der Anlage der rondellierten Befestigung um die mittelalterliche Bausubstanz herum begonnen (Abb. 3). Baumeister der Festungsanlagen könnte der aus Lustenau bei Tübingen stammende Jörg Unkair gewesen sein, der ab 1549 auch für die Errichtung des Schlosses von Bernhard VIII. zur Lippe in Brake angeworben wurde und zuvor bereits in der Region tätig war. Finanziert wurden die knapp ein Viertel der Stadtfläche einnehmenden Neubauten unter anderem durch einen 1530 urkundlich belegten Wallschatz, der in Detmold erhoben wurde (Abb. 4).

Schloss und Befestigung waren baulich voneinander getrennt und wurden erst mit Errichtung der Parkanlagen miteinander verbunden. Ergebnisse der Bauforschung legen nahe, dass die Vierflügelanlage in ihrem Grundriss dem der mittelalterlichen Wasserburg in großen Teilen folgt, wie dies auch später auf dem benachbarten Schloss Brake bei Lemgo geschah. In den Schlossbau integriert wurde neben einem Wohnturm auch der stadtseitig errichtete Bergfried mit 9,8 m Durchmesser, auf dessen oberster Plattform während des 30-jährigen Krieges ein Falkonett in Stellung gebracht wurde (Abb. 5).

Die Süd-, Ost- und Nordflügel des Schlosses wurden zwischen 1547 und 1557 von Unkair und nach dessen Tod 1553 von Cord Tönnis errichtet, während der Westflügel erst um 1673 hinzugefügt wurde. Weitere größere Arbeiten im Außenbereich fanden 1705–1715 und um 1722 statt, als Teile der Renaissancezier abgebaut

Johannes Müller-Kissing

Abb. 2 Luftbild von Schloss Detmold aus östlicher Richtung

Abb. 3 Nordwestkurtine und Nordostrondell mit dem davorliegenden Wassergraben

Abb. 4 Vogelschau des Schlosses mit dem Schlossplatz und den Anschlüssen an die Stadtbefestigung von Elias und Heinrich van Lennep, um 1660

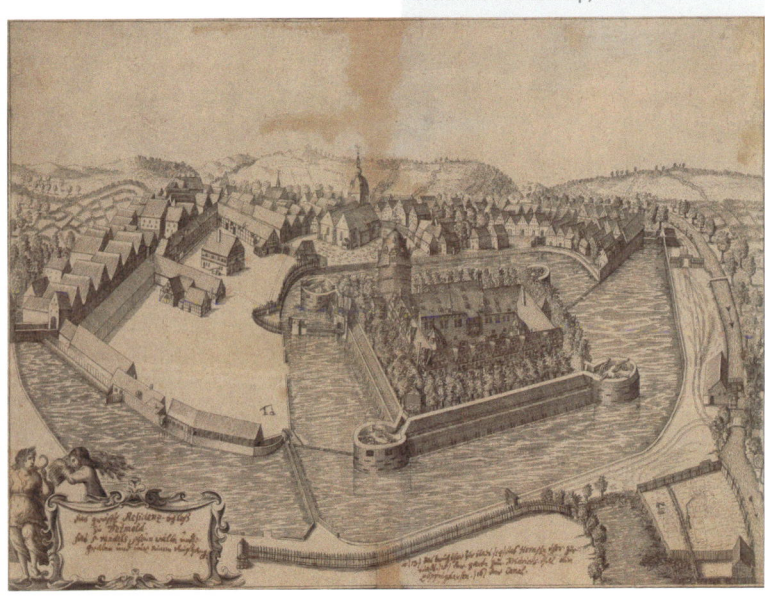

Abb. 5 Detailansicht des oberen Turmabschnittes, der in der Neuzeit aufgesetzt wurde

eines repräsentativen Renaissanceschlosses.

Vor dem Schloss öffnete sich ein etwa 50 m breiter und bis zu 30 m tiefer Waffenplatz, der im Schutz der Befestigung genug Raum für standesgemäße Empfänge vor dem Schloss bot. Auf den historischen Ansichten von Merian und Elias van Lennep (beide spätes 17. Jahrhundert) erscheint dieser Platz deutlich enger, ein Vergleich mit der bestehenden Bausubstanz lässt aber keinen Zweifel daran, dass hier genug Raum zum Manövrieren von Kutschen und Fuhrwerken vorhanden war.

Die Befestigung hatte die Form eines ungleichmäßigen Vierecks mit Rondellen an den Ecken. Die 70 m bis 120 m langen Kurtinen bestanden aus einem Erdwall, der den Großteil der Schlossfassaden hinter sich verschwinden ließ (Abb. 6). Historische Ansichten aus dem 17. Jahrhundert zeigen reine Erdbrustwehren, ähnlich denen der Stadtbefestigung von Lemgo. Merian zeichnete in seiner Ansicht Detmolds mehrere Geschützscharten in die stadtseitige Brustwehr, allerdings fehlen diese bei anderen Künstlern. Die untere Hälfte des Walles war mit einer senkrechten Böschungsmauer verkleidet. In der Fassade liegende Blindfenster dienen lediglich der visuellen Unterteilung und deuten nicht auf Kasematten im Inneren hin. Der über die Böschungsmauer aufragende Erdwall ist im 18. Jahrhundert abgetragen worden, ebenso wie Teile der Geschützplattformen auf den Rondellen.

Die Rondelle besaßen drei Feuerebenen, von denen die oberste als Geschützplattform ausgelegt war. Von ihnen war ein ebenerdiger Zugang auf die Kurtinen gegeben. Die der Stadt zugewandten Rondelle besaßen verschartete Geschützplattformen, während die auf die Feldseite gerichteten Geschützplattformen Feuer über Bank ermöglichten. Ob die Scharten der Plattformen auf neuralgische Punkte

und das Dachwerk des Nordflügels umgebaut wurde. Nichtsdestotrotz ist vor allem die Bausubstanz der Renaissance bestimmend für Schloss Detmold, die sich unter anderem durch den typischen Verzicht auf Symmetrie auszeichnet. Hierfür können neben der stark alternierenden Bauzier besonders die beiden von Unkair um 1550 gestalteten Treppentürme im Innenhof als Beispiel herangezogen werden, die oktogonal beziehungsweise rechteckig ausgeführt wurden.

Für den Gebäudekomplex als Ganzes hervorzuheben ist, dass zwischen der Grundsteinlegung der Befestigung – 1525 – und der des Schlosses 22 Jahre vergingen. Es kann daher davon ausgegangen werden, dass die Familie zur Lippe dem Schutz ihrer Residenz erst einmal mehr Notwendigkeit zumaß, als der Errichtung

Abb. 6 Der abgetragene Wall gibt den Blick auf den Nordostflügel des Schlosses frei. Im Hintergrund ist das Bergfrieddach zu sehen

der Stadt und ihrer Befestigung gerichtet waren, kann nur vermutet werden, da sie abgetragen wurden (Abb. 7 und 8).

Der das Schloss umgebende Wassergraben ist heute noch an drei Seiten in seinen Originalabmessungen erhalten und besitzt eine Maximalbreite von etwa 30 m. Angeschlossen an den Graben war der feldseitige Graben der Stadtbefestigung.

Der Zugang ins Schloss erfolgt über einen außermittig in der Ostkurtine liegenden Torhausbau. Vorgelagert waren zwei Zugbrücken an beiden Enden einer Steinbrückenkonstruktion mit drei Bögen. Hinzu kam ein vorgelagertes Wachhaus, direkt hinter der vorderen Zugbrücke und eine kleine ravelinförmige Palisadeneinfriedung vor der Zugbrücke.

Von dieser Zugangssituation ist leider nichts mehr erhalten, da die gesamte Ostseite der Befestigung zur Anlage eines Parks im 18. Jahrhundert mitsamt des stadtseitigen Südostrondells niedergelegt und der Graben mit dem Wall verfüllt wurde. Der heute erkennbare rondellartige Bau im Südosten mit seinem großen Tor wurde erst 1922 errichtet. Hierbei handelte es sich ursprünglich um eine PKW-Garage, die optisch an die Rondelle angepasst wurde (Abb. 9). Das ehemalige Südostrondell lag deutlich weiter im Osten. Gleichzeitig mit dem Umbau zum Park wurden auch die Erdbrustwehren abgetragen und Teile der Innenflächen zwischen Schloss und Befestigung im Süden mit dem Material aufplaniert sowie der stadtseitige Graben zur Anlage des Parks verfüllt. Auf dem Gelände des heutigen Parks, dem Schloss vorgelagert, befand sich die Meierei, die einen Großteil des nördlichen Stadtareals einnahm. Die hier ursprünglich stehenden Scheunen wurden 1736 abgetragen und außerhalb Detmolds, im Johannettental, wiederaufgebaut, wo sie noch heute stehen und von außen besichtigt werden können. Der heutige Gebäudebestand des Schloss- und Parkareals setzt sich zum

Abb. 7 Detail einer der unteren Scharten des Nordostrondells

Abb. 8 Das Nordostrondell ist heute am besten zugänglich. Im Bereich des heutigen Hangmaueransatzes setzte früher die Kurtine an

Schloss Detmold

Abb. 9 Die rondellierte Garage von 1922 mit dem Schloss im Hintergrund

größten Teil aus Gebäuden ab der zweiten Hälfte des 18. Jahrhunderts zusammen, die vorher hier stehende Steingebäude mit aufgesetztem Fachwerk ersetzten. Die heute auf dem Südwestrondell zu sehende Laube ist bereits auf einem Aquarell Heinrich Christian Teudts von 1816 abgebildet (Abb. 10).

Über die Bewaffnung sowie die heute zugemauerten Kasematten innerhalb der Wälle liegen bislang leider keine eingehenden Studien vor. Sicher ist, dass die einzelnen Rondelle mit Verbindungsgängen innerhalb des Wallkörpers verbunden waren. Hinzu kamen an mehreren Stellen (Lager-)Räume und Nischen, die jedoch nicht in Verbindung mit den Blindfenstern zu sehen sind.

Im Gegensatz zum Schloss wurden die Stadtbefestigungen im 16. Jahrhundert nicht weiter ausgebaut und behielten ihren spätmittelalterlichen Charakter. Der Mauer vorgelagert waren zwei Wassergräben, zwischen denen – wie auch bei anderen lippischen Städten – vermutlich im Spätmittelalter ein Erdwall aufgeworfen worden war. Im Bereich des Schlosses vereinigten sich die beiden Gräben in den breiten Schlossgraben. Noch heute ist der Verlauf der Stadtbefestigung im Grundriss der Stadt nachzuvollziehen. Im Nordwesten verläuft eine Promenade auf dem ehemaligen Grabenwall, die den Bachlauf – ehemals der Graben der Stadt – mit einbezieht (Abb. 11).

Da Detmold im Zweiten Weltkrieg über keine nennenswerten Luftschutzanlagen verfügte, wurden die Rondelle des Schlosses in den Luftschutz miteinbezogen. Die Detmolder misstrauten allerdings der Sicherheit dieser Gewölbe und blieben in ihren Luftschutzkellern und behördlichen Luftschutzräumen. Diese Skepsis sollte sich zum Kriegsende hin auszahlen, da die Bombe eines amerikanischen Jagdbombers das Gewölbe eines Rondells zum Kriegsende 1945 hin durchschlug und das Innere zerstörte.

Abb. 10 Das Nordostrondell mit seiner Laube im Sommer 2011 und noch vollkommen verstecktem Mauerwerk

Das Schloss, die umgebende Befestigung sowie die den Park einrahmenden Bauten des 18. und 19. Jahrhunderts sind von außen frei zu besichtigen. Durch die vorhandene Vegetation im Bereich der Befestigung ist von ihr im Sommer nicht viel zu erkennen. Lediglich das Rondell nahe des Stadttheaters, im Zugangsbereich des Parks, kann von Nahem betrachtet werden.

Abb. 11 Merian, vor 1647. Auf der Ansicht ist gut zu erkennen, wie sehr die große Anlage des Schlosses die Stadt dominierte – was in Kunst und Realität durchaus beabsichtigt war

Schloss Detmold

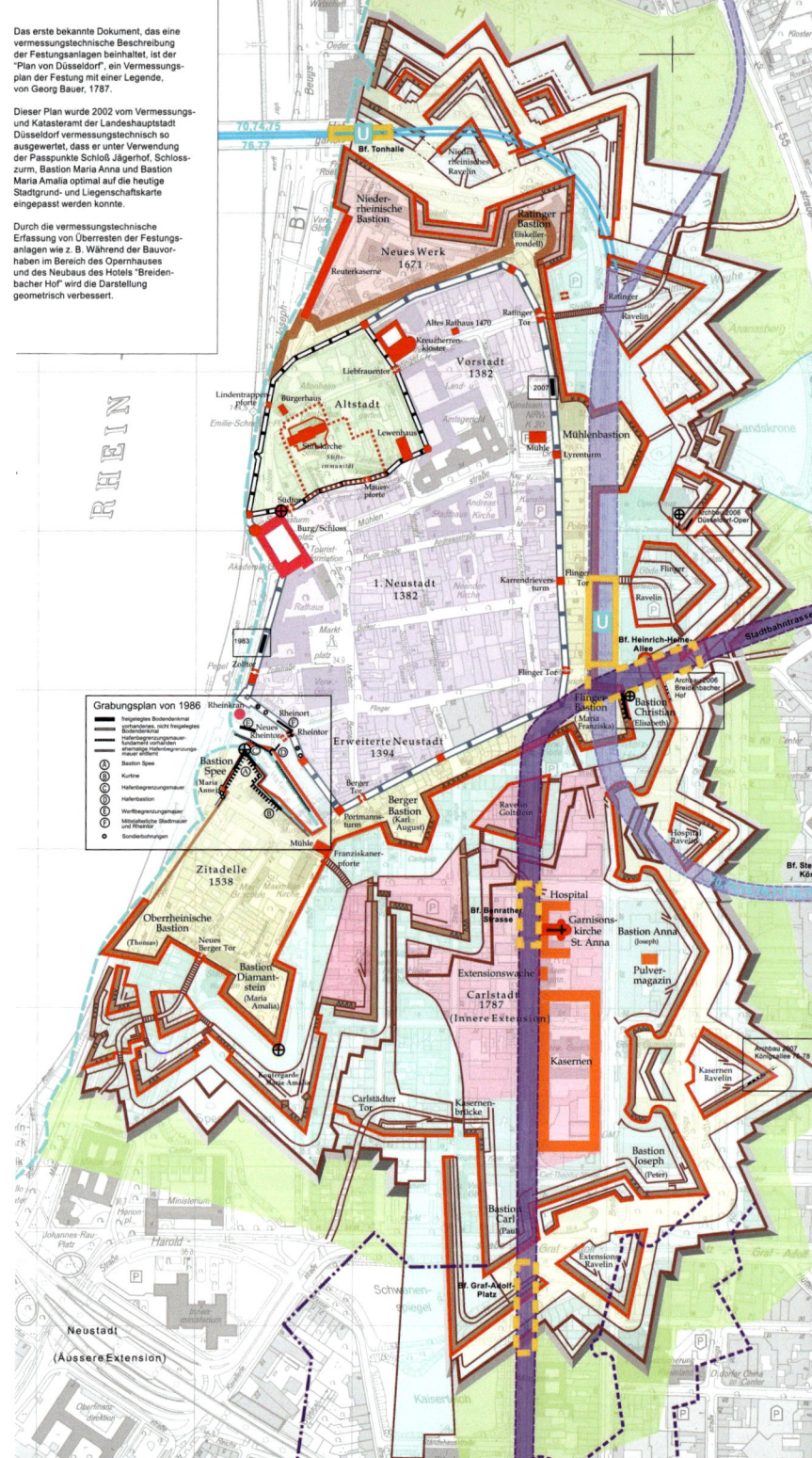

DÜSSELDORF
LANDESFESTUNG UND RESIDENZ

Die Siedlung Düsseldorf am Rhein wurde am 14. August 1288 in Folge der siegreichen Schlacht bei Worringen von Graf Adolf V. von Berg (reg. 1259–1296) zur Stadt erhoben. Das etwa 3,8 ha große Stadtgebiet begrenzte im Westen der Rhein, im Norden ein Altrheinarm und im Süden das Flüsschen Düssel. Der Beginn einer ersten Stadtbefestigung Düsseldorfs liegt wohl ebenfalls im 13. Jahrhundert und ist quellenmäßig kaum belegt, ein geschlossener Mauerring wird um die Mitte des 14. Jahrhunderts vermutet. Graf Wilhelm II. von Berg (reg. 1360–1408) machte Düsseldorf nach seiner Erhebung 1380 zum Herzog als seine neue Residenz zur wichtigsten Stadt in seinem Territorium. Die Ortschaften Golzheim, Derendorf, Grafenberg, Bilk, Flehe, Stoffeln und Lierenfeld wurden ab 1384 eingemeindet (Neustadt), wobei ab 1394 Hamm folgte und die Stadtfläche um die sechsfache Größe auf 22,5 ha ergänzt wurde (Erweiterte Neustadt). Die um diesen Bezirk erweiterte Stadtmauer hatte eine Länge von 1,9 km und bildete bis 1908 die Stadtgrenze. Die Vereinigung der Herzogtümer Jülich und Berg 1423 hatte einen weiteren entscheidenden Schritt der Stadtentwicklung zur Folge: Ende des 15. Jahrhunderts verschmolzen Altstadt, Vorstadt und Neustadt zu einer einzigen befestigten Stadt. Der Befestigungsring zählte fünf Haupttore (Ratinger, Flinger, Berger, Rhein- und Zolltor). Er umfasste Türme mit quadratischem und halbrundem Grundriss. Es handelte sich bei der Umwehrung wohl zunächst um eine Holz-Erde-Befestigung mit Graben und Wall, die sukzessive durch eine Steinmauer ersetzt wurde. Diese konnte bei Bodeneingriffen mehrfach archäologisch nachgewiesen werden (Abb. 1).

Der Zeitraum zwischen Mitte des 15. und Mitte des 16. Jahrhunderts stellte auch in Düsseldorf eine Übergangsphase des Experimentierens im Festungsbau dar. Man ertüchtigte die mittelalterliche Stadtmauer durch vier große, vorgelagerte Rondelle an den strategisch wichtigen Eckpunkten. Als einer der ersten Bauten dieser Art ist schon für 1511 das Ratinger Rondell in der Nordostecke der Stadtmauer belegt. Neben der Modernisierung der passiven Verteidigung musste auch die aktive Verteidigung der Stadt mit eigenen Feuerwaffen angepasst werden. In Düsseldorf lässt sich der erste Büchsenmeister, Johan Layre, verantwortlich für die städtischen Feuerwaffen, 1435 nachweisen.

Unter Herzog Johann III. von Jülich-Kleve-Berg (reg. 1511–1539) und seinen Nachfolgern Wilhelm V. (reg. 1539–1592) sowie Johann Wilhelm I. (reg. 1592–1609) wurde Düsseldorf Haupt- und Residenzstadt der seit 1521 Vereinigten Herzogtümer Jülich, Kleve und Berg. Aus dem mittelalterlichen Ort entwickelte sich eine Renaissance-Stadt und ein neuer Mittelpunkt des

Abb. 1 Aktueller Stadtplan mit Überblendung der ehemaligen Fortifikation

Abb. 2 Beim U-Bahnbau der 1970er-Jahre wurde vermutlich die Ostkurtine der Stadtbefestigung freigelegt

größten und geostrategisch wichtigsten Territoriums im Nordwesten des Heiligen Römischen Reich Deutscher Nation. Allerdings erregte diese Machtkonzentration den Argwohn des Kaisers. Eine drohende Auseinandersetzung mit Kaiser Karl V. um Erbansprüche auf das Herzogtum Geldern veranlassten daher die bergischen Landstände 1538 zu dem Beschluss, die Stadt zu einer neuzeitlichen Festung ausbauen zu lassen.

Mit der Entscheidung zum Ausbau Düsseldorfs zur Landesfestung setzten in der Stadt umfangreiche Arbeiten zum Neubau einer modernen Wehranlage ein. Die Stadtbefestigung erfuhr einen Ausbau im Bastionärsystem, der mit Unterbrechungen vom 16. bis ins 18. Jahrhundert in mehreren Phasen fortgesetzt wurde und das Stadtgebiet erheblich vergrößerte.

Während der ersten Ausbauphase der Stadtbefestigung wurden in Düsseldorf die Rondelle sukzessive durch polygonale Bastionen ersetzt. Im Süden die Berger Bastion, im Süd-Osten die Flinger Bastion und im Osten die Mühlen Bastion. Im Nordosten blieb das Ratinger Rondell zunächst in seiner Form bestehen, da es bereits kasemattiert war. Erst 1672 erfolgte der Umbau zur Bastion. Baumaterialien waren vor allem Feldbrandziegel und an bestimmten Stellen Sand- und Kalksteine für die Festungsmauern vor den massiven Erdwällen. Die neuangelegten Bastionen wurden durch 30 m breite Kurtinen verbunden, die zunächst parallel zur alten Stadtmauer verliefen und deren Eskarpenmauern, wie bei den Bastionen, stadtseitig durch Substruktionsbögen verstärkt wurden (Abb. 2). Die Bastionen hatten teilweise zurückgezogene Flanken als Artilleriestellungen. Der erste Festungstracé in italienischer Manier entstand mit Unterbrechungen im Laufe des 16. Jahrhunderts. Durch Schleusen regulierte, 30 m breite Wassergräben dienten als zusätzliche Annährungshindernisse. Die Länge der Befestigung betrug 2,6 km und nahm eine Fläche von 28 ha ein.

Aus dieser Epoche stammt der Rest der Flinger Bastion, der 2008 an der Theodor-Körner-Straße/Ecke Heinrich-Heine-Allee im Rahmen des U-Bahnbaus unterirdisch freigelegt wurde (vgl. Abb. 15). Es handelte sich um den Fundamentbereich der nördlichen Ecke der Bastion, wo Ostface und Nordflanke zusammentrafen. Die 3,5 m mächtige Mauer aus Ziegeln gründete mit einer Lage großer, unregelmäßiger Bruchsteine auf den anstehenden Kiesen und war feldseitig mit sechs Reihen großer Natursteinquader (Sand- und Kalkstein) mit Bossenansatz verblendet.

Unter der Leitung Alessandro Pasqualinis wurde um 1540 mit der Anlage der 5 ha großen Zitadelle anstelle einer fünften Bastion im Süden der Stadtbefestigung begonnen. Deren Bastionen und Kurtinen waren üblicherweise stärker ausgebaut als die Bastionen der Stadtbefestigung. Ursprünglich war die Düsseldorfer Zitadelle als Residenz und Zufluchtsort für den Herzog und seinen Hof vorgesehen, die in einem Schloss ähnlich wie in Jülich residieren sollten. Dieser Plan konnte aber nicht verwirklicht werden. Im Gegenteil verblieb die Zitadelle als Baustelle lange in einem unfertigen Zustand.

Die älteste bekannte Plandarstellung der bastionären Stadtbefestigung Düsseldorfs in der ersten Ausbauphase stammt von dem Straßburger Festungsbaumeister Daniel Specklin und wurde vermutlich 1567 erstellt (Abb. 3). Dargestellt ist die in italienischer Manier ausgebaute Stadtbefestigung mit vier Bastionen und die Zitadelle im Süden der Stadt. In dieser Zeit bot die Breite des Rheins bis zum Einsatz der großkalibrigen Geschütze einen natürlichen Schutz des westlichen Stadtgebietes. Die Stadtbefestigung ist mit einer Eskarpenmauer umgeben dargestellt, der Graben bewässert und die gegenüberliegende Grabenseite mit einer Kontereskar-

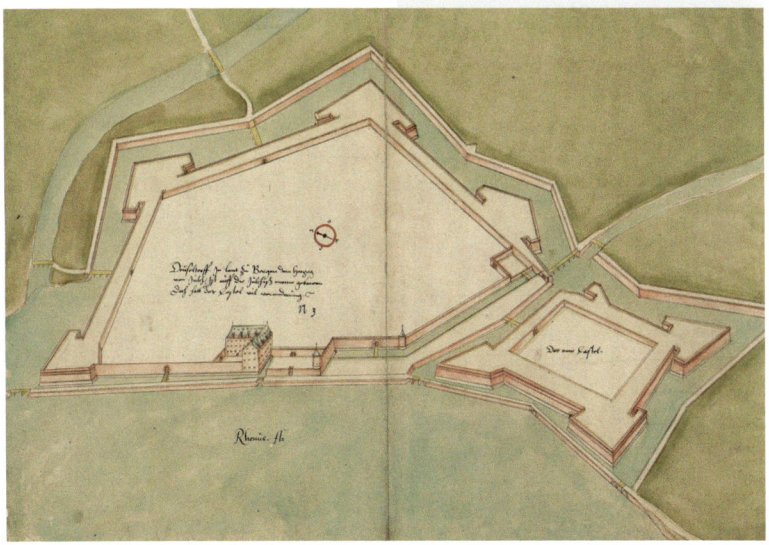

Abb. 3 Zitadelle, Schloss und Stadtbefestigung Düsseldorf, lavierte Federzeichnung von Daniel Specklin, vermutlich 1567

Abb. 4 Die Ostseite der Zitadelle 1585, Radierung von Franz Hogenberg aus der Beschreibung der »Fürstlich Jülichschen Hochzeit« durch Dietrich Gramináus 1587

pe und einem gedeckten Weg versehen. Im Gegensatz zu einer regulären vierbastionären Zitadelle wie in Jülich sind hier nur drei Bastionen nach dem etablierten Schema ausgebaut. Inwieweit Specklins Darstellung dem tatsächlichen Bauzustand dieser Zeit entsprach oder einen Planungsstand wiedergibt ist unklar. Der Tracé von Stadtbefestigung und Zitadelle ist offensichtlich der gegebenen topographischen Situation und der Bebauung angepasst und entsprach damit nicht dem theoretischen Kanon einer idealen bastionären Befestigung.

Ab den 1570er-Jahren geht man von einer langen Periode ohne Bautätigkeit aus, u. a. bedingt durch eine Pestepidemie. Aus dieser Zeit stammt eine interessante Abbildung von Franz Hogenberg (1535–1590) aus dem Prachtband »Beschreibung derer Fürstlicher Güligscher etc. Hochzeit« des jülich-bergischen Landschreibers Dietrich Gramináus (1530–1593) von 1587 (Abb. 4). Dies ist wohl die älteste authentische Darstellung der Südostseite der Stadtbefestigung. Im linken Bildfeld sind die beiden östlichen Zitadellenbastionen sichtbar. Von der Bastion Diemantstein, links im Vordergrund, sind die östliche Face und die nördliche zurückgezogene Flanke mit Bastionsohr und Kanonenhof zu sehen. Diese Bastion, die östliche Kurtine und die nordöstliche Bastion der Zitadelle scheinen bereits mit einer dossierten Eskarpenmauer aus Feldbrandziegeln versehen. Die Brustwehren sind nur als unprofilierte, begrünte Erdböschungen dargestellt. Die Festungsgräben sind ebenfalls nicht profiliert und trocken. Die im Hintergrund sichtbare Berger Bastion ist hingegen bereits im Endausbau zu sehen, ebenso die Kurtine zwischen der Bastion und dem Berger Tor. Die Kurtine links im Bild ist noch im mittelalterlichen Bauzustand dargestellt. Im Vergleich zu Specklins Darstellung wirken die Festungsanlagen bei Hogenberg unfertig, geben aber wohl den tatsächlichen Bauzustand in diesem Zeitraum wieder. Erst ab 1595 soll unter Herzog Johann Wilhelm I. die Bautätigkeit an der kostspieligen Fortifikation wiederaufgenommen worden sein.

Die von Hogenberg dargestellte Bastion Diemantstein ist erhalten (Abb. 5). Sie befindet sich am südlichen Bereich der Altstadt zwischen Berger Allee, Bäckerstraße, Poststraße und Spee'schem Graben. Der Außenbereich mit den Bastionsfacen liegt heute in einer parkähnlichen Anlage, die Bastionsplattform wird als Rosengarten genutzt. Frei zugänglich ist zurzeit nur dieser Bereich, die Bastionsfacen können vom gegenüberliegenden Ufer des Grabens besichtigt werden. Benannt wurde die Bastion nach dem ehemaligen kurpfälzischen Obersthofkämmerer Adam Graf von Diemantstein († 1730), der seinen Wohnsitz auf der Bastion hatte.

Das polygonale Festungswerk entspricht in seiner Konstruktion im Wesentlichen der Fortifikationslehre des 16. Jahrhunderts mit einem pfeilförmigen Grundriss und umfasst ein Volumen von ca. 40.000 m³, wovon der größte Teil aus einem massiven Erdkörper besteht. Dieser Erdkörper wird feldseitig, also im Süden und Osten, durch bis zu 4 m starke Mauern gestützt, die eine tief gründende Fundamentierung besitzen. Diese Facen haben jeweils eine Länge von 104 m mit einer Gesamtfläche von ca. 1.200 m² und bestehen vorwiegend aus vermörtelten Feldbrandziegeln. Da die Bastion Diemantstein in Richtung eines potentiellen Angriffs von Süden lag, ist sie die am stärksten konstruierte der vier Bastionen der Zitadelle und verfügte anfänglich über zurückgezogene Flanken zur Geschützaufstellung, die aber im 18. Jahrhundert mit durchgehenden Mauern verschlossen wurden. Die Eskarpenmauer mit einer maximalen Höhe von ca. 8 m besteht aus drei Abschnitten (Abb. 6). Der Fundamentbereich aus Feldbrandziegeln war grabenseitig mit einer ca. 3 m hohen Ver-

Abb. 5 Bastion Diemantstein der Zitadelle Düsseldorf

Abb. 6 Eskarpenmauer der Westface der Bastion Diemantstein

blendung aus großen, grauen Natursteinblöcken versehen, die bei dieser Bastion heute von einer Erdanschüttung verdeckt ist. Sichtbar ist sie bei der nordwestlichen, baugleichen Zitadellenbastion Spee am Alten Hafen. Die ca. 4,50 m breite Erdanschüttung befindet sich vor dem größten Teil der beiden Facen. Sie entstand als Folge der Schleifung nach 1801, als das Erdmaterial der zerstörten Brustwehr und der Spitze der Einfachheit halber im Graben vor der Eskarpe »entsorgt« wurde. Ursprünglich reichte das Wasser des Grabens bis an den Mauerfuß. Der vorgelagerte Graben hatte eine Tiefe von ca. 4 m und eine Breite von 20–30 m. Das aufgehende Mauerwerk der Bastion wird von einem horizontal verlaufenden, halbrunden Gesims aus Blaustein abgeschlossen, dem sogenannten Kordon. Vom Blausteinsockel bis zum Kordon ist die Eskarpenmauer 4 m hoch mit einer Dossierung von 7–8° zur Senkrechten. Die Mauer wurde in einer speziellen Technik hergestellt, dem so genannten Festungs- oder Stromverband, der das Mauerwerk besonders haltbar gegen Artilleriebeschuss machen sollte. Bei Um- und Anbauarbeiten im Stadtmuseum, das seit 1963 im Stadtpalais der Grafen Spee untergebracht ist, wurden mehrfach Reste der Befestigung freigelegt. Ein Abschnitt der westlich an die Bastion anschließenden Kurtine wurde 1991 in den aktuellen Eingangsbereich des Museums integriert. Dort ist die besondere Mauertechnik gut sichtbar (Abb. 7). Wallseitig befinden sich hinter den Eskarpen der Bastionen und Kurtinen stützende Substruktionsbögen. Über dem Kordon steht heute eine 2 m hohe, senkrechte Ziegelmauer. Ursprünglich befand sich hier eine geböschte Brustwehr als Erdwerk, die den Musketenschützen Deckung bot. Da die Erdbrustwehr der Bastion nach 1801 vollständig geschleift wurde, um die Bastion militärisch unbrauchbar zu machen, ist die aktuelle Brustwehr eine Konstruktion des 19. Jahrhunderts. Auch die Bastionsspitze wurde im Zuge der Schleifung gesprengt und später in Ziegelmauerwerk wiederaufgebaut. Ursprünglich bildeten auch hier

Abb. 7 Mauerwerk der Kurtine an der Bastion Diemantstein im Stadtmuseum Düsseldorf

Abb. 8 Luftbild mit Bastion Spee, Hafenbecken und Kontergarde am Alten Hafen

Abb. 9 Teilrekonstruierte Bastion Spee der Zitadelle

Natursteine das Mauerwerk, wie es heute an der rekonstruierten Bastion Spee am Alten Hafen zu sehen ist.

Die nordwestliche Bastion der Zitadelle, die Bastion Spee ist zwar deutlich kleiner als die Bastion Diemantstein, aber nach dem gleichen Prinzip konstruiert (Abb. 8). Die ungleichen Facen haben eine Länge von 40 m bzw. 70 m. Hier wurden auf Grund der Nähe zum Rhein besondere Maßnahmen zur statischen Sicherung der Kontereskarpe (Hochwasser, Eisgang) ergriffen. So wurde hier eine Holzpfahl- und Holzrostgründung als Fundamentierung eingesetzt. Das Ziegelmauerwerk wurde mit Unkler Basaltsäulen zur Verstärkung durchsetzt. Die bis 6,50 m hoch erhaltenen Eskarpen der Bastion wurden ab 1985 bei der Umgestaltung des Rheinufers mitsamt der Kontereskarpe und dem Hafenbecken im Rahmen einer umfangreichen archäologischen Maßnahme freigelegt und nach historischen Grundlagen rekonstruiert. Im Fundamentbereich der Bastion Spee finden sich mächtige, bossierte Natursteinblöcke unterschiedlicher Größe in sieben Lagen mit einer Gesamthöhe von 3 m. Sie bilden die äußere Sockelzone im Feuchtbereich und dienen als Verblendung des dahinterliegenden Kernmauerwerks aus Ziegeln. Abgeschlossen wird die Konstruktion von einem Dreiviertelstab aus Blaustein, worauf das Ziegelmauerwerk folgt, bekrönt von einem Kordongesims (Abb. 9). Einzig die ca. 2 m hohe Erdauflage der geböschten Brustwehr wurde nicht wiederhergestellt. Die Bastion Spee vermittelt heute das Bild einer Bastion nach der Fertigstellung Ende des 16. Jahrhunderts.

Durch den Vertrag von Xanten 1614 wurde das Herzogtum Jülich-Kleve-Berg geteilt und Wolfgang Wilhelm von Pfalz-Neuburg (1578–1653) mit dem Herzogtum Berg auch Düsseldorf zugesprochen. Unter ihm und seinen Nachfolgern erfolgte der weitere Ausbau der Stadtbefestigung. Der seit 1619 in Düsseldorf nachweisbar tätige Schweizer Architekt und Ingenieur Antonio Serro, genannt Krauss (um 1565–nach 1630) suchte angesichts der damaligen Bedrohungslage des 30-jährigen Krieges die Befestigung mit dem Ausbau der Zitadelle und der Nordfront zu verstärken. Von

Abb. 10 »Grundriß der Stadt Düsseldorf«, Federzeichnung von Antonio Serro, 1620

Serro sind mehrere Pläne erhalten, so ein Zustandsplan aus dem Jahr 1620 (Abb. 10). Hierauf abgebildet ist im nördlichen Verlauf der geplante Umbau des Ratinger Rondells zur Bastion und der Neubau der Niederrheinischen Bastion.

In den 1670er-Jahren fanden unter Pfalzgraf Philipp Wilhelm (1615–1690) noch größere Bauarbeiten an der Festung statt. Um 1671 erfolgte die Anlage des »Neuen Werkes« im Norden der Stadt. Sie war eine Maßnahme zur Verbesserung der wegen des spitzen Winkels im Bereich des Ratinger Rondells militärtechnisch mängelbehafteten Nordfront. Hier entstand die schon von Serro geplante Niederrheinische Bastion, das Ratinger Rondell wurde hierbei zur Bastion umgearbeitet. Die langestreckten Kurtinen mit ihren Toren waren bevorzugte Ziele der Angreifer, deshalb verstärkte man im 17. Jahrhundert diese Bereiche durch dreieckige Werke, die Ravelins, mit eigenem Graben sowie mit noch weiter im Festungsvorfeld gelegenen Vorwerken, den Kontergarden und Lünetten, wie auf einem Kupferstich von 1697 zu sehen ist (Abb. 11). Um 1688 wies die Stadtbefestigung eine Länge von 3,1 km und eine Fläche von 32 ha auf.

Unter den Kurfürsten Johann Wilhelm II. von Pfalz-Neuburg (1658–1716) und Carl Philipp (1661–1742) wurde der Festungsbau in Düsseldorf besonders forciert. Ersterer, in Düsseldorf liebevoll »Jan Wellem« genannt, trat 1679 die Regentschaft in Jülich-Berg an. Als Kurfürst von der Pfalz und Erztruchsess des römischen Reiches seit 1690 machte er aus Düsseldorf eine Residenzstadt mit europäischem Glanz und Ansehen.

Durch die Expansionspolitik des französischen Königs Ludwig XIV. entstand für

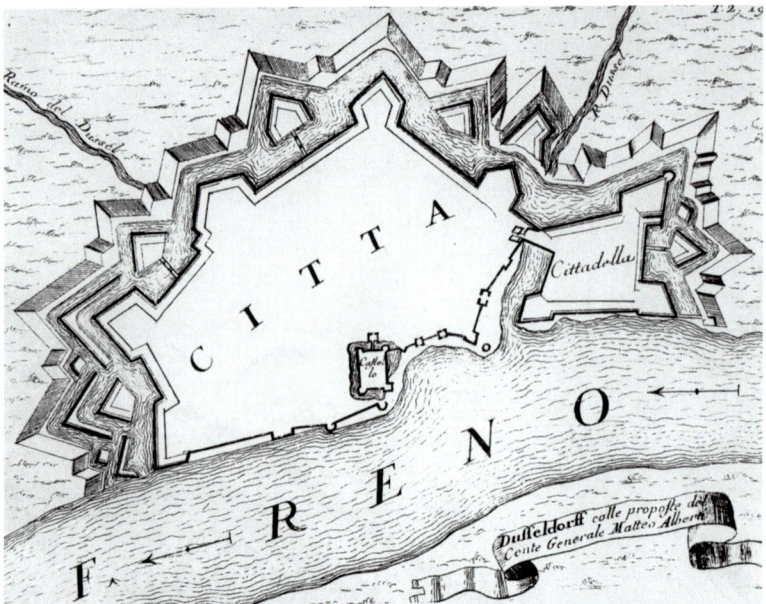

Abb. 11 Stadtbefestigung um 1697 mit »Neuem Werk« und Ravelins, Kupferstich aus dem Buch »Viaggi del P. Coronelli«

Johann Wilhelm eine neue Bedrohungslage, zumal er 1701 der Koalition gegen Frankreich beigetreten war. Bereits ab 1688 wurden neue Pläne zum Ausbau durch den Festungsbaumeister Michel Cagnon erstellt. Im Süden der Stadt sollte eine gigantische neue Festungsfront entstehen (Abb. 12). Cagnon (vor 1680–1700) war 1680 zum Festungsingenieur ernannt und mit den Planungen zu dieser »Extension« beauftragt worden. Die neue Erweiterung sollte einen 2,6 km langen, großen Bogen von der Flinger Bastion zum Rhein beschreiben. Es waren neun weitere Bastionen geplant. Aufgrund der außergewöhnlichen Dimensionen kam es nur in Teilbereichen zur Ausführung.

Der Ingenieur und Hofarchitekt Jacob Dubois (tätig zwischen 1700 und 1717) ließ nach Cagnons Plänen 1701 dort Kasernen und ein Hospital erbauen. Die neuen kostspieligen öffentlichen Gebäude zwangen zum Bau einer reduzierten, neuen Bastionärbefestigung, der zum Schutz angelegten »Inneren Extension«. Sie erstreckte sich bis zur heutigen Haroldstraße. Während 1726 mit den Bauarbeiten begonnen und damit die Voraussetzung für die Carlstadt geschaffen wurden, blieben die übrigen, die blockartig angelegte Neustadt umschließenden Erdwerke der sogenannten »Äußeren Extension« unvollendet.

Nach Johann Wilhelms Tod (1716) verlagerte sein Nachfolger Carl Philipp seine Residenz mehrfach, 1720 schließlich nach Mannheim, Düsseldorf wurde bis 1806 zur Nebenresidenz. Der Festungsbau in dieser Zeit konzentrierte sich daher auf die Sicherung der östlichen und südlichen Front mit der Erweiterung des Tracés um die »Innere Extension« zwischen der Flinger Bastion und der Bastion Diemantstein. Es entstanden vier neue Bastionen

mit Gräben, Ravelins und Kontergarden. Besonders die Ostfront der Stadtbefestigung wurde in dieser Zeit weiter verstärkt u. a. auch durch den Bau von Ravelins und Kontergarden. Das sogenannte Flinger Ravelin an der Ostfront der Stadtbefestigung zum Beispiel, das vor 1735 im Bereich der heutigen Elberfelder Straße entstand, schützte das Flinger Tor und sorgte durch

Abb. 12 Projektplan für Düsseldorf mit der Äußeren Extension, Federzeichnung um 1699

Abb. 13 3D-Visualisierung der Stadtbefestigung mit der ursprünglichen Lage der translozierten Reste der Flinger Bastion und der Flinger Kontergarde

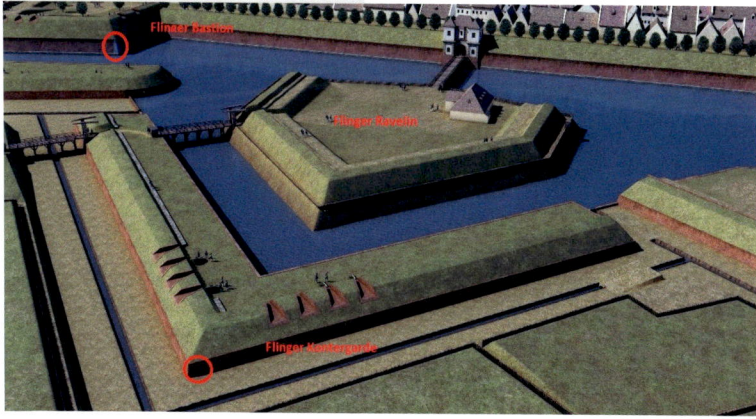

Düsseldorf

Abb. 14 Eskarpe der Flinger Kontergarde nach der Freilegung

zwei Brücken für die Verbindung zwischen der Kernfestung und dem Festungsvorfeld (Abb. 13). Weiter östlich gelegen, erfüllte die Flinger Kontergarde dieselbe Schutzfunktion wie das Ravelin. Das spitzwinkelige Vorwerk sollte die Annäherung des Feindes durch einen vorgelagerten Graben und eine mächtige, 5–6 m hohe Mauer aus Feldbrandziegeln mit dahinterliegendem Erdwall verhindern bzw. verzögern. Dort konnten Geschütze und Musketenschützen das Festungsvorfeld decken. Dabei lag die Kontergrade tiefer als das Ravelin, um im Falle einer Eroberung durch die Angreifer eine Unterfeuernahme der Kontergarde vom Ravelin aus zu gewährleisten.

Bei den Bauarbeiten zur Umgestaltung des Kö-Bogens wurden 2011 ein 25 m langes Mauerstück der um 1735 entstandenen Flinger Kontergarde der Ostfront sowie der vorgelagerte Graben freigelegt. Teilweise waren die Reste der 2 m breiten Mauer überraschender Weise noch sehr gut bis zu 2,50 m Höhe erhalten, allerdings durch zahlreiche moderne Eingriffe wie Kanäle und Leitungen unterbrochen. Die aus vermörtelten Feldbrandziegeln errichtete Mauer wies auf der Feldseite eine leichte Neigung auf und gründete auf einer sandigen Planierschicht (Abb. 14).

Eine einzigartige Informationsquelle stellt in diesem Zusammenhang das Gemälde von H.E. Beckers (oder Beikers) dar, das einen Bereich dieser Baustelle an der Ostfront der Stadtbefestigung im Jahre 1735 wiedergibt und sich heute im Stadtmuseum Düsseldorf befindet (vgl. Abb. 25 in der Einführung).

Im »ArcheoPoint« auf der Verteilerebene des U-Bahnhofs Heinrich-Heine-Allee werden Mauerteile sowie die Spitze der Flinger Kontergarde und die Fundamentreste der Flinger Bastion neben anderen

Abb. 15 Blick in den »ArcheoPoint« mit Kontergarde (Vordergrund) und Bastion (Hintergrund)

Funden aus der Grabungszeit anschaulich präsentiert (Abb. 15). Dort vermitteln eine 3D-Animation und Informationstafeln die Geschichte der ehemals gewaltigen Düsseldorfer Befestigungsanlagen.

In den 1780er-Jahren erforderte ein deutlicher Bevölkerungsanstieg eine weitere Vergrößerung der Düsseldorfer Stadtfläche. Unter Kurfürst Carl Theodor (reg. 1742–1799) wurde durch die Niederlegung der alten Südseite zwischen Flinger Bastion und Zitadelle dieser Platz gewonnen. Eine Darstellung von 1747 zeigt einschließlich des alten Befestigungsrings zwölf Bastionen (Abb. 16). Sieben Ravelins sicherten die Kurtinenfacen, die zusätzlich durch Kontergarden zu verteidigen waren. Die von der Flinger Bastion nach Süden verlaufende neue Befestigungsfront der »Inneren Extension« mit den Bastionen Elisabeth, Anna, Joseph und Carl folgte bis zum heutigen Graf-Adolf-Platz der Linie des bereits unter Johann Wilhelm II. begonnenen Befestigungsrings. Die beiden als Halbbastionen gestalteten Bastionen Joseph und Carl verkürzten die Festungsfront im Süden. Von der Bastion Carl verlief der Wall in westlicher Richtung bis zu den Außenwerken an der Südfront der Zitadelle. Zwischen den Bastionen Christian und Anna, der Bastion Anna und der Bastion Joseph sowie zwischen den Bastionen Joseph und Carl boten Grabenscheren zusätzlichen Schutz im Grabenbereich. Lünetten flankierten die Ravelins.

Ein weiterer Ausbau in Richtung Süden, die sogenannte »Äußere Extension«, im Bereich der Neustadt war zwar geplant, wurde aber, wie erwähnt, nicht realisiert. Die bastionäre Stadtbefestigung hatte mit einer Länge von 5,8 km auf 88 ha Fläche ihre größte Ausdehnung erreicht.

Abb. 16 Der »Plann de Düßeldorff« von C.A. Vellink zeigt den maximalen Ausbauzustand der Stadtbefestigung im Jahr 1747

Insgesamt betrachtet wies die Düsseldorfer Befestigung aber erhebliche fortifikatorische Mängel auf, die vor allem auf fehlerhafte Planungen im Laufe der Jahrhunderte zurückgeführt werden können. Eine dysfunktionale Zitadelle, zu kleine Bastionen, ein uneinheitlicher Tracé, bei dem sich Festungswerke mitunter gegenseitig in ihrer Funktion behinderten, sind nur einige der Defizite.

Mit der Eroberung Düsseldorfs 1796 durch die Franzosen begann das Ende der Festung. Die Stadtbefestigung Düsseldorfs musste auf Befehl Kaiser Napoleons I. im Jahre 1801 in Folge der Vereinbarungen des Vertrags von Lunéville geschleift werden. Zunächst ging es dabei nur um punktuelle Eingriffe, wie zum Beispiel die Breschierung der Bastionsspitzen und das Abtragen der Brustwehren. Die Schleifungsarbeiten wurden von 5.000 Bauern aus der Düsseldorf Umgebung unter Aufsicht des französischen Militärs durchgeführt. Die oberirdischen Festungsbauwerke endeten als Grabenverfüllung oder lieferten der Bevölkerung Baumaterial für Privatbauten. Zahlreiche ruinöse Elemente der mächtigen Festung blieben aber noch über Jahre im Stadtbild erhalten. Sie verschwanden erst im Verlauf des 19. Jahrhunderts durch neue Stadtplanungen. Auf dem ehemaligen Festungsgelände entstanden Straßen und Alleen, z.B. die

Königsallee. Die im Friedensvertrag enthaltene Auflage, die Festungswerke nie wiederaufzubauen, schuf die Grundlage für eine neue städtebauliche Entwicklung. Durch die Beseitigung des Festungsgürtels fand das Stadtgebiet den Anschluss an eine unbebaute Freifläche vor dem Glacis. Die Entwicklung in Düsseldorf antizipierte damit die Entfestigungen der meisten rheinisch-westfälischen Städte, die vor allem Ende des 19. Jahrhunderts einsetzten, wie zum Beispiel ab 1884 in Köln.

Heute weisen noch Straßennamen auf den Verlauf der ehemaligen Stadtbefestigung hin, wie zum Beispiel »Wallstraße«, »An der Bastion«, »Citadellstraße« etc.

Düsseldorf wurde in eine Grün-, oder besser Gartenstadt umgewandelt, wozu zahlreiche Städteplaner und Gartenbauspezialisten maßgeblich beitrugen. Die ersten Neuanlagen wurden vom Hofbaumeister Kaspar Anton Huschberger (1765–1822) und vor allen dem Hofgärtner Maximilian Friedrich Weyhe (1775–1846) entworfen und ausgeführt (Abb. 17). Bis 1804 waren die Königsallee mit der nun im Stadtgraben kanalisierten Düssel und die Hofgartenstraße angelegt, ebenso die Heinrich-Heine-Allee. Bis 1820 war der Hofgarten fertiggestellt. Einige nach der Schleifung noch erhaltene Wehrelemente wie zum Beispiel die Festungsgräben fanden in den Gestaltungsmaßnahmen eine neue Funktion und sind ein frühes Beispiel für die Konversion militärischer Anlagen im 19. Jahrhundert. Als Beispiel sei hier eines der bekanntesten Wahrzeichen der heutigen Stadt Düsseldorf genannt, der Kö-Graben, sowie der Schwanenspiegel und der Spee'sche Graben, beide beliebte Parkanlagen der Stadt.

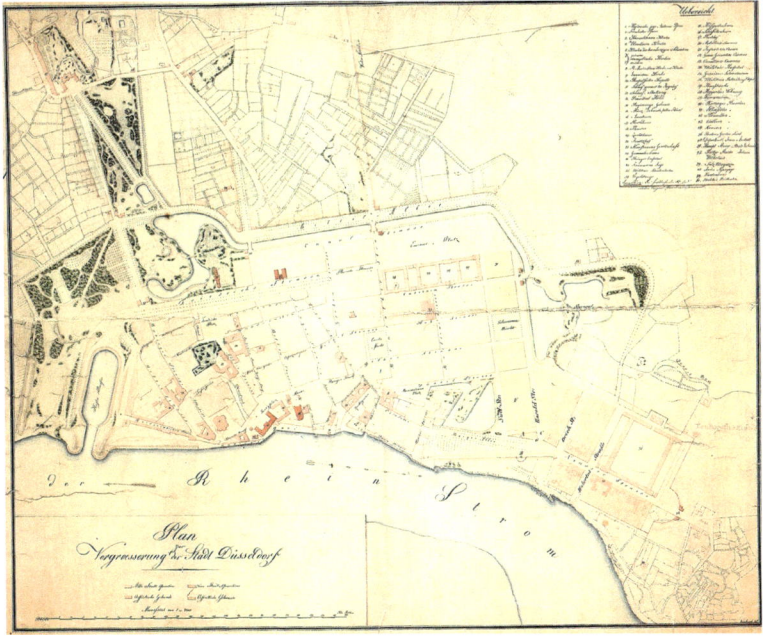

Abb. 17 Der »Plan zur Vergrößerung der Stadt Düsseldorf« zeigt die Umgestaltung des Festungsbereiches, kolorierte Federzeichnung von Maximilian Friedrich Weyhe, 1824

EINE DYNASTIE VON FESTUNGSBAUMEISTERN
DIE FAMILIE PASQUALINI IM 16. UND FRÜHEN 17. JAHRHUNDERT

Abb. 1 Darstellung eines Architekten am Chorgestühl der Kirche St. Anna in Düren, das 1562 durch Herzog Wilhelm V. von Jülich-Kleve-Berg gestiftet wurde

Als Alessandro Pasqualini (1493–1559) im Jahr 1547 das erste Mal in der Stadt Jülich weilte, konnte man nicht ahnen, dass damit der Grundstein für das Wirken von drei Generationen seiner Familie im Rheinland und in Westfalen gelegt wurde. Alessandro war nach Jülich gekommen, um für Herzog Wilhelm V. von Jülich-Kleve-Berg eine neue Residenz und Festung zu planen. 1549 wurde er offiziell als Baumeister von Stadt und Festung Jülich bestallt, nachdem er seit 1530 für die Familie von Egmond, den Grafen von Buren, an verschiedenen Orten in den Niederlanden gewirkt hatte. Geboren worden war er in Bologna und es spricht viel dafür, dass er in Folge der Kaiserkrönung Karls V. ebendort 1530 den Weg in die Niederlande gefunden hat. Schon hier trat er vor allem als Festungsbaukundiger auf, der sehr früh Bastionen in seinen Entwürfen verwendete. Neben Jülich ist er für Herzog Wilhelm V. auch in Düsseldorf, Hambach und Bielefeld nachweisbar. Zudem arbeitete er zeitweilig für die Stadt Köln, die nach seinem Entwurf einen Teil der Südfront der Stadtbefestigung modernisieren ließ.

Pasqualinis Söhne Maximilian (1534–1572) und Johann d. Ä. (1535–1582) wurden ebenfalls Architekten und Festungsbaukundige. Während Maximilian herzoglicher Baumeister in Jülich-Berg wurde, übernahm Johann d. Ä. diese Funktion im Herzogtum Kleve. Beide festigten den Ruf der Familie Pasqualini als versierte Festungsbaumeister weit über das Rheinland hinaus. So ist Johann d. Ä. zeitweilig in Wolfenbüttel und in Schorndorf nachweisbar. Auch plante er 1568 für die Stadt Wesel eine Bastion. Hier wie in anderen Fällen ist gut zu erkennen, dass in der Tätigkeit der Pasqualinis die Entwurfsplanung im Vordergrund stand, weniger die Betreuung der Bauausführung

(Abb. 1). Diese lag nur bei herausragenden herzoglichen Bauten enger beieinander. Dazu zählt etwa die Fortführung der Bauarbeiten an der Stadtbefestigung und der Zitadelle in Jülich unter der Leitung von Maximilian und die Neuanlage der Landesfestung Orsoy nach Plänen von Johann d. Ä. Dieser fand hier mit seiner Familie seinen neuen Lebensmittelpunkt.

Die Familie Pasqualini entstammte dem Bologneser Stadtpatriziat und fühlte sich dem Adel zugehörig. Vor allem Johann d. Ä. pflegte enge persönliche Kontakte zu den Grafen von Arenberg, vermutlich war Johann de Ligne, Graf von Arenberg, sein Taufpate gewesen. Der relativ frühe Tod von Maximilian und von Johann d. Ä. führte dazu, dass erst mit einem gewissen Zeitversatz wieder Pasqualinis in die Dienste Herzog Wilhelms V. bzw. seines Sohnes Johann Wilhelm I. treten konnten. Es waren dies die Söhne Maximilians, Johann d. J. (1562–1612) und Alexander (1567–1623). Ihre Expertise gründete zu einem nicht unerheblichen Teil auf Planmaterial in Familienbesitz, wie das Monogramm Alexanders vermuten lässt, das sich an demjenigen seines Großvaters orientiert (Abb. 2). Alexander, der Ende des 16. Jahrhunderts zeitweilig auch in habsburgischen Diensten im heutigen Kroatien tätig war, lebte schließlich in Uedem, wo er als herzoglicher Amtsverwalter (Schlüter) diente. Mit seinem Tod endete die Architektendynastie der Pasqualinis. Nachkommen lebten als Niederadelige noch bis ins 18. Jahrhundert hinein im niederländisch-westfälischen Grenzraum.

Abb. 2 Entwurf Alexander Pasqualinis vom 28. August 1592 zum Bau von drei Bastionen mit Kavalieren im Westen der Stadt Wesel

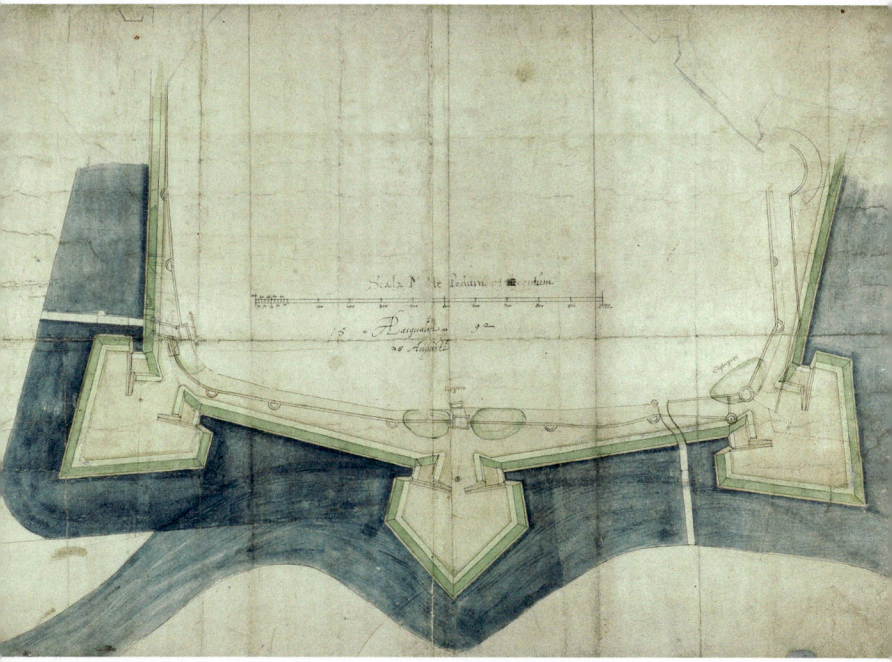

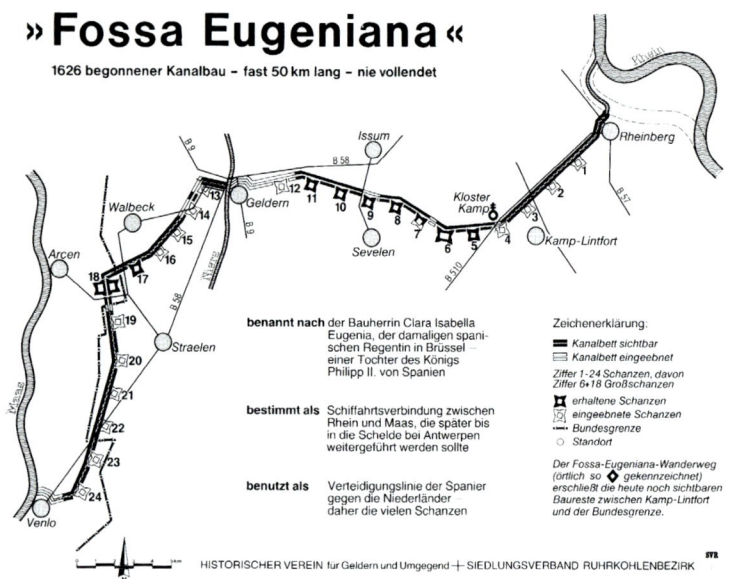

Abb. 1 Verlauf der Fossa Eugeniana

DIE FOSSA EUGENIANA UND IHRE SCHANZEN
EIN BEFESTIGTES KANALBAUPROJEKT ZWISCHEN RHEIN UND MAAS

»Was am 21. September 1626 mit dem ersten Spatenstich durch Graf Heinrich van den Berg, Kapitän-General der Artillerie, so verheißungsvoll begonnen hatte, sollte schon nach knapp drei Jahren zum völligen Erliegen kommen. Die leere spanische Staatskasse, technische und wasserwirtschaftliche Schwierigkeiten sowie mehrere Überfälle der Niederländer hinterließen die geplante Wasserstraße als ein deutlich landschaftsprägender Torso, von dem immerhin noch mannigfach mehr beschauliche denn einschüchternde Überreste verblieben sind.« (Udo Mainzer 1979)

Die Fossa Eugeniana ist ein bedeutender Kanalbau der Frühneuzeit in Europa, deren Errichtung im Kontext der niederländisch-spanischen Befreiungskriege steht (Abb. 1). In diesem 80-jährigen Krieg, von 1568 bis 1648, erkämpfte sich die protestantische »Republik der Sieben Vereinigten Provinzen« ihre Unabhängigkeit von der spanischen Krone. Nach dem Tod König Philipps II. von Spanien gelangten die spanischen Niederlande 1598 an seine Tochter Isabella Clara Eugenia und ihren Mann Erzherzog Albrecht von Österreich. Zwischen 1609 und 1621 kam es zu einem 12-jährigen Waffenstillstand. Die Aufbringung der spanischen Silberflotte 1628 vor Kuba ermöglichte es den Generalstaaten den Krieg fortzusetzen und in den 1630er-Jahren wichtige Städte zu erobern. Im Westfälischen Frieden 1648 erfolgte die internationale Anerkennung der Vereinigten Niederlande.

Abb. 2 Isabella Clara Eugenia, Statthalterin der spanischen Krone in den Niederlanden. Gemälde aus der Werkstatt von Frans Pourbus (II)

Mit dem Bau des Kanals unternahm die Generalstatthalterin der spanischen Niederlande, Erzherzogin Isabella Clara Eugenia (Abb. 2), seit 1626 den Versuch, eine schiffbare Verbindung vom Rhein bei Rheinberg zur Maas bei Venlo und weiter über die Demer zur Schelde herzustellen. Der Bau des Kanals war als wirtschaftliche Sanktion gegen die Generalstaaten der Niederlande gedacht. Der wichtige Rheinhandel sollte durch Spanisch-Niederländische Gebiete umgeleitet werden. Als

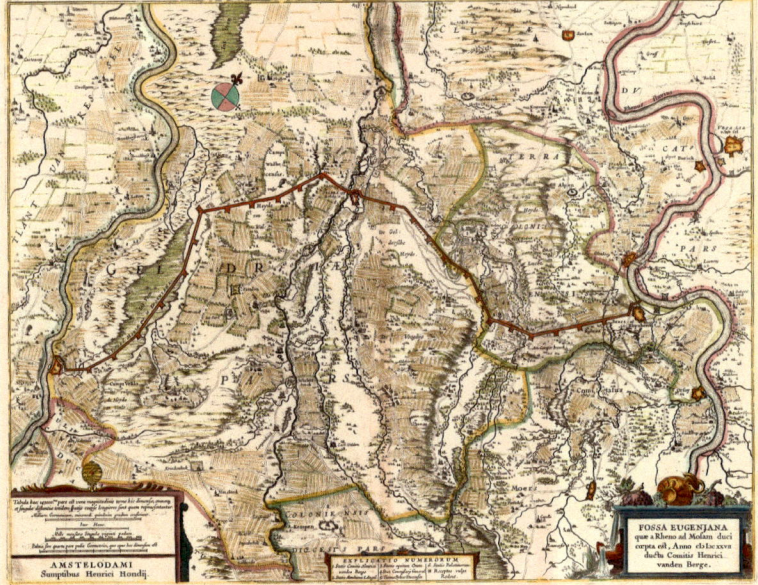

Abb. 3 Historischer Plan der Fossa Eugeniana, 1627

weiterer wichtiger Aspekt sollte der Kanal eine Verteidigungslinie bilden und wurde daher mit einzelnen Befestigungswerken versehen.

Nach Festlegung der Trasse bildeten die befestigten Städte Rheinberg und Venlo die Endpunkte. Zentraler Mittelpunkt war die befestigte Stadt Geldern. Zwischen den beiden Linien entstanden in regelmäßigen Abständen zwei größere und 22 kleine Erdschanzen mit Halbbastionen in regelmäßigen Abständen (Abb. 3). Ihr Ausbau als militärische Bauwerke erfolgte in niederländischer Manier als Erdwerke mit einem breiten Wassergraben.

Als Kosten waren mehr als 200.000 spanische Schilde angedacht, die monatlichen Kosten wurden auf 50.000 Gulden berechnet. Am 22. August 1626 waren die Planungen für den Kanalbau abgeschlossen.

Der Ausbau des Kanals sollte in drei Phasen erfolgen und in zwei Abschnitten. Von der zentralen Festung Geldern aus erstreckte sich der östliche Kanalstrang auf ca. 22 km bis nach Rheinberg, die hier angelegten Schanzen erhielten alle weibliche Namen. Der westliche Kanalstrang nach Venlo hatte eine Länge von ca. 21 km. Die zu beiden Seiten begleitenden Schanzen lagen fast alle auf der südlichen Seite. Eine Ausnahme bildete die nördliche Schanze an der Doppelanlage in Lingsfort. Innerhalb der Festung Geldern sollte der nördliche Festungsgraben befahren werden.

Die Wasserscheide von Rhein-Maas verlief südlich von Kloster Kamp (Abb. 4). Der Unterschied vom höchsten Punkt des Kanals bis zum Rhein betrug 25 Fuß = 7 m, nach Westen zur Maas 60 Fuß = 16,5 m. Die Anlage von drei Schleusen ist bekannt, eine bei Rheinberg, bei der Doppelschanze Lingsfort und eine dritte bei Venlo.

Am 19. September 1626 zogen Truppen des spanischen Heeres nach Issum zur

Abb. 4 (oben) Das Kanalbett der Fossa Eugeniana westlich von Rheinberg

Abb. 5 Das Kanalbett der Fossa Eugeniana an der Schanze St. Maria

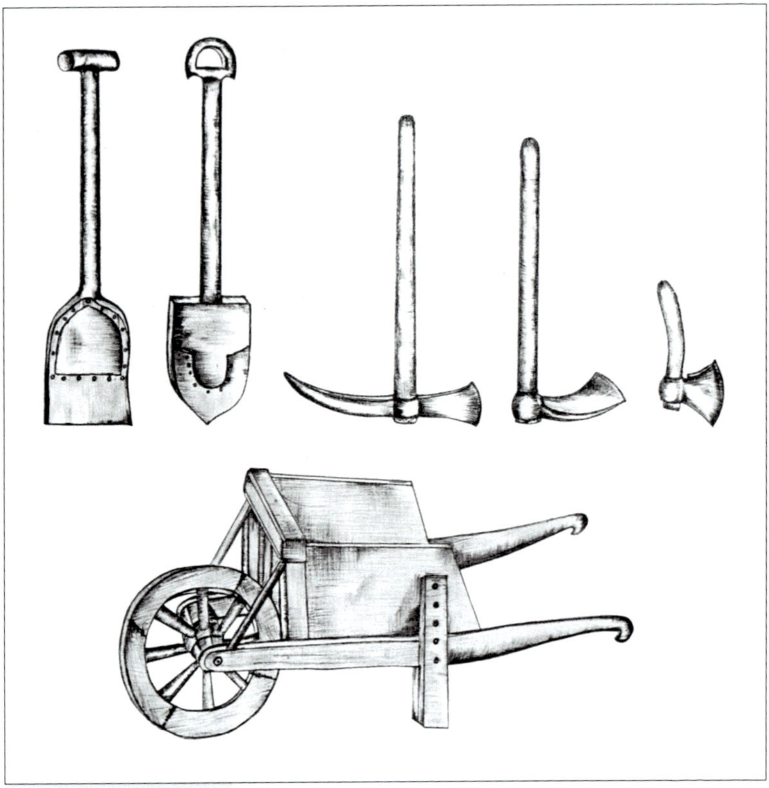

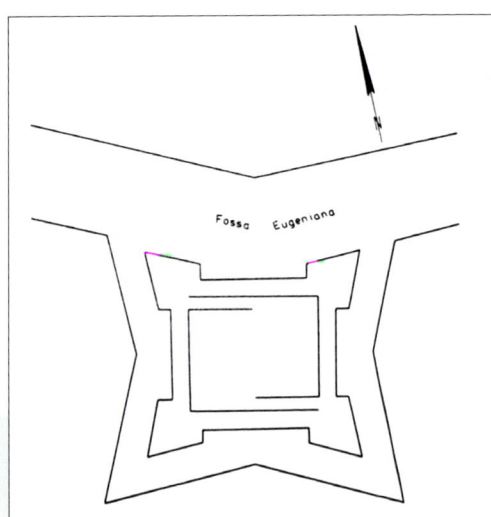

Abb. 6 Arbeitswerkzeug für den Kanalbau

Abb. 7 Idealgrundriss der Großschanze Nr. 6, Königsschanze

Sicherung des Kanalbaues. Der Baubeginn erfolgte am 21. September 1626. Geplant war der Einsatz von 4.000 Arbeitern, darunter auch Soldaten, die den Lohn zur Aufbesserung ihres Soldes nutzen sollten. Anfang November waren bis zu 8.000 Arbeiter tätig, darunter 2.000 Soldaten aus der Pfalz. Die Arbeiter kamen aus Flandern, dem Hennegau und Artois. Von Ende September 1626 bis zu Beginn des folgenden Jahres erfolgte ein zügiger Ausbau von Kanal und Schanzen (Abb. 5).

In der 1. Phase wurde ein kleiner Graben von 3,31 m Breite und 1,38 m Tiefe gegraben. In der 2. Phase erfolgte eine Erweiterung auf 9,63 m und in der 3. Phase erreichte der Kanal eine Breite von 24,82 m. Die Tiefe blieb bei 1,38 m gleich. Als Arbeitsgeräte nutzte man verschiedene Spaten, Hacken, Beile und Schubkarren (Abb. 6).

Bei den Schanzen handelte es sich um reine Erdwerke mit Holzeinbauten für die Mannschaftsunterkünfte, Beobachtungsstände, Treppen und Toilettenanlagen. Davor errichtete man einen Palisadenzaun sowie eine Brücke über die Gracht (Graben).

Bei den großen Schanzen, wie der Königsschanze nahe des Hofes Anhuf, handelte es sich um Regelbauwerke mit vier Bollwerken. Sie hatte eine Größe von 106 × 88 m und einer Innenfläche von 56 × 47 m (Abb. 7). Die Sohlbreite der Dämme betrug 13,79 m, die Breite der Krone 7,17 m. Die Wallhöhe erreichte 3,86 m bei einem Böschungswinkel von 55°. Auf dem Wall erfolgte dann der Aufbau einer Brustwehr von 1,93 m Höhe (Abb. 8). Zur Innenseite hin befand sich der Schützenauftritt mit einer Breite von 9,83 m und einer Höhe von 0,55 m. Es gab zwei Auffahrten, die zu den Bollwerken führten. Der ganze Wall wurde mit Grassoden oder Plaggen befestigt (Abb. 9). An der Westseite befand sich ein Blocktor aus Holz mit Eisenbeschlägen. Hier lag auch die Brücke über den Kanal, 14 m lang, 2,75 m breit. Zwischen den mittleren Pfeilern gab es einen Abstand von 4,41 m, in dem das Zugteil errichtet wurde (Abb. 10).

Abb. 8 Wallquerschnitt der Schanze Nr. 6, Königsschanze

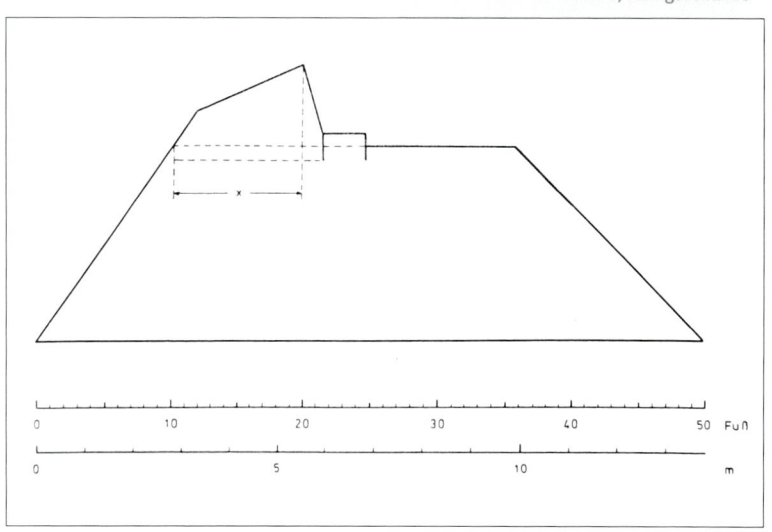

Abb. 9 Innenbereich Königsschanze mit Blick auf die Westseite

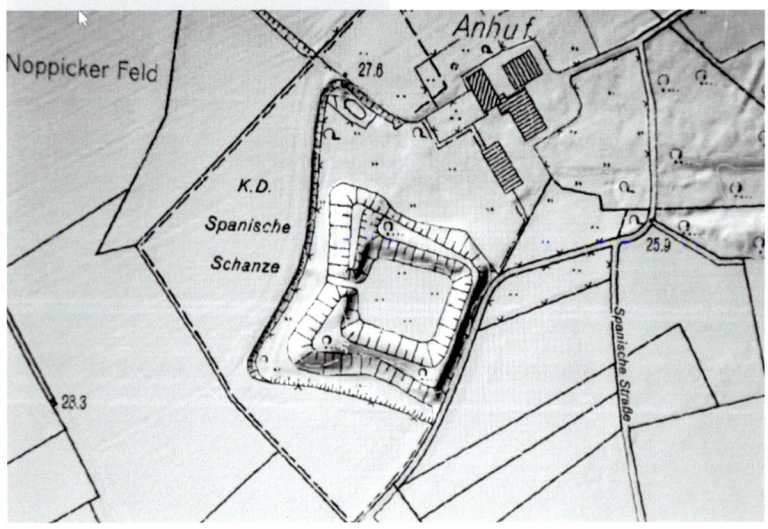

Abb. 10 Königsschanze auf der Deutschen Grundkarte und der LIDAR-Karte

Weiter wurden zur Verstärkung 6.000 Palisadenpfähle aus Eichenholz benötigt, die eine Länge von mindestens 1,93 m haben mussten, oben angespitzt und am unteren Ende leicht angebrannt waren, damit sie nicht so schnell im Boden faulten. Der Bau der Königsschanze westlich des Klosters Kamp war im Januar 1627 noch nicht abgeschlossen. Die Kosten betrugen 14.800 Gulden für das Erdwerk, zuzüglich Holzbauteile, insgesamt 18.890 Gulden. Die Königsschanze war ab 1627 wiederholt den Angriffen niederländischer Truppen ausgesetzt (Abb. 11).

Die kleineren Schanzen mit zwei Halbbastionen hatten eine Größe von ca. 45 × 40 m. An der Basis hatten die Wälle eine Breite von 6,63–5,79 m, an der Krone 3,58 m. Die Höhe des Walles betrug 2,76–2,11 m. Die darauf befindliche Brustwehr war noch einmal 2,21 m hoch. Der ganze Wall wurde ebenfalls mit Grassoden oder Plaggen abgedeckt. Am Wallfuß befand sich eine Berme von 1,38 m Breite.

Aus den überlieferten Baubeschreibungen wird der innere Ausbau der Schanzen erkennbar. Im Inneren errichtete man bei einigen Schanzen insgesamt 15 kleine Baracken für jeweils vier Soldaten. Bei anderen Schanzen, so der Schanze St. Maria westlich von Kamp, eine Mannschaftsunterkunft von 8,27 × 5,52 m Größe, mit einem verschließbaren Fenster, einer geteilten Tür und einem offenen Kamin. Weiterhin vier Beobachtungsstände auf Pfählen mit einem Dach, an drei Seiten geschlossen. Die Brücke über die Gracht hatte eine Länge von 9,65 m und eine Breite von 1,65 m. Im mittleren Teil befand sich die Zugbrücke. Auf den Wall führten zwei breite Treppen mit Geländer. Auch gab es ein gedecktes und geschlossenes Toilettenhäuschen von 1,65 × 1,10 m, unter dem man ein Weinfass aufstellen konnte.

An mehreren Stellen wurden Brücken über die Fossa Eugeniana gebaut. Sie hatten jeweils eine Länge von 14 m, standen auf vier Querbalken mit jeweils vier Pfeilern und hatten eine Breite von 2,75 m. Der größte Abstand zwischen den Pfeilern betrug 4,41 m.

Abb. 11 Ansicht Königsschanze von Osten

Abb. 12 Schanze St. Maria, Graben Südseite mit Halbbastion und Flanke

Abb. 13 Königsschanze Nordseite und Kanaltrasse

Abb. 14 Schanze St. Anne, Südostbastion und Graben

Von den ursprünglich 24 Schanzen entlang der Fossa Eugeniana sind heute im östlichen Abschnitt die Schanzen 1–4 und 12 zerstört. Von der Schanze 7 sind nur wenige Reste erhalten. Westlich von Geldern bis Venlo sind die Schanzen 13, 15, 16 und 20–22 zerstört. Die Schanzen 23 und 24 lagen auf niederländischem Gebiet, sind aber ebenfalls nicht mehr erhalten.

Zwischen Rheinberg und Kamp-Lintfort führt die Kanaltrasse der Fossa Eugeniana in Teilbereichen entlang der B 510. Hier wurde der alte Kanal mehrfach verändert und vertieft. Zuletzt wurde er vom Bergbau als Vorfluter genutzt.

Westlich von Kloster Kamp, am Nordwestfuß vom Dachsberg, verläuft die Eugenianastraße am alten Kanalbett der Fossa Eugeniana. Am Ende einer Siedlung liegt die Schanze St. Maria (Nr. 5) in einem Waldgelände. Gut erhalten sind der östliche und südliche Graben sowie die Schanzenwälle an dieser Seite (Abb. 12). Die Westseite ist verschliffen und die Nordseite vom Weg überprägt. An der Nordseite ist hier das Kanalbett gut erkennbar.

1,2 km in westlicher Richtung folgt die Königsschanze. Von der Eugenianastraße aus erreicht man sie über einen Feldweg. Die Grachten, die baumbestandenen Wälle und Bastionen sind an drei Seiten vollständig erhalten (Abb. 13). Lediglich die östliche Seite ist verschliffen und die Gracht verfüllt. Die Brustwehr ist auf dem Wall als leichte Erhebung zu erkennen.

Von der Schanze 7 bei Haus Fronbruch sind nur geringe Reste vorhanden.

Die folgenden Schanzen 8–11 sind alle vier gut erhalten und vermitteln das ursprüngliche Bild dieser Wehrbauten. Die Schanze St. Anne (Nr. 8) mit ihren Halbbastionen und Grachten ist von der Hoerstgener Straße über den Koetherdyk zu erreichen. Sie ist ganz mit alten Bäumen bestanden (Abb. 14). Die Grachten und die Halbbastionen mit ihren Flanken sind in ihrer ursprünglichen Breite vorhanden, ebenso die verschliffenen Brustwehren auf den Wällen (Abb. 15). Die Kanal-

Die Fossa Eugeniana und ihre Schanzen

Abb. 15 Schanze St. Anne, Ostflanke mit Graben

Abb. 16 Hasewitz-Schanze und Kanaltrasse auf der Deutschen Grundkarte und der LIDAR-Karte

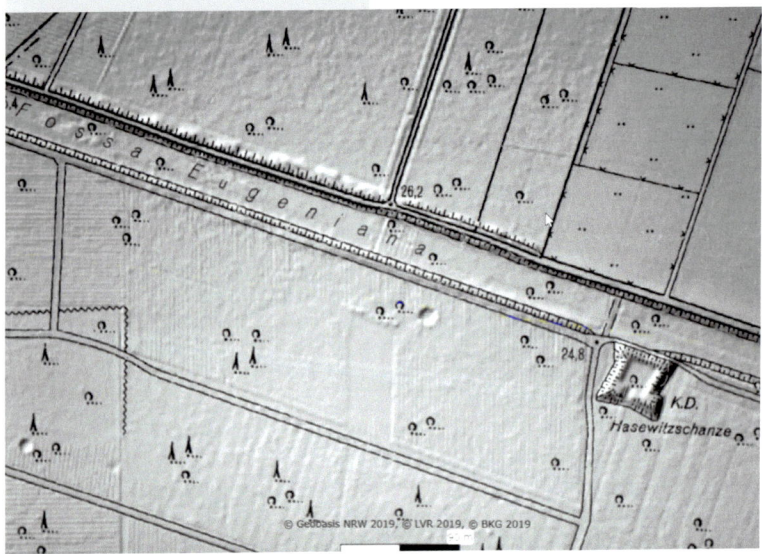

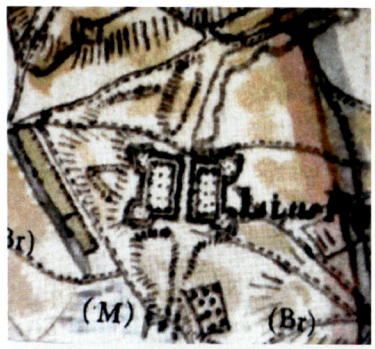 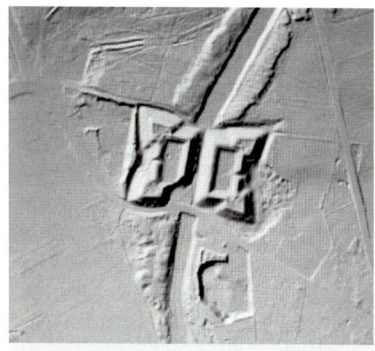

Abb. 17 Doppelschanze Lingsfort auf der Tranchot-Karte um 1806

Abb. 18 Doppelschanze Lingsfort auf der LIDAR-Karte

trasse ist hier deutlich sichtbar. Auch die folgenden Schanzen, die Maelen-Schanz (Nr. 9) an der Straße von Issum nach Sevelen, die Hasewitz-Schanze (Nr. 10) und Löper-Schanze (Nr. 11) sind vergleichsweise gut erhalten. Sehr anschaulich sind sie in der LIDAR-Karte zu erkennen (Abb. 16).

Westlich von Geldern stellt sich die Situation etwas anders dar. Hier ist vor allem das Kanalbett in längeren Abschnitten vorhanden, aber nur noch eine der kleineren Schanzen, die Nr. 17, ist erhalten. Zwischen Waldeck und Landesgrenze verbreitert sich die Kanaltrasse, wahrscheinlich für einen Schleusenbau. An den Seiten liegt heute noch das Aushubmaterial. Unmittelbar hinter der deutsch-niederländischen Grenze bei Lingsfort liegt die Lingsforter Doppelschanze mit vier Bollwerken im »Nationaal Park De Maasduinen«. Beeindruckend ist die südliche Schanze mit einer Bastionshöhe von 8–10 m. Sie wird in der Mitte von dem Kanal durchschnitten und die Bastionen sind noch immer innerhalb des Waldes gut erhalten. Die Schanze wird auf der Tranchot-Karte aus dem Anfang des 19. Jahrhunderts dargestellt (Abb. 17) und ist auch auf der modernen LIDAR-Karte mit einzelnen Details zu erkennen (Abb. 18).

Über die Einstellung der Bauarbeiten liegen keine offiziellen Mitteilungen vor. Es werden verschiedene Gründe angeführt: Die finanziellen Probleme der Staatskasse, die Schwierigkeiten mit der Wasserführung und den Bodenverhältnissen sowie der aufwändige Schleusenbau. Auch die ständigen Angriffe der niederländischen Truppen und deren Zerstörung der Holzeinbauten störten den Baubetrieb. 1632 wurden schließlich Venlo und 1633 Rheinberg von niederländischen Truppen erobert.

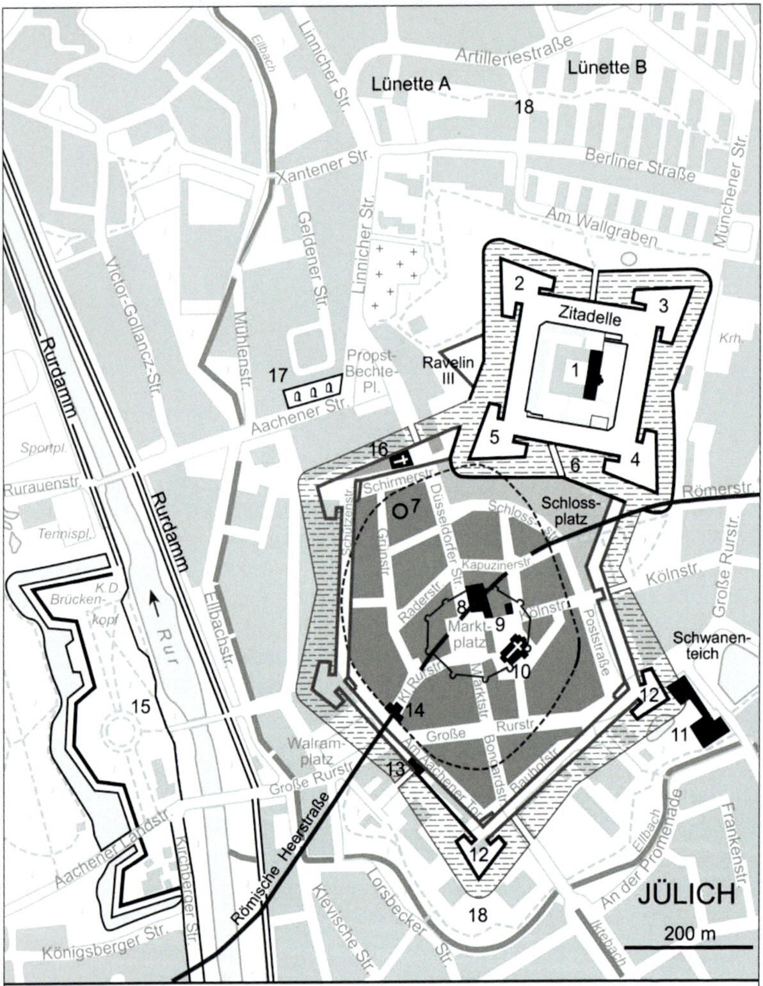

1 ehem. Schloßanlage, ab 1548
2-5 Zitadellen-Bastionen: St. Salvator, Maria Anna, Wilhelmus, St. Johannes
6 Pasqualini-Brücke, Südtor
7 ehemalige Synagoge, 1862
8 Altes Rathaus, 1953/54
9 „Hotel Kratz", Wiederaufbau-Prototyp, 1948
10 Propsteikirche, Turm 12. Jh.
11 Neues Rathaus, Kreishaus 1952
12 Stadtbastionen St. Jakob, Eleonore
13 Aachener Tor, Rest 16. Jh.
14 Rurtor, „Hexenturm", um 1330
15 Napol. Brückenkopf, ab 1799
16 ev. Christuskirche, 1910
17 Jüdischer Friedhof, 1816
18 Glacis, um 1550 - 1860

Spätrömisches Kastell, um 300
-------- Mittelalterliche Stadtmauer, um 1330
——— erhaltene Stadtmauer und Wälle
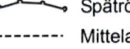 Renaissance-Stadtbefestigung (bis 1860) und -Zitadelle, ab 1548
 Pasqualinischer Stadtgrundriß

Abb. 1 Stadt und Festung Jülich

JÜLICH
EINE BEFESTIGTE IDEALSTADT DER RENAISSANCE

Die Stadt Jülich geht zurück auf eine römische Gründung um Christi Geburt an der wichtigen Straßenverbindung von der Provinzhauptstadt Köln in Richtung Atlantikküste, der »Via Belgica« (Abb. 1). Die Straße querte hier an einer topographisch günstigen Stelle das Rurtal. Am östlichen Ufer, auf hochwasserfreiem Terrain, entstand eine zivile Siedlung (»vicus«; Abb. 2.1), die um 300 n. Chr. durch ein polygonales Kastell gesichert wurde (Abb. 2.2). Dieses bildete als fränkisches Königsgut und spätestens seit dem 7. Jahrhundert als Besitz des Bischofs von Köln den Kern der Grafschaft Jülich, die sich zu einem der wichtigsten weltlichen Territorien im Rheinland entwickelte. Im frühen 14. Jahrhundert wurde Jülich, das der Graf von Jülich um 1234 eigenmächtig zur Stadt erhoben hatte, mit einer steinernen Stadtbefestigung mit drei Stadttoren gesichert (Abb. 2.3). 1474 und 1547 brannte die Stadt jeweils nahezu vollständig nieder. Der zweite große Stadtbrand eröffnete dem Landesherrn Herzog Wilhelm V. von Jülich-Kleve-Berg (reg. 1539–1592) die Möglichkeit zu einer umfassenden Neuanlage der Stadt als Residenz. Nach Plänen des italienischen Architekten Alessandro Pasqualini entstand eine fünfeckige Stadtbefestigung mit einem Stadtgrundriss, der auf fortifikatorische Belange Rücksicht nahm, und einer Zitadelle als Herrschersitz. Der Entwurf basierte auf komplexen geometrischen Berechnungen, die sich teilweise nachvollziehen lassen und die Charakterisierung Jülichs als »Idealstadtanlage« erlauben. Bei den Festungswerken kam das italienische Bastionärsystem zur Anwendung, was für den deutschsprachigen Raum relativ früh ist (Abb. 2.4). Vor allem die Zitadelle mit dem Residenzschloss wurde von den Zeitgenossen bewundert. Für den Straßburger Festungsbaumeister Daniel Specklin ist sie »der aller besten Castell [...] / so in die vier Kandten gebawet worden / [...] so in gantzem Niderland ist« (Abb. 3). Nachdem unter Wilhelm V. die Festung nur mit einer überschaubaren Anzahl an Landsknechten besetzt wurde und mit Waffen armiert war, rückte die Anlage im frühen 17. Jahrhundert während des Jülich-Klevischen Erbfolgestreits in das Zentrum kriegerischer Auseinandersetzungen. Im Jahr 1609 war Herzog Johann Wilhelm von Jülich-Kleve-Berg ohne männlichen Nachkommen verstorben. Mehrere Fürstenhäuser und der Kaiser erhoben Anspruch auf die Herzogtümer. Die evangelisch-lutherischen Fürstenhäuser von Brandenburg und Pfalz-Neuburg konnten sich mit ihren Erbansprüchen bei den Ständen der Territorien durchsetzen, jedoch ließ der Kaiser die Landesfestung Jülich besetzen. Im Frühherbst 1610 kam es zu einer spektakulären Belagerung der Festung durch ein Koalitionsheer der Fürsten von Brandenburg und Pfalz-Neuburg, die durch niederländische, englische und französische Truppenkontingente unterstützt wurden (Abb. 4). Die Leitung der geradezu mustergültig vorgetragenen Be-

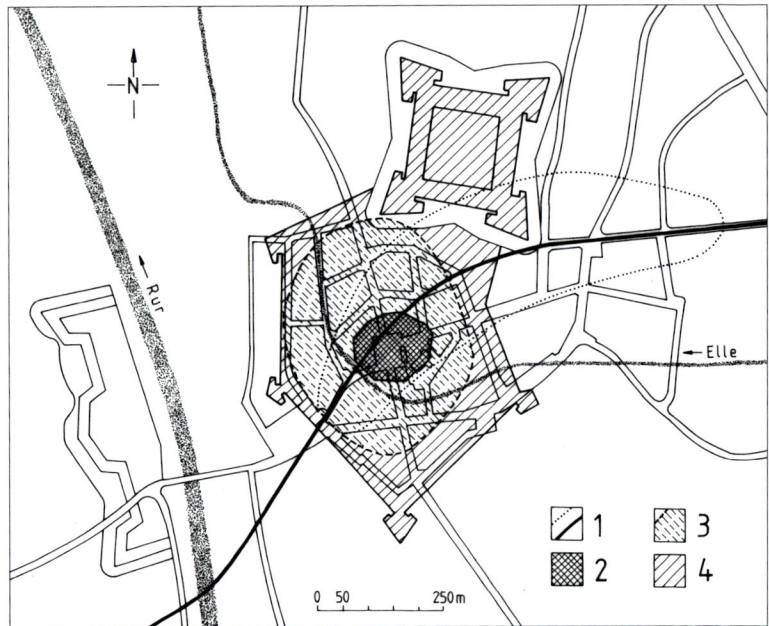

Abb. 2 Phasenplan der Jülicher Stadtentwicklung. 1 – römische Hauptstraße und Ausdehnung des vicus Iuliacum, 2 – spätantikes Kastell, 3 – gotische Stadtmauer, 4 – Stadt- und Festung der Renaissance

lagerung lag in den Händen des niederländischen Heerführers Moritz von Oranien, dem es innerhalb eines Monats gelang, Jülich einzunehmen. Im Vorfeld der Belagerung hatte es erste Ausbauarbeiten an den Festungsanlagen gegeben, so waren teilweise vor den Kurtinen Ravelins angelegt worden. Nach der erfolgreichen Belagerung besetzten Truppen der niederländischen Generalstaaten Jülich, das ihnen in ihrer Auseinandersetzung mit dem König von Spanien im Rahmen des 80-jährigen Krieges als Stützpunkt diente. Die Stadt bildete eine wichtige Relaisstation der sogenannten Spanischen Straße, über die die Nachschubwege in die südlichen Niederlande liefen. Die Spanier selbst hielten sich an den 1609 für elf Jahre geschlossenen Waffenstillstand mit den Generalstaaten und griffen in die Konfliktsituation um Jülich nicht ein. Währenddessen einigten sich die Fürsten von Brandenburg und Pfalz-Neuburg 1614 auf eine Teilung der Territorien. Brandenburg übernahm das Herzogtum Kleve sowie die Grafschaften Mark und Ravensberg, Pfalz-Neuburg die Herzogtümer Jülich und Berg. Die Niederländer, die Jülich weiterhin besetzt hielten, sicherten in der Folge die Hauptangriffsseite im Norden der Zitadelle durch Hornwerke (Abb. 5). Im Winter 1621/22 kam es zu einer erneuten Belagerung der Stadt; dieses Mal durch spanische Truppen. Nahezu ein halbes Jahr dauerte die Auseinandersetzung um die Festung, ehe im Januar 1622 die niederländische Besatzung kapitulierte und mit freiem Geleit Anfang Februar abzog. Bis 1660 blieb Jülich unter spanischer Besatzung.

Abb. 3 Zitadelle Jülich, Ansicht von Nordosten

Abb. 4 Vogelschauansicht der Belagerung der Festung Jülich 1610 von Jordan van der Wayhe

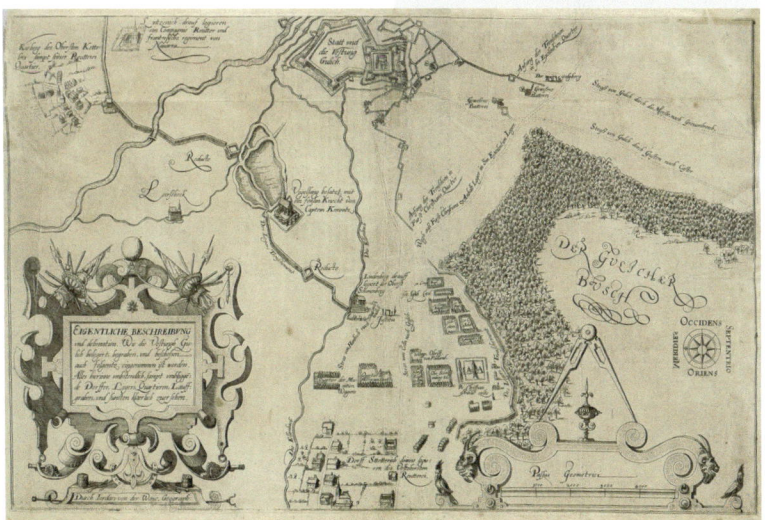

Jülich

Abb. 5 Pieter Snayers, Belagerung der Festung Jülich 1621/22, 2. Viertel 17. Jahrhundert, Ausschnitt mit Stadt und Zitadelle, an deren Nordfront die drei Hornwerke zu erkennen sind

Im Pyrenäenfrieden von 1659 sagten die Spanier schließlich die Räumung der Festung zu, die ein Jahr später erfolgte. Erst jetzt hatte der Landesherr wieder Zugriff auf seine Stadt. Unter Kurfürst Johann Wilhelm von der Pfalz, der in Düsseldorf Hof hielt, wurde um 1700 die Festung Jülich massiv ausgebaut. Vorwerke schützten nun zusätzlich die Wälle und Bastionen des 16. Jahrhunderts, die im Bereich der Zitadelle mit der Anlage von Oberwällen und Gewehrschützengalerien verstärkt wurden (Abb. 6).

Zu größeren baulichen Aktivitäten an der Festung Jülich kam es dann erst wieder im ausgehenden 18. Jahrhundert. 1794 war die Stadt von französischen Revolutionstruppen eingenommen worden. Nachdem durch geheime Vereinbarungen zwischen Frankreich und dem Kaiser 1797 die dauerhafte Abtretung der linksrheinischen Gebiete an Frankreich sanktioniert war, planten die französischen Militäringenieure einen umfassenden Ausbau der Festungsanlagen. Neben vorgelagerten Lünetten plante man ein mächtiges Fort nördlich der Zitadelle und einen Brückenkopf auf der Westseite der Rur zur Sicherung des Rurübergangs. Die Ausführung der Planungen war schon beachtlich fortgeschritten, als Napoleon persönlich nach einer Inspektion der Stadt den Ausbau im September 1804 stoppte bzw. deutlich reduzieren ließ.

Mit der Übernahme des Rheinlands durch den preußischen König Friedrich Wilhelm III. infolge des Wiener Kongresses im Jahr 1815 wurde das letzte Kapitel der Jülicher Festungsgeschichte aufgeschlagen. Die Preußen bauten die Festung noch einmal aus, indem sie einen Teil der Planungen der Franzosen in modifizierter Form zu Ende führten. 1859 wurde schließlich der Festungsstatus von Jülich aufgehoben und die Schleifung mit einer Belagerungsübung im September 1860 eingeleitet. Trotzdem blieb die Stadt vom Militär geprägt. Neben einer Garnison zog in die Zitadelle eine Unteroffizierschule ein. Da diese die Zitadelle und den Brückenkopf als Übungsgelände nutzte, blieben sie von der Schleifung verschont.

Deshalb weist Jülich heute noch bedeutende Zeugnisse der frühneuzeitlichen »Architectura Militaris« auf und das, obgleich die Stadt am Ausgang des Zweiten Weltkriegs durch alliiertes Luftbombardement und Artilleriebeschuss zu 98 % zerstört wurde. Jülich war seine strategisch bedeutsame Lage am Rurübergang zum Verhängnis geworden. In der »Operation Queen« hatten die Alliierten im November 1944 durch großflächige Luftbombardements den US-amerikanischen Bodentruppen den Rurübergang erleichtern wollen, was aber aus verschiedenen Gründen misslang. Erst am 23. Februar 1945 betraten amerikanische Soldaten das rechte Rurufer und die Innenstadt von Jülich.

Für die Stadt bedeutete der Wiederaufbau nach 1945 eine gewaltige Herausforderung, der man sich auf der Grundlage von Plänen des Aachener Professors für Städtebau René von Schöfer stellte. Dieser hatte schon vor dem Zweiten Weltkrieg einen Generalbebauungsplan entwickelt und eine Innenstadtsanierung für Jülich geplant. Der Wiederaufbau respektierte die historischen Strukturen der ehemaligen Festungsstadt, vor allem den überkommenen Grundriss der Innenstadt (Abb. 7). Die Zitadelle befindet sich seit 1965 im Besitz des Landes Nordrhein-Westfalen. Um 1970 wurde hier das Staatliche Gymnasium eingerichtet, das 1974 in städtische Trägerschaft überging. Ab der Mitte der 1970er-Jahre begann die Sanierung der Festungswälle, die erst im Laufe der Jahre substanzschonend und materialgerecht im Sinne der Denkmalpflege durchgeführt wurde. 1998 – im Jahr der nordrhein-westfälischen Landesgartenschau in Jülich – waren die Wiederherstellungs- und Restaurierungsarbeiten an der Zitadelle weitgehend abgeschlossen. Die Landesgartenschau bot auch die Möglichkeit, den Brückenkopf auf der linken Rurseite in Wert zu setzen. Ist die Zitadelle für die Entwicklung des Bastionärsystems

Abb. 6 Das Bestandsmodell der Zitadelle Jülich aus dem Jahr 1802, das sich im Musée des Plans-Reliefs in Paris befindet, dokumentiert den barocken Ausbauzustand der Zitadelle Jülich, Norden rechts

Abb. 7 Jülich von Südosten

in der Renaissance im deutschsprachigen Raum von herausragender Bedeutung, bildet der Brückenkopf ein einzigartiges Zeugnis französischer Festungsbaukunst der Zeit um 1800 außerhalb des heutigen französischen Staatsgebiets. Von der renaissancezeitlichen Stadtbefestigung haben sich Teile der Stadtbastionen Eleonore und Jakobus erhalten, an letztere schließt noch ein Rest der Eskarpenmauer des Walls und die äußere Torwandung des einstigen Aachener Tors an. Es wurde 1548 errichtet und gehört damit zu den ältesten Renaissancestadttoren nördlich der Alpen.

Das Wallgeviert der Zitadelle hat eine Kantenlänge von ca. 300 × 300 m. Der

umlaufende Graben ist 7 m tief und gut 30 m breit. Die dossierten Wälle haben eine Höhe von mindestens 12 m. Zur Stadtseite hin sind sie gut 30 m stark, zur Angriffsseite im Nordosten über 40 m. Die Eskarpenmauern sind im Sockelbereich mit Natursteinquadern verblendet und ansonsten aus Feldbrandziegeln errichtet, die direkt vor Ort aus dem anstehenden Lehm gebrannt wurden. Die zurückgezogenen Flankenhöfe erlaubten die Rundumverteidigung der Wälle. Bis ins 19. Jahrhundert hinein waren die Gräben durch anstehendes Grundwasser durchgehend feucht. Erst nach 1815 wurden durch die Preußen die Gräben planmäßig trockengelegt und mit einer wasserführenden Künette versehen. Damit reagierte das

Abb. 8 Blick in die Kasematten der Bastion St. Johannes

preußische Militär auf den als unhygienisch empfundenen Zustand der Gräben, die von den Bewohnern Jülichs auch zur Müllentsorgung genutzt wurden. Die durch die nassen Gräben beförderte Vermehrung von Mücken verstärkte die Verbreitung von Gelbfieber, was den regelmäßig wechselnden Soldaten der Garnison schwer zusetzte.

Die Flankenhöfe der vier Bastionen erschließt ein jeweils 5 m breiter, gewölbter Gang vom Zitadellenhof her (Abb. 8). Seine Breite ist durch die Spur der Geschützlafetten bestimmt. An seinen Seiten befinden sich eingewölbte Räume, die wohl im Ernstfall zur Lagerung von Pulver und Munition dienten. Die Flankenhöfe waren ursprünglich offen gestaltet, wie es an der stadtseitigen Bastion St. Johannes noch gut zu sehen ist. Die tonnengewölbten Flankenstellungen werden durch einen mächtigen Pfeiler in zwei unterschiedlich große Öffnungen geteilt. Aus der kleineren wurde das Kreuzfeuer vor der Kurtine eröffnet, aus der größeren erfolgte die Bestreichung der Face der gegenüberliegenden Bastion (Abb. 9). Die zum Belagerer ausgerichteten Flankenhöfe wurden an der Wende vom 17. zum 18. Jahrhundert zugesetzt, womit man auf die höhere Treffsicherheit der Artillerie reagierte. Ebenfalls nicht zum ursprünglichen Baubestand gehören Gänge, die in Teilberei-

Abb. 9 Die südliche Flankenstellung der Bastion St. Johannes

chen hinter der Eskarpenmauer der Wälle entlangführen. Sie wurden zu einem unbekannten Zeitpunkt eingebrochen, um eine geschützte Kommunikation in den Festungswerken zu ermöglichen. Von den Flankenstellungen gelangt man über Wendeltreppen auf die Bastionsoberflächen. Diese präsentieren sich in unterschiedlichen Bauzuständen. Auf der Bastion St. Johannes wurde in französischer Zeit 1808 ein Pulvermagazin in einer Bauweise errichtet, die sich bereits früher bei den bedeutenden französischen Ingenieuren Belidor und Vauban findet (Abb. 10). Ein baugleiches, aber kürzeres Magazin wurde am Brückenkopf platziert. Die Bastionsspitzen waren mit Beobachtungshäuschen besetzt, die aber wohl rasch niedergelegt wurden, da sie Zielscheiben der feindlichen Artillerie waren.

Auf der westlichen Rurseite wurde ab dem 13. Juni 1799 der Brückenkopf von der französischen Armee angelegt. Das 800 m lange und 300 m breite Festungswerk mit einer Gesamtfläche von 25 ha entstand parallel zum Fluss in Nord-Süd Ausrichtung (Abb. 11). Es war Teil des großangelegten Militärbauprogramms zur Sicherung des seit 1797 faktisch zum französischen Reich gehörenden Rheinlands. Der Brückenkopf sicherte den strategisch wichtigen Rurübergang, die Straßenverbindung nach Aachen sowie die Westflanke der Jülicher

Stadtbefestigung und den Stadteingang am Aachener Tor. Des Weiteren war der Brückenkopf gemeinsam mit der 1806 erbauten Schleusenbrücke und den Rurdämmen ein wichtiges Element des um 1804 von den Ingenieuren Marescot und Mallet entwickelten Gesamtverteidigungskonzeptes für die Festung Jülich. Der Grundriss von Mauer und Wall der Brückenkopfanlage bildet die Form einer dreizackigen Krone, woraus sich die Bezeichnung »Kronwerk« (frz. Ouvrage à couronne) für ein derartiges Festungsbauwerk erklärt.

Wie die meisten modernen Festungsbauten dieser Zeit besteht der Jülicher Brückenkopf aus polygonalen Bastionen und geraden Mauerverläufen, den Kurtinen, genauer gesagt aus zwei Halbbastionen im Süden (Démi-bastion de gauche) bzw. Norden (Demi-bastion de droite) und einer Vollbastion (Bastion du centre) in der Mitte der Anlage (Abb. 12). Die bastionäre Festungsanlage umgibt ein 25 m breiter Wassergraben, dem ursprünglich ein zweiter vorgelagert war, der heute noch im Gelände schwach erkennbar ist. Auf der Feldseite befand sich westlich am äu-

Abb. 10 Pulvermagazin auf der Bastion St. Johannes

124 Guido von Büren · Andreas Kupka

Abb. 11 Brückenkopf von Norden

ßeren Graben ein gedeckter Weg und ein Glacis en crémaillière (gezacktes Glacis). Archäologisch konnte das Vorhandensein einer Kontereskarpe gegenüber der Südbastion nachgewiesen werden, die auch von historischen Plänen bekannt ist. Das eigentliche Festungswerk besteht aus einem bis zu 20 m breiten Erdwall, der grabenseitig von einer 1 m starken und 6 m hohen Eskarpenmauer begrenzt wird. Die Gesamtlänge dieser aus Feldbrandziegeln gefertigten Mauer beträgt in der Abwicklung 930 m (Abb. 13). Die Mauer gründet, zumindest unter der Südbastion, auf einer Balkenlage aus Eichenbohlen, die dendrochronologisch auf 1798 als Fälldatum datiert werden konnten.

500 Schießscharten in der Mauer erlaubten den Einsatz von Handfeuerwaffen für den Nahkampf aus einem Defensionsgang hinter der Mauer, der gleichfalls als bombensicherer Kommunikationsweg durch das gesamte Bauwerk dient und heute teilweise frei begehbar ist. Breite, nicht mit der Eskarpenmauer verbundene Substruktionsbögen befinden sich hinter der Mauer und bilden tonnengewölbte Kammern, die zum Erdwall hin offen sind.

Diese ca. 5 m breiten Kammern verfügen über jeweils drei Schießscharten in der Eskarpenmauer und jeweils zwei in den Widerlagern des Tonnengewölbes in Richtung der Nachbarkammern: Auf diese Weise sollte jede Kasematte im Bedarfsfall einzeln verteidigt werden (Abb. 14). Im Scheitel jeder Kasematte befindet sich eine Abzugsöffnung für die entstehenden Pulverdämpfe.

Die größte Höhe des Walls mit der Eskarpenmauer und der Erdabdeckung beträgt in der Südbastion bis zu 10 m. Der Wall schützte den dahinterliegenden Waffenplatz und bot den Infanteristen auf seiner gesamten Länge eine überhöhte und durch eine Brustwehr geschützte Schussposition für Musketenfeuer. Das nördliche und das südliche Ende des Festungswalls wurden durch Wachstuben gesichert (Corps de garde), wobei die südliche, zurückgebaute Wachstube den Stadtzugang

Abb. 13 Südkurtine mit Schießscharten, Südflanke der Mittelbastion, Graben und Ausfallbrücke

Abb. 12 Plan de l'ouvrage à couronne de la Roër, 1811

126 Guido von Büren · Andreas Kupka

Abb. 14 Kasematte mit Defensionsgang und Schießscharten zur Abschnittsverteidigung

Abb. 15 Hohltraverse II und Kurtine auf der Feindseite

Abb. 16 Hohltraverse III auf der Seite des Waffenplatzes

über die Landstraße Richtung Aachen sicherte, die um die Südbastion geleitet wurde. Die nördliche Wachstube ist erhalten.

Für den Angreifer beinahe unsichtbar befinden sich eingebaut im Wall sieben doppelstöckige Geschützstellungen, sogenannte Hohltraversen (Traverses défensives) aus Ziegelmauerwerk, von denen sechs erhalten sind (Abb. 15). Die Hohltraversen schützten vor dem Ricochetschuss. Dabei wird eine Kugel im flachen Winkel entlang eines Wallabschnitts abgefeuert. Zugleich erlaubten die Hohltraversen eine bombensichere Aufstellung von Vorderladergeschützen. Alle Hohltraversen (I–VII) sind zum Schutz vor auftreffenden Geschossen mit einer begrünten Erdabdeckung versehen.

Die oberen Etagen der Hohltraversen ermöglichten eine Abschnittsverteidigung, da sie sowohl die umgebende Walloberfläche durch jeweils zwei große Tore als auch den Waffenplatz durch eine Öffnung mit Geschütz- und Musketenfeuer bestreichen konnten. Die unteren Etagen dienten als Depot- oder als Sammelräume (Abb. 16). Sie ermöglichen den Zugang zum Defensionsgang und zu den beiden bogenförmigen Öffnungen im Bereich der Hohltraversen III und VI, die als Ausfalltore für die Verteidiger dienten und mit Brücken über den ersten Wassergraben versehen waren. Vor Hohltraverse III wurde eine Erdanschüttung im Graben angelegt. Dort entstand 1934 unter den Nationalsozialisten ein sogenannter »Thingplatz«.

Die südliche Bastion der Brückenkopfanlage zeigt in ihrer heutigen Form die am weitesten fortgeschrittene Ausbauphase der Festung (Abb. 17). Im Gesamtplan von 1804 und in den Detailplänen Mallets ist dieser für alle drei Bastionen geplante Ausbau zu erkennen. Vorgesehen waren Batteriefronten in den jeweiligen Facen und Flanken mit zwei Geschützetagen und einer Handfeuerwaffenebene (Defensionsgang) auf Grabenhöhe hinter der Eskarpenmauer (Abb. 18). Auf Höhe des Waffenplatzes liegen in der Südbastion bombensichere Deporäume, die durch elf Doppelflügeltore erschlossen werden. Die ca. 2 m über diesem Niveau gelegene Feueretage diente der Aufnahme von 22 Geschützen zur Deckung des Glacis und der Straße in Richtung Westen (Abb. 19).

Hier fällt die hohe Qualität von Entwurf und Bauausführung des Mauerwerks der Gewölbe auf sowie die aufwändige Einfassung von Öffnungen und Mauerabschlüssen mit Natursteinen. In den Decken der Gewölbe finden sich kreisrunde Öffnungen für den Abzug der Pulverdämpfe, die heute teilweise verschlossen sind. Über dieser Ebene hatte Capitaine Mallet eine dritte Geschützebene in Form von sechs weiteren Hohltraversen geplant. Diese Planung wurde allerdings nicht mehr realisiert. Die Südbastion im heutigen Erscheinungsbild unterscheidet sich mit ihren 1.600 m² kasemattierter Räume deutlich von der Mittel- und Nordbastion (Abb. 20).

Hinter dem Wall erstreckt sich die freie Fläche des Waffenplatzes (Place d'Armes), der als Aufmarsch- und Exerzierplatz für Infanterie und Artillerie diente und seinerseits von einer weiteren, mit Schießscharten versehenen, ca. 2 m hohen Mauer in Richtung Rur begrenzt wurde, der sogenannten Kehlmauer (Mur de gorge), die heute durch eine Hecke angedeutet ist.

Das 12 m lange und 6,50 m breite, bombensichere Pulvermagazin in der Südbastion von 1806 ist mit einer Lagerkapazität von 5.000 Pfund Pulver nur halb so groß wie der »große Bruder« auf der Zitadellen-Bastion St. Johannes, folgt aber demselben Konstruktionsprinzip.

Abb. 17 Innenhof der Südbastion mit Zugang zu den Depoträumen

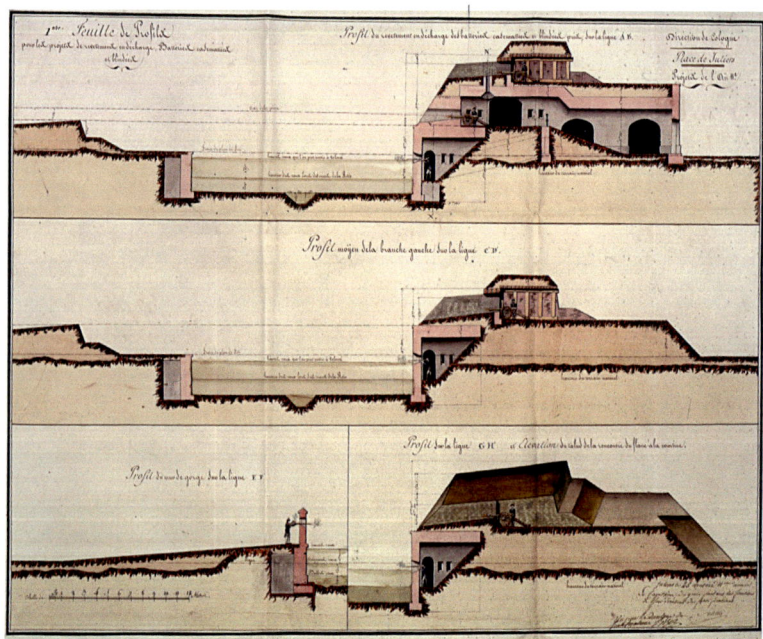

Abb. 18 Profilansicht der nichtausgeführten Planungen von 1803

Im Gegensatz zur stark ausgebauten Südbastion blieben die Mittel- und die Nordbastion ohne Ausbau weiterer Geschützetagen. Ein großer kasemattierter Raum ohne Geschützstellungen mit Zugang vom Waffenplatz findet sich allerdings in der Westface der Nordbastion, deutlich kleiner als in der Südbastion. Dort wurden drei große Wandkamine eingebaut, wodurch dieser Raum auch in kalten Jahreszeiten als Aufenthaltsraum für Mannschaften nutzbar war.

Nach einer dreimonatigen Blockade und dem Abzug der französischen Truppen am 4. Mai 1814 fanden in preußischer Zeit einige Umbauarbeiten am Brückenkopf und um 1822/23 Renovierungsarbeiten statt. Vermutlich wurde der kasemattierte Raum der Nordbastion in dieser Zeit als Pferdestall eingerichtet. Zu diesem Zweck legte man das Laufniveau vor dem Eingangstor tiefer, um mehr Höhe für berittene Militärs zu erzielen.

Um 1860 hatte der Brückenkopf, ebenso wie die gesamte Stadtbefestigung Jülichs, durch den Fortschritt in der Waffentechnik seine strategische Bedeutung weitgehend eingebüßt. Der preußischen Armee diente die Anlage bis 1898 als Lager- und Exerzierplatz. Heute wird der Brückenkopf durch eine Bundesstraße zerschnitten. Er ist Teil des Brückenkopf-Parks, der im Zuge der Landesgartenschau 1998 entstanden ist. Im Bereich des ehemaligen Waffenplatzes in Höhe der Mittelbastion wurde 2020 eine Veranstaltungshalle errichtet, die einen empfindlichen Eingriff in das weitgehend authentische Erscheinungsbild des Brückenkopfs darstellt (vgl. Abb. 11 und 13).

Abb. 19 Westface der Südbastion nach der Sanierung 1998

Abb. 20 Kasematten der Südbastion nach der Sanierung 1998

Abb. 1 »Keyserswerdt«, Ansicht von der Rheinseite, rechts die Kaiserpfalz, Kupferstich von Matthäus Merian, 17. Jahrhundert

KAISERSWERTH
FESTUNG ZWISCHEN ERZSTIFT KÖLN UND HERZOGTUM BERG

Die ehemalige Pfalz und Festungsstadt Kaiserswerth am Rhein ist heute der nördlichste Stadtteil der Landeshauptstadt Düsseldorf (Abb. 1). Die Geschichte der Frühzeit der Stadt ist auf Grund fehlender Dokumente nicht gut belegt. Im frühen Mittelalter lag die Siedlung auf einer vier Kilometer langen Rheininsel (Werth: altdeutsch für Insel) mit einer der ältesten Rheinquerungen. Hier befand sich vermutlich im 7. Jahrhundert ein fränkischer Fronhof mit Erdwall, Graben und Palisaden, der später zur Burg ausgebaut wurde. Durch die ehemalige Insellage strategisch günstig gelegen, ließ sich der Fluss von hier aus über weite Strecken gut überblicken. Zugleich lag hier ein Knotenpunkt zweier alter Handelswege: der Hellweg aus Richtung Osten und die römische Straße zwischen Köln, Neuss und Xanten. Die Insellage gewährte zudem einen guten Schutz gegen potentielle Angreifer. Im 8. Jahrhundert gründete der angelsächsische Missionar Suitbert dort ein Benediktinerkloster, dessen später errichtete Pfeilerbasilika ebenfalls zum heutigen Stadtbild gehört.

Die Burg, 1016 erstmals urkundlich erwähnt, ließ Kaiser Heinrich III. (1016–1056) 1045 zu einer Pfalzanlage erweitern. Der Staufer Kaiser Friedrich I. Barbarossa (1122–1190) verlegte im Jahre 1174 den Rheinzoll von der niederländischen Stadt Tiel nach Kaiserswerth und leitete damit eine Blütezeit für die Siedlung ein. Gegen Ende des 12. Jahrhunderts muss die Erhebung zur Reichsstadt erfolgt sein. Entsprechend prächtig ließ er ab 1184 die salische Pfalz mit einem dreigeschossigen Palas und einem imposanten Bergfried auf einer Fläche von 50 × 30 m umbauen, befestigt mit einer halbkreisförmigen, 5 m starken Umfassungsmauer mit Graben und zwei Ecktürmen. Die Existenz einer mittelalterlichen Stadtumwehrung lässt sich für diese Zeit durch Dokumente noch nicht belegen. Die Pfalz erfüllte eine Doppelrolle als Kaiserpfalz und Zollstätte. Sie untermauerte den Herrschaftsanspruch des Kaisers gegenüber den konkurrierenden territorialen Mächten.

Wohl schon zu Beginn des 13. Jahrhunderts begann der alte Rheinarm, der Fleeth, zu verlanden. Zudem errichtete Graf Adolf III. von Berg (vor 1176–1218) im Rahmen mehrerer Belagerungen zwischen 1213 und 1215 einen Damm, um Kaiserswerth erfolgreich von der Landseite einzunehmen. Dies führte in der Folge zur endgültigen Verlandung des Rheinarms und beendete die Insellage. In dieser Zeit dürfte eine Befestigung der Stadt mit einem Doppelwallgraben entstanden sein.

In der Folgezeit wechselte Kaiserswerth mehrfach den Besitzer, bis es schließlich 1424 von Kurköln für 100.000 Gulden erworben und bis 1772 wichtigste kurkölnische Exklave im rechtsrheinischen Herzogtum Berg wurde. Wohl unter dem Kölner Erzbischof Salentin von Isenburg (1532–1610) erfolgte zwischen 1567 und 1577 der Ausbau zur Festung im Bastionärsystem, um die Verbindung Kölns mit

Abb. 2 Kaiserswerth von Südwesten. Rechts unten die Reste der Kaiserpfalz

den westfälischen Territorien zu sichern (Abb. 2)

Die Befestigung bestand zunächst aus einem 15–20 m breitem Wall mit einer gemauerten Eskarpe mit vorgelagertem nassen Graben. Fünf Bastionen wurden angelegt: die Bastionen St. Maximilian und St. Swidbert im Norden, die größte Bastion Kaspar im Osten sowie die Bastionen Melchior und Balthasar im Süden. Die Bastionen mit geschlossenen Flanken wiesen teilweise einen Niederwall (Fausse-Braie) auf. Sogenannte Batardeaus schlossen den Festungsgraben zum Rhein ab. Die Rheinseite wurde durch eine Steinmauer geschützt. In Folge zweier schwerer Überschwemmungen wurde 1794–1799 ein Hochwasserdamm durch die Kaiserpfalz angelegt.

Kaiserswerth wurde mehrfach belagert und erobert: 1586 während des Truchsessischen Krieges und im 30-jährigen Krieg 1636 von protestantisch-hessischen Streitkräften. Mitte des 17. Jahrhunderts erfolgte auch hier eine Verstärkung der Festung als Reaktion auf die Fortschritte in der Geschützentwicklung. Die Gräben wurden verbreitert und vier Ravelins übernahmen den zusätzlichen Schutz der Kurtinen. Das

Festungsvorfeld (Glacis) wurde mit einem gedeckten Weg versehen. Dort sollten Traversen nach Vaubanscher Manier Zerstörungen durch Rickochet- oder Enfilierschüsse verhindern. 1658 wird in Quellen zum Bau neuer Fundamente berichtet, dass diese aus kostengünstigem Erpeler Naturstein entstehen sollten, die kostspieligeren »Unkelsteine« blieben dem Fundamentbereich der Kontereskarpe vorbehalten. 1659 nahmen die Festungswerke – im aufgehenden Mauerwerk aus Ziegelstein – eine Fläche von 17 ha ein (Abb. 3).

Im Pfälzische Erbfolgekrieg (1688–1697) versuchte der französische König Ludwig XIV. (1638–1715) seinen Einfluss gegenüber dem Heiligen Römischen Reich mit militärischen Mitteln zu stärken. Der Kölner Erzbischof, Kurfürst Joseph Clemens von Bayern (reg. 1688–1723), hatte sich mit diesem verbündet; in die Festung zog 1688 daher eine französische Garnison mit 12.000 Mann ein. Die Ingenieure verstärkten die Festungsanlagen weiter mit Außenwerken und legten große Magazine an. Die französische Garnison wurde 1689 von niederländischen und brandenburgischen Truppen belagert und musste abziehen, 600 Soldaten der Alliierten ersetzten sie. In Folge der Belagerung wurden 25 Häuser in Kaiserswerth zerstört.

Nur wenig später, zu Beginn des Spanischen Erbfolgekrieges (1701–1714), kam es bei einer weiteren Belagerung von Kaiserswerth, die vom 18. April bis zum 15. Juni 1702 dauerte, zu einer der schwersten Kriegshandlungen zu Beginn des Konflikts mit erheblichen Zerstörungen. Der weiterhin mit Frankreich verbündete Erzbischof von Köln hatte Stadt und Festung französischen Besatzungstruppen übergeben und diese begannen die Schäden der Belagerung von 1688 an Bastionen und Vorwerken zu beseitigen. Bei der Belagerung standen sich die Alliierten aus republikanischen Niederländern, Jülich-Bergern, Engländern sowie Brandenburgern unter Kurfürst Johann Wilhelm II. von der Pfalz, herzog von Jülich-Berg (1658–1716), und die französischen Garnisonstruppen gegenüber. Letztere wurden von der anderen Rheinseite durch Einheiten unter Marschall Duc de Tallard unterstützt. Die alliierten Belagerungstruppen umfassten 22.000 Mann, unter ihnen der berühmte niederländische Festungsbauingenieur Menno von Coehoorn, der die Belagerung leitete.

Der Verlauf der regelgerechten Belagerung ist in zahlreichen Dokumenten dargestellt worden. Eine Zeichnung aus einem französischen Folianten gibt den Beschuss

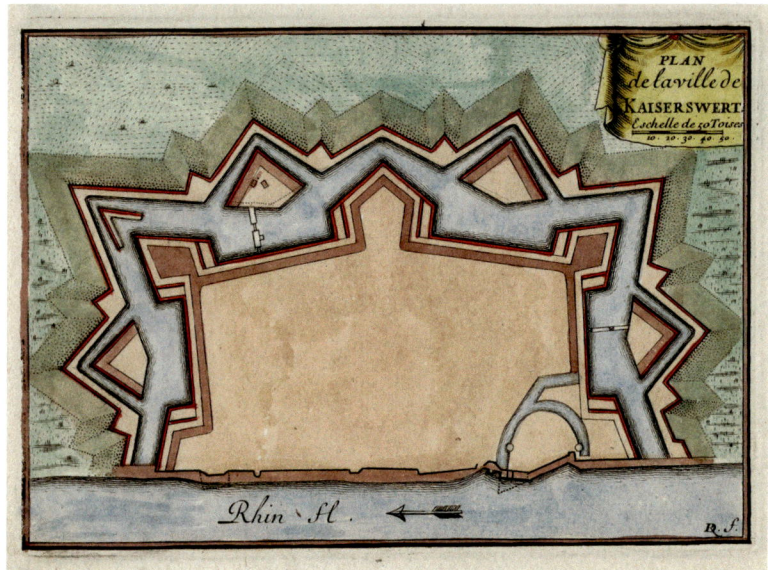

Abb. 3 »Plan de la ville de Kaiserswert«, kolorierter Kupferstich, anonym, 17. Jahrhundert

Abb. 4 »Plan de Keysersvaert, investij le 16e avril 1702...«, lavierte Federzeichnung, anonym

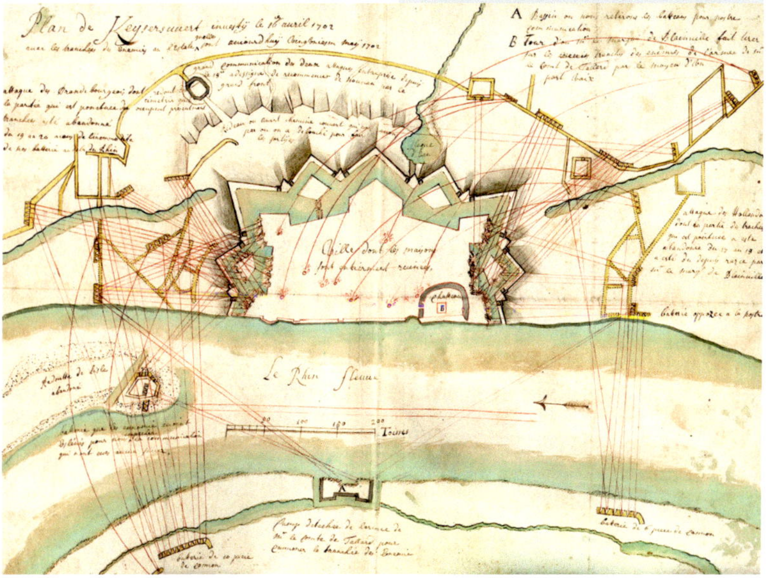

Abb. 5 Flugblatt »Eigentlicher Abriss und Vorstellung/der nach langer Belagerung endlich erfolgten Ubergab Kayserswerth ...«, Kupferstich, anonym, 1702

Abb. 6 Hochbunker aus dem Zweiten Weltkrieg am Kaiserswerther Markt

Abb. 7 Rheinseitige Anschlussmauer an die Bastion St. Maximilian mit Mühlenturm

der Festung detailreich wieder (Abb. 4): Der große Belagerungsring (oben) hat sich unter dem Angriff der Franzosen von der gegenüberliegenden Rheinseite (A) bereits nach Osten hin verschoben. Die aufgelösten Reihen der Generalstaaten (rechts) ermutigten den französischen Kommandanten Blainville zu einem Ausfall (17./18. Mai). Von der Burg (B) aus hielt Blainville die Kommunikation aufrecht. Über die Inselredoute wurde von der linksrheinischen Stellung (A) der Franzosen aus Nachschub geliefert. Der Zeichner hat den andauernden Beschuss mit einschlagenden Kanonenkugeln veranschaulicht. Aus 80 Geschützen und 20 Mörsern sollen die Belagerer über 120.000 Geschosse abgefeuert haben. Die Verluste bezifferten sich mit 9.700 Mann.

Nach sechswöchigem Beschuss und für beiden Seiten sehr verlustreichem Anstürmen auf die Festung, zogen die Franzosen am 15. Juni 1702 ab, ein Ereignis das auch in zeitgenössischen Flugblättern thematisiert wurde (Abb. 5). Pfalz und Stadt lagen in Trümmern, bis auf wenige Häuser

wurde sie vollkommen zerstört. Die Pfalz und die Reste des Bergfrieds wurden gesprengt, die Festungsanlagen niedergelegt. Bis 1711 dienten die Trümmer als Steinbruch zum Wiederaufbau der Stadt. Seitdem ist die Pfalz eine Ruine.

Allerdings erhielt der Kölner Erzbischof im Frieden von Rastatt (1714) die Festung zurück. So wurde sie zwischen 1719 und 1721 bereits wiederhergestellt. Von 1741 bis 1758 waren erneut französische Truppen in Kaiserswerth und setzten die Befestigungen weiter instand. 1762 bzw.1767 konnte dann ein über 200 Jahre dauernde Rechtsstreit um Kaiserswerth vom Reichskammergericht entschieden werden. Die Stadt kam an das Herzogtum Jülich-Berg, das zu dieser Zeit zur Kurpfalz gehörte. Kurfürst Carl Theodor (reg. 1743–1799) erhielt das Recht der Ablösung des Kaiserswerther Pfandes und das Erzstift Köln musste die Zolleinnahmen von 1596 ab nachträglich an die Kurpfalz zurückzahlen.

Ab 1785 setzten erste Schleifungen der Wallanlagen ein, die aber im Zuge der Besetzung des linken Niederrheingebiets durch französische Revolutionstruppen nur zehn Jahre später bereits wiederinstandgesetzt wurden. Erst nach dem Abzug der Franzosen 1814 verfielen sie endgültig. Politisch und wirtschaftlich wurde Kaiserswerth in der nachfolgenden Zeit bedeutungslos. Die Eingemeindung nach Düsseldorf erfolgte 1929.

Im Ersten und Zweiten Weltkrieg diente Kaiserswerth als Lazarettstadt. In der NS-Zeit war die Pfalz Gedenkstätte der Hitlerjugend. Vom September 1944 bis zum Kriegsende befand sich die Luftschutz-Warnzentrale für das Rhein- und Münsterland (Luftgaukommando VI / Münster) im Hochbunker und unter der Brücke, die vom Klemensplatz zum Kaiserswerther Markt führte. Der Hochbunker wurde nach dem Krieg entmilitarisiert und dient heute als Wohnhaus (Abb. 6).

In den Jahren 1899–1908 waren die Mauerreste der imposanten Kaiserpfalz Barbarossas erstmals restauriert worden, gefolgt von weiteren Instandsetzungen in den Jahren 1967–1974 und 1998–2001. Allein diese Anlage lohnt einen Besuch von Kaiserswerth. Das Museum Kaiserswerth, getragen vom Heimat- und Bürgerverein Kaiserswerth e.V., zeigt eine Dauerausstellung zur Stadtgeschichte und wechselnde Kunstausstellungen. Von der Bastionärbefestigung sind heute nur wenige Relikte vorhanden. Am auffälligsten ist sicherlich noch der westliche Anschluss der mittelalterlichen Stadtbefestigung an die Westface der neuzeitliche Bastion St. Maximilian am Herbert-Eulenberg-Weg direkt am Rheinufer (Abb. 7). Dort befindet sich auch der noch immer imposante, einzig erhaltene Windmühlenturm der Stadt aus dem Jahr 1561.

Der Verlauf der ehemaligen Enceinte mit Bastionen, Wällen und Gräben, der in der aktuellen LIDAR-Geländeaufnahme noch gut zu erkennen ist, kann am Boden nur noch teilweise erwandert werden (Abb. 8). Zwischen Parkplatz Kaiserpfalz und Barbarossawall erstreckt sich eine größere Parkanlage, die den Rand begleitet. Auch die Grünbereiche hinter dem Mühlenturm verbergen weitere Reste der Festungsanlagen.

Abb. 8 Im digitalen Oberflächenscan zeichnet sich der Verlauf der bastionären Befestigung im heutigen Gelände sehr gut ab

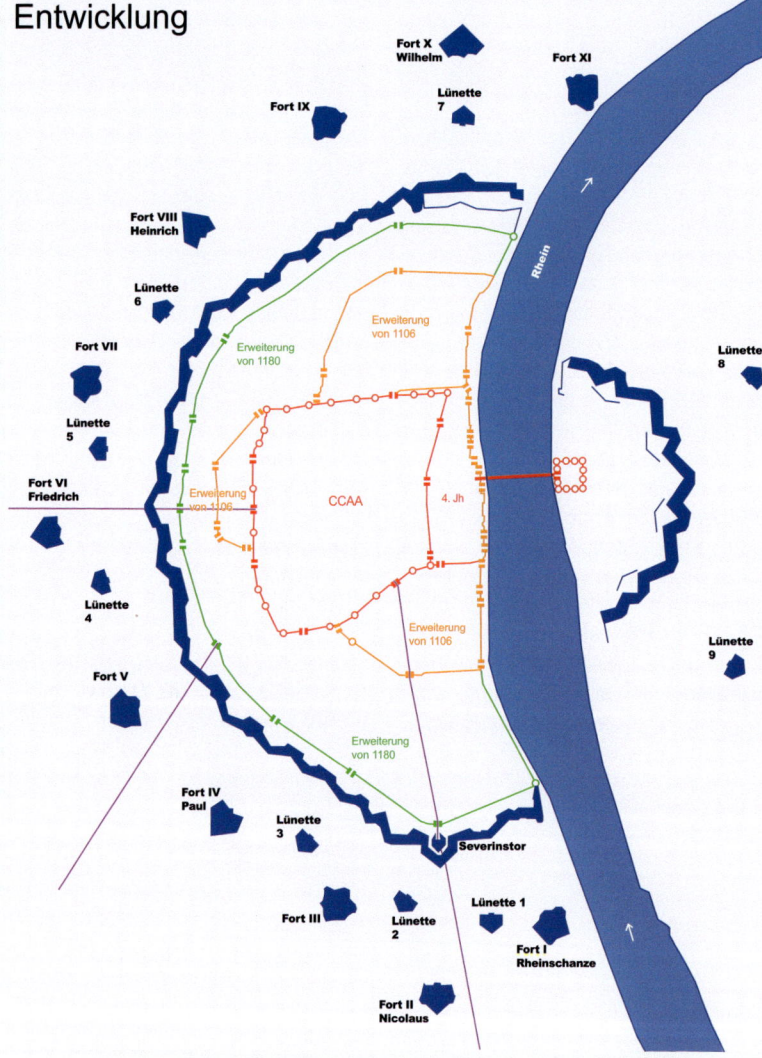

Abb. 1 Entwicklung der Fortifikation von Köln

KÖLN
GROSSFESTUNG AM RHEIN

Die ehemalige freie Reichs- und Hansestadt Köln geht auf eine keltische Ansiedlung des Volksstamms der Ubier zurück. Die 2.000-jährige, außergewöhnliche Geschichte der Stadt am Rhein ermöglicht einen exemplarischen Blick auf die Evolution der Fortifikationstechnik von der Antike bis in die Neuzeit.

Als größte Ansiedlung, Provinzhauptstadt und Verwaltungszentrum der römischen Provinz *Germania inferior*, verfügte das linksrheinische Köln, die römische »Colonia Claudia Ara Agrippinensium« (CCAA), bereits im 1. Jahrhundert n. Chr. über eine Siedlungsfläche von 97 ha und eine 8 m hohe Stadtmauer aus Stein von beinah 4 km Länge mit 19 Rundtürmen und 11 Stadttoren. Die rechte Rheinseite wurde ab dem 4. Jahrhundert durch das befestigte Kastell Divitia (*Castrum Divitium*) als Brückenkopf gesichert, Ursprung des heutigen Stadtteils Deutz (Abb. 1).

Aber sogar aus der Zeit vor der römischen Stadterhebung um 50 n Chr. sind bauliche Zeitzeugen erhalten geblieben. Im Keller des Gebäudes »An der Malzmühle 1« wird über einen direkten Zugang von der Straße aus das sogenannte Ubiermonument präsentiert. Es stellt eine imposante, noch im aufgehenden Mauerwerk bis 6 m Höhe erhaltene Eckbefestigung am Rheinverlauf dar. Die ursprüngliche Funktion ist umstritten, zweifelsfrei war es ein Teil der Befestigung der durch die Römer angelegten Siedlung »Oppidum Ubiorum«. In jedem Fall wurde es ca. 100 Jahre nach seiner Errichtung als Einfahrt zum Rheinhafen in die dann neue römische Stadtmauer an deren Südostecke integriert.

Reste dieser ersten römischen Stadtbefestigung sind auch heute noch im Stadtbild sichtbar und frei zugänglich, so unter anderem ein Seitenportal des Nordtores auf dem Domplatz, ein 76 m langes Teilstück der römischen Stadtmauer am Mühlenbach, ein weiteres an der Komödienstraße und als besonders schmuckvolles Monument der mächtige, 6 m hohe, sogenannte Römerturm in der Zeughausstraße.

Die Stadtbefestigung bestand auch nach dem Ende der römischen Herrschaft bis über die fränkische Merowingerzeit (5. bis 7. Jahrhundert) weiter. Noch im 9. Jahrhundert wurde sie vor dem Hintergrund der Bedrohung durch räuberische Normannen mehrfach in Stand gesetzt.

Die Erzbischöfe von Köln waren von 953 bis 1801 Metropoliten über das Erzbistum Köln, Reichsfürsten über das Erzstift Köln und ab Mitte des 13. Jahrhunderts zugleich Kurfürsten im Heiligen Römischen Reich Deutscher Nation. Sie hatten die geistliche Macht und lange auch die weltliche Macht in der Stadt inne. Letztere verloren sie allerdings 1288 als Ergebnis der Schlacht von Worringen. Als Köln 1475 die Anerkennung als freie Reichsstadt erhielt, ging auch die Hochgerichtsbarkeit verloren.

Ausschlaggebend für die Autonomiebestrebungen der Kölner Bürgerschaft

Abb. 2 Stadtmauer mit zwei Wehrtürmen am Sachsenring

seit dem 12. Jahrhundert dürfte die in dieser Zeit beginnende große Bedeutung der Stadt als Zentrum des Nah- und Fernhandels sein. Durch Erweiterung des Territoriums unter Einbeziehung der Rheinvorstadt sowie der Siedlungsbereiche im Norden, im Westen und im Süden wuchs die Fläche Kölns im 12. Jahrhundert auf etwa 203 ha. Sie wurde zunächst geschützt durch eine erweiterte Befestigung, die allerdings nur partiell aus Mauerwerk bestand und heute fast vollständig verschwunden ist.

Im ausgehenden 12. Jahrhundert ermöglichte die außerordentliche wirtschaftliche Blüte der Handelsmetropole, hier den umfangreichsten Stadtmauerbau nördlich der Alpen zu realisieren. Regionalpolitischen Hintergrund für den Baubeginn der neuen Stadtbefestigung bildeten die Querelen zwischen dem rechtmäßigen Stadtherrn, dem Kölner Erzbischof Philipp von Heinsberg (reg. 1167–1191), kaiserlichen Herrschaftsansprüchen und dem Selbständigkeitsstreben der Kölner Bürgerschaft. Über den Kopf des Erzbischofs hinweg und gegen dessen ausdrücklichen Willen begannen die Kölner 1179 illegaler Weise mit dem Bau der neuen Umwallung. Sie nutzen einen Zeitpunkt militärischer Schwäche Philipps, der mit seinen Truppen anderweitig gebunden war. Das Urteil des vermittelnden Kaisers Friedrich Barbarossa von 1180 erlaubte den Kölnern die begonnene Umwallung weiterzubauen, »zum Schmuck und Schutz der Stadt«. Dies war ein rechtlicher Erfolg gegen den Herrschaftsanspruch des Erzbischofs und weiterer Schritt in Richtung der angestrebten Selbständigkeit des Rates, der damit faktisch das Befestigungsrecht erhielt.

Zwischen 1180 und 1250 entstand ein sehr großzügig geplanter neuer, halbkreisförmig an den Rhein anschließender

an der Rheinseite sogar bis zu 10 m, und eine Stärke von bis zu 3 m. Sie demonstrierte damit auch optisch die Macht und den Reichtum der Handelsmetropole am Rhein. Wehrtechnisch bot die Neuanlage gegen das Arsenal damaliger Belagerungswaffen hinreichenden Schutz, wobei die erste Bewährungsprobe bereits 1205 erfolgte, als König Philipp von Schwaben (1177–1208) die Stadt 18 Monate erfolglos belagerte. Auch in den folgenden 500 Jahren ist sie nie gewaltsam erstürmt worden. Es wundert daher nicht, dass die Kölner Stadtmauer Vorbildfunktion für eine ganze Reihe von Stadtbefestigungen des 13. bis 14. Jahrhunderts im Rheinland hatte, so zum Beispiel Aachen, Düren, Bonn und Neuss. In Köln sind von dieser Anlage im Wesentlichen noch erhalten: die Eigelsteintorburg im Norden, die Hahnentorburg im Westen und im Süden die Ulrepforte, die Severinstorburg sowie der Bayenturm am Rhein. Kurtinenreste mit Wehrtürmen finden sich am Sachsenring im Süden und im Norden am Gereonswall (Abb. 2).

Mauerring von ca. 10 km Länge mit zwölf Doppelturmtoren und 52 Halbtürmen, der eine Fläche von mittlerweile über 400 ha umschloss.

Die Stadtmauer aus Säulenbasalten, Grauwacken und Tuffsteinen erreichte eine Höhe von bis zu 7,5 m auf der Feldseite,

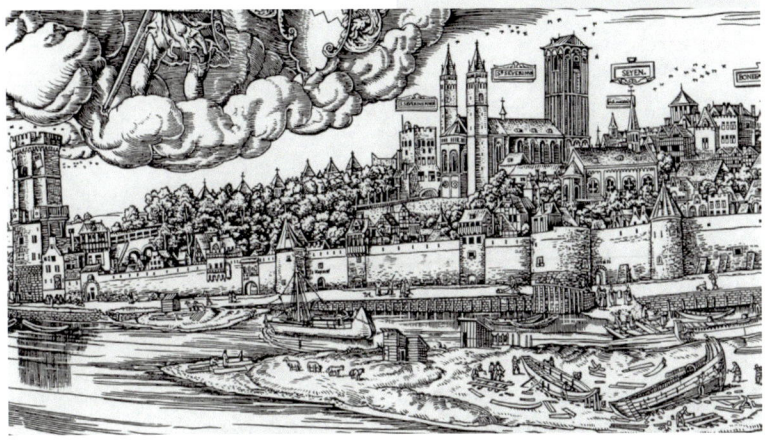

Abb. 3 Ausschnitt aus der Ansicht der Stadt Köln von Anton Woensam, 1531, mit der rheinseitigen mittelalterlichen Stadtmauer

Die Stadtansicht Anton Woensams aus dem Jahr 1531 ist die älteste realitätsnahe Abbildung der mittelalterlichen Stadtbefestigung Kölns und gibt das Erscheinungsbild der rheinseitigen Stadtmauer im Bauzustand der ersten Hälfte des 16. Jahrhunderts wieder (Abb. 3).

Aufgrund der bedeutenden Veränderungen in der Wehrtechnik durch den stetig zunehmenden Einsatz von Feuerwaffen, die in Köln seit 1370 belegt sind, entsprach diese Befestigung schon im 15. Jahrhundert nicht mehr dem aktuellen Stand der Verteidigungstechnik. So wurden ab der Mitte des Jahrhunderts, auch angesichts der gespannten politischen Lage (Kölner Stiftsfehde 1473–1480), besondere Maßnahmen zur Modernisierung der Wehranlagen ergriffen: Köln investierte beträchtliche Summen u. a. in den Bau moderner Zwinger und Vorfeldbefestigungen. Die aufwändigen Bauwerke bestanden aus feldseitigen, polygonalen Befestigungen vor den mittelalterlichen Torburgen zur Verstärkung der Sicherung der Stadteingänge. Diese Anlagen wurden entweder bereits im 16. Jahrhundert beseitigt (so 1583 am Weyertor) oder fielen dem bastionären Ausbau der Kölner Stadtbefestigung Anfang des 17. Jahrhunderts zum Opfer. Noch sichtbar ist allerdings eines dieser Bollwerke unter dem heutigen Chlodwigplatz. Die dortige Doppelturmtorburg, die Severinstorburg, sicherte seit dem 13. Jahrhundert die wichtige, seit römischer Zeit bestehende Nord-Süd-Straßenverbindung (*Cardo maximus*) in Richtung Bonn (Abb. 4). Sie wurde um 1469 mit einem der neuen Bollwerke zur Verstärkung der Aktivverteidigung im Vorfeld der Torburg als konsequente Anpassung an die Fortschritte in der Belagerungs- und Waffentechnik versehen. Das 20 m hohe Bollwerk St. Severin war, obwohl noch partiell der mittelalterlichen Befestigungsbauweise verhaftet, mit zahlreichen Schießscharten für Hakenbüchsen schon vorwiegend für den Gebrauch von Feuer-

Abb. 4 Luftbild der Severinstorburg

Abb. 5 Frontpartie des Bollwerks St. Severin in der U-Bahnstation Chlodwigplatz

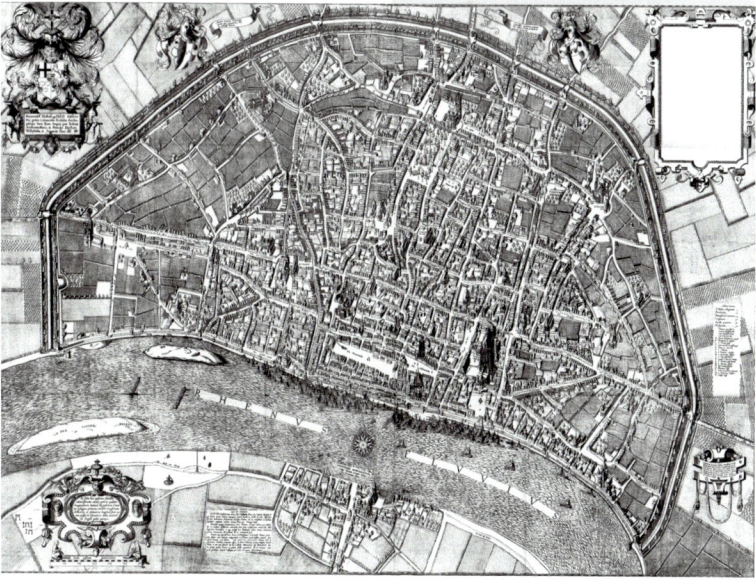

Abb. 6 Vogelschauplan der Stadt Köln von Arnold Mercator, 1570/71

Abb. 7 Die ehemalige Geschützplattform Bottmühle im Kölner Süden

waffen ausgelegt. Mehrfach verändert und in die Bastion des 17. Jahrhunderts integriert, blieb das Bollwerk bis 1896 erhalten. Bei archäologischen Untersuchungen im Rahmen eines Stadtbahnausbaus 2004 wurde das massive Erdgeschoss freigelegt. Die besonders aufwändig gestaltete Bollwerksspitze mit feldseitigem Mauerwerk aus Trachyt und Tuff konnte transloziert und in die neue Stadtbahnhaltestelle »Chlodwigplatz« integriert werden. Sie ist dort im Untergrund des Platzes innerhalb der Station frei zu besichtigen (Abb. 5).

Deutlich erkennbar sind diese wehrtechnischen Ergänzungsbollwerke an den strategischen Punkten der Stadt auch auf der bekannten Gesamtansicht Kölns von Arnold Mercator (Abb. 6). Die Vogelschauperspektive von 1570 zeigt die Verteidigungsanlagen der Stadt mit erstaunlicher Genauigkeit – was immer wieder von archäologischen Maßnahmen im Stadtgebiet bestätigt wird.

Ein weiteres, heute noch sichtbares Beispiel für eine Anpassung der Stadtbefestigung an die moderne Waffentechnik findet sich wiederum im Kölner Süden am Severinswall (heute Nr. 32), zwischen der Severinstorburg und dem Bayenturm. Etwa auf halber Strecke zwischen beiden Anlagen entstand dort um 1550 eine halbrunde, ca. 15 m hohe Plattform zur Aufstellung schwerer Geschütze hinter der Stadtmauer, der sogenannte »Bott« (Abb. 7). Er geht vermutlich auf Pläne des bekannten Jülicher Festungsbaumeisters Alessandro Pasqualini zurück, der mehrfach als Berater nach Köln gerufen wurde. Zunächst wohl als reines Erdwerk ausgeführt, dann ab 1584 mit einer Revetierung aus Basalten und Tuffsteinen verkleidet, wurde der Plattform schon 1587 eine hölzerne Bockwindmühle aufgesetzt, die 1677/78 einer steinernen Turmwindmühle wich. Die bis heute erhaltene Bottmühle mit darunter erkennbarer Wehrplattform kann von außen besichtigt werden.

Seit Mitte des 16. Jahrhunderts reichten die Verstärkungen der Kölner Stadtbefestigung mit Bollwerken nicht mehr aus, um der stetig verbesserten Belagerungsartillerie mit großkalibrigen Breschiergeschützen zu widerstehen. Im Kontext des 30-jährigen Kriegs sah sich Köln zum Bau von Anlagen im bastionären System veranlasst. Es setzte eine rege Planungs- und Bauaktivität ein. Die Hauptarbeiten zu dem gewaltigen und auch immens kostspieligen Bauvorhaben, der sogenannten »Neuen Fortification«, begannen um 1620. Zur Planung holte man den Rat »italienischer und kriegserfahrener Baumeister« ein. Neben dem Enkel Alessandro Pasqualinis, Johannes Pasqualini d. J., der bereits 1604 nach Köln gerufen wurde, erscheinen in den Quellen u. a. die Namen von Pierre le Poivre aus Brüssel und Jean Gallé (Johannes Galleus) aus Lüttich, der 1632 einen Gesamtplan für Köln und Deutz ausarbeitete.

Es entstand ein gewaltiger Befestigungsring mit 24 Bastionen, die bis zu 150 m lange Facen und geschlossene Flanken aufweisen. Die Bastionen wurden vorwiegend als Erdwerke ausgeführt, nur einige erhielten eine steinerne Revetierung. Eine Fotografie zeigt die Bastion vor dem Bayenturm mit einer dossierten Eskarpenmauer aus Stein, einem umlaufenden Kordonband sowie einem Werksteinsockel aus Trachyt (Abb. 8).

Spätestens 1693 sollen die Arbeiten an der »Neuen Fortification« abgeschlossen gewesen sein, wobei die Wehranlage auch später weiter ausgebaut wurde. Die Substanz der mittelalterlichen Stadtmauer blieb, obwohl fortifikationstechnisch veraltet, bis zu diesem Zeitpunkt in vollem Umfang erhalten. Sie konnte als rückwärtige Verteidigungslinie eingesetzt werden. Mitte des 18. Jahrhunderts umgab Köln ein gewaltiger Befestigungsring mit 24 Bastionen, Kurtinen, Traversen, Gräben und einem gedeckten Weg sowie einem Glacis, wie ein Kupferstich der Mitte des 18. Jahrhunderts zeigt (Abb. 9). Köln galt in dieser Zeit als eine der größten Stadt-

Abb. 8 Ansicht der Bastion vor dem Bayenturm, Postkarte um 1880

befestigungen in Europa. Diese bastionäre Befestigung ist ab 1881 im Zuge der Schleifung der mittelalterlich-frühneuzeitlichen Stadtbefestigung oberirdisch restlos beseitigt worden.

Während der französischen Besetzung des Rheinlands (1794–1814) plante Kaiser Napoleon I. einen weiteren Ausbau Kölns zur Grenzsicherung am Rhein und als Operationsbasis eines gestaffelten Festungssystems an Frankreichs Ostgrenze. Zur Ausführung der weitreichenden Pläne mit zum Beispiel dem Bau zweier Zitadellen im Norden und Süden der Stadt ist es nicht gekommen. Die französische Garnison übergab die Stadt im Januar 1814 genauso kampflos den alliierten Truppen, wie sie diese 1794 eingenommen hatte.

Nach dem Ende der Befreiungskriege und der politischen Umgestaltung Europas durch den Wiener Kongress 1815 befand sich das Königreich Preußen nach dem Zugewinn des Rheinlandes im Besitz von 27 Festungen, darunter die großen rheinischen Festungen Köln und Wesel. Köln erhielt 1815 den Status einer Festung ersten Ranges, welche die neuen rheinischen Besitzungen Preußens gegen Frankreich sichern sollte. Der preußische Staat investierte im gesamten 19. Jahrhundert bis zum Ersten Weltkrieg erhebliche Mittel in den weiteren Ausbau. Dabei handelte es sich sowohl um Ausgaben für Wehrbauten, als auch Investitionen in die militärische Infrastruktur mit dem Bau von Kasernen, Verwaltungsgebäuden, Lazaretten, Kirchen etc. Diese Maßnahmen beeinflussten entscheidend die Entwicklung der Stadt, ebenso wie das tägliche Leben der Bürger durch den geltenden Festungsstatus. Er brachte Einschränkungen wie Einquartie-

Abb. 9 Darstellung der bastionären Befestigung Kölns 1752, Kupferstich von Johann Valentin Reinhardt

Abb. 10 freigelegte preußische Kaponniere vor der Ulrepforte, Zustand 2020

rungen und die Umsetzung der Rayongesetzgebung mit sich.

Schon im März 1815 legte eine Kommission unter dem Vorsitz des Kriegsministers Hermann von Boyen und hohen preußischen Ingenieur-Offizieren die Art der durchzuführenden Arbeiten fest. Die Dringlichkeit wird in dem Befehl König Friedrich Wilhelms III. deutlich, der den Chef des preußischen Ingenieurscorps General Gustav von Rauch persönlich zur Leitung der Arbeiten von Berlin nach Köln beorderte. Zunächst sollte die bastionäre Stadtbefestigung instandgesetzt, modernisiert und durch neue Wehrelemente verstärkt werden.

Die im Kern seit dem 13. Jahrhundert bestehende Befestigung mit der bastionären Erweiterung des 17. Jahrhunderts wurde bis 1854 modernisiert, die alten Bastionen teilweise zu Kaponnieren (Grabenwehren) umgebaut, deren Einführung ein wichtiges Kennzeichen der nunmehr eingebrachten neupreußischen Befestigungsmanier war. Einziges Zeugnis dieser ersten Phase preußischer Maßnahmen ist die Kaponniere vor der Ulrepforte, die 2020 im Rahmen von Umbaumaßnahmen saniert wurde (Abb. 10). Im seit Mitte des 17. Jahrhunderts unbefestigten rechtsrheinischen Deutz entstand zwischen 1818 und 1840 zunächst eine bastionäre Befestigung mit vier Bastionen.

Die Erfahrungen der langen Kriegszeit und die enormen Kosten des Festungsbaus führten in Preußen zur Konzentration auf wenige Großfestungen in der sogenannten Neupreußischen Befestigungsmanier. Dieses strebte völlig weg von der in Europa immer noch aktuellen bastionären Befestigungsweise hin zu einem neuen, den geänderten taktischen und strategischen Anforderungen angepassten, offenen System. Dieses neue Konzept entwickelte sich ursprünglich aus den Ideen des

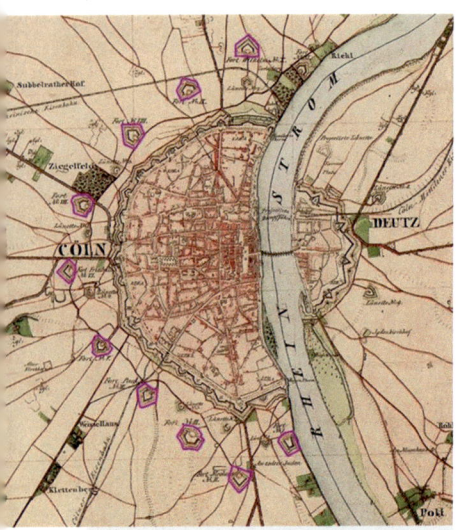

Abb. 11 Lage der neupreußischen Forts in der Mitte des 19. Jahrhunderts im heutigen Inneren Kölner Grüngürtel, Preußische Uraufnahme von 1845

französischen Festungsbau-Theoretikers Marquis Marc René de Montalembert. Dieser entwarf bereits Ende des 18. Jahrhunderts Festungswerke mit langen, geradlinigen Wällen und polygonalem Grundriss, die sich durch ihre frontale Lage dem feindlichen Beschuss entzogen und mit starken Artillerietürmen ausgestattet waren.

Erstaunlicherweise fand dieses neue Konzept bei den Zeitgenossen im »Geburtsland« Frankreich, das mehrheitlich am Bastionärsystem Vauban'scher Prägung festhielt, keine rechte Anerkennung, während die Ingenieure vor allem im – nun politisch gestärkten – Preußen dieses System nicht nur *übernahmen*, sondern auch weiterentwickelten und mit Erfolg verwirklichten.

Das Neupreußische System behielt die bisherige geschlossene Befestigungslinie der Enceinte, d.h. der polygonalen Stadtumwallungen bei, verstärkte sie aber durch eine Hauptkampflinie, die als »Gürtel« aus detachierten Festungswerken, den Forts und Lünetten, vor der Stadtumwallung lag. Der Bau von Traversen auf den Wällen, verschiedener Arten von Grabenwehren (Kaponnieren) und Blockhäusern gehörten u. a. zum Maßnahmenkatalog dieses Systems. Federführend für die Einführung der neupreußischen Manier waren die Pionier-Offiziere Ernst Ludwig von Aster, Moritz Karl Ernst von Prittwitz und Gaffron und Johann Leopold Ludwig von Brese-Winiary.

Die Festung Köln erhielt zunächst einen Kranz von elf, linksrheinisch liegenden, detachierten Forts (Forts I–XI), die nach Planungen des Oberstleutnants Gotthilf Benjamin Keibel ab 1816 entstanden (Abb. 11). Hauptsächlich aus finanziellen Gründen wurden zunächst nur fünf gebaut. In der ersten Bauphase von 1816 bis 1825 waren dies die Forts mit gerader Nummerierung II, IV, VI, VIII und X, wobei II und X am weitesten von der Kernumwallung entfernt waren.

Zusätzlich zu den Nummern legte König Friedrich Wilhelm III. 1825 Namen bekannter Persönlichkeiten für die fünf Forts der ersten Bauphase fest:
– Fort II Großfürst Nikolaus von Russland,
– Fort IV Erbgroßherzog Paul von Mecklenburg,
– Fort VI Prinz Friedrich der Niederlande,
– Fort VIII Prinz Heinrich von Preußen,
– Fort X Prinz Wilhelm von Preußen.

Die zweite Periode mit dem Bau der Forts mit ungeraden Nummern reichte von 1841 bis 1846.

Die Forts, nach dem halbrunden Kernwerk auch Reduit-Forts genannt, waren als sturmfreie Einzelwerke 500 m vor der Stadtmauer inselartig in das Festungsvor-

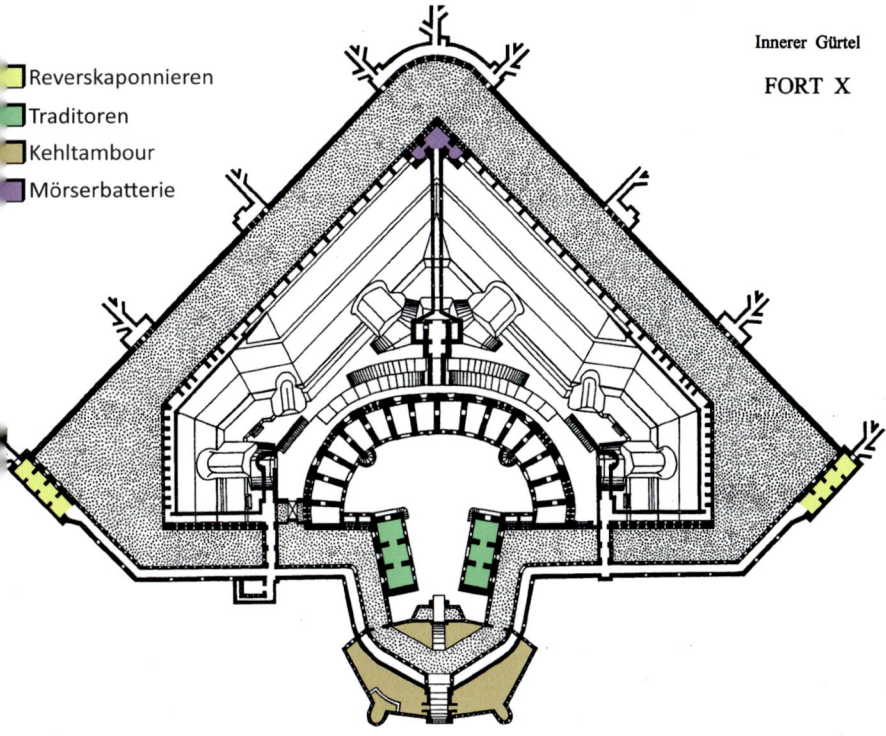

Abb. 12 Idealtypischer Grundriss eines Reduit-Forts

feld vorgeschoben und sowohl für infanteristische als auch artilleristische Verteidigung ausgelegt (Abb. 12). Sie bestanden vorwiegend aus Feldbrandziegeln mit Entlastungsbögen und im Sockelbereich aus Basalten. Die Mauerflächen der Reduits der ersten Bauphase wurden bewusst glattflächig gehalten. Die Mauerstärken betrugen bis zu 2,20 m.

Um dem Feind ein überlegenes Feuer entgegenzuwerfen, wurden zahlreiche Geschütze in Kasematten aufgestellt und das Mauerwerk durch Absenkung der Feindsicht entzogen. Dabei übernahmen die Forts die Rolle der Bastionen als Geschützstellungen. Anstelle der Kurtinen sollten im Angriffsfall Laufgräben die Forts untereinander verbinden. In Grundform und Bewaffnung entsprechend der Topographie leicht variierend, lagen sie in einer Entfernung von durchschnittlich 800 m voneinander. Dies entsprach der effektiven Reichweite der Geschütze und ermöglichte gegenseitige Deckung.

Gedeckte Mörserbatterien sicherten das Vorfeld (Glacis). Die Geschütze verschiedener Kaliber standen in den Geschütztürmen,

Abb. 13 Luftbild des Forts X am Neusser Wall

den Reduits und auf den Wällen, von dort feuerten sie durch Brustwehrscharten oder über Bank. Weitere, mit Schießscharten versehene, sogenannte Carnot'sche Mauern erlaubten die Sicherung des gedeckten Weges und des Glacis' im Nahbereich durch Handfeuerwaffen. Kasemattierte Kaponnieren dienten einer flankierenden Rundumdeckung. Die Bauwerke wurden mit Erdabdeckungen gegen Beschuss gesichert. Falls die Topographie es gestattete, legte man Minengänge vom Fort in Richtung Glacis an. Die Mannschaften wurden in den bombensicheren Reduits untergebracht.

Taktisches Ziel der Neupreußischen Manier war es, den Angreifer zur verlustreichen Einnahme der Außen- und Vorwerke zu zwingen, ehe er zur Demontage der Hauptumwallung durch Beschuss großkalibriger Geschütze kommen konnte. Der feindliche Angriff sollte möglichst bereits weit im Vorfeld gestoppt und die Belagerungsarbeiten behindert werden.

Von der neuen Bauweise versprach man sich nebenbei auch eine erhebliche Kostenreduktion im Festungsbau, da z. B. die für die bastionären Befestigungen charakteristischen Kurtinen entfielen, und so Baumaterial und -zeit eingespart werden konnten. Dies zeigte sich ebenfalls in der Nüchternheit des klassizistischen Baustils der Forts, der weitgehend auf architektonischen Schmuck verzichtete.

Hinter den Forts sorgten sieben kleinere Festungswerke, die Lünetten, für eine weitere Tiefenstaffelung des neuen Verteidigungsgürtels. Die Verbindung zwischen den Werken erfolgte über einen Kommunikationsweg, der die Wegführung der alten Stadtgrenze, des bis 1798 bestehenden »Bischofswegs«, aufnahm.

Unter König Wilhelm I. wurden ab 1858 drei Forts (XIII, XIV, XV) und zwei Lünetten auf Deutzer Seite gebaut. Von diesen Befestigungen sind die Forts I, IV, V und X sowie die Lünette III ganz oder teilweise erhalten geblieben. Bei Baumaßnahmen konnten in den letzten Jahren von den Archäologen wiederholt auch Reste der geschleiften Forts dokumentiert werden, so von den Forts II und III im Kölner Süden.

Am besten erhalten ist heute noch das Fort X Prinz Wilhelm von Preußen im Kölner Norden (Neusser Wall 33). Als Fort der ersten Bauphase wurde es zwischen 1819 und 1825 erbaut und bestand aus einem halbrunden bombensicheren Reduit mit zwei kehlseitigen Traditoren, mit jeweils mit zwei oberirdischen Etagen mit 32 Geschütz- bzw. Gewehrschießscharten in kasemattierten Räumen (Abb. 13). Feindseitig vorgelagert schützte das Reduit ein Erdwall, ein Graben sowie ein Glacis mit gedecktem Weg. Unter dem Glacis befanden sich gemauerte Minenanlagen. Die bombensicheren Räume boten Platz für etwa 300 Soldaten und die benötigten Proviant- und Munitionsvorräte. Fort X verfügte als einziges der Forts über eine in der Kontereskarpe liegende Reverskaponniere.

In einer verbesserten spitzwinkeligen Fleschen (Pfeil)-Form von 180 × 130 m Ausdehnung gebaut, erfolgten mehrere Modernisierungs- und Nutzungsphasen. Erhalten sind das halbrunde Kernwerk (Reduit), die Umwallung mit den Kasematten, der Flanken- und Facengraben mit seinen Eskarpen- und Konterskarpen sowie eine Reverskaponniere mit Minengalerien (Abb. 14). Heute liegt das Fort in einer weitläufigen Parkanlage des inneren

Abb. 14 Reduit des Forts X

Grüngürtels, geschaffen in den 1920er-Jahren durch den Kölner Gartenbaudirektor Fritz Encke. Der ehemalige Graben und der gedeckte Weg sind frei zugänglich.

Außerhalb der Kernumwallung, aber innerhalb des Fort-Gürtels entstanden in dieser ersten Phase der preußischen Befestigung Friedenspulvermagazine, in denen der vorgeschriebene Pulvervorrat für die Armierung und Ausbildung gelagert wurden. Sie wurden ab 1830 zu Lünetten umgebaut. Die Lünette III im Volksgarten (die sogenannte Orangerie, heute in Nutzung durch einen Theaterverein) wurde allerdings erst 1841 erbaut. Zwar wurden hier zahlreiche Veränderungen durchgeführt, das Magazingebäude im Kellergeschoss und die Saillant der Umwallung mit drei Kasematten sind aber erhalten. Das Fort IV befindet sich ebenfalls im Volkspark.

1848 begann der Ausbau der rheinseitigen Stadtbefestigung. Hierzu zählte die Anlage eines neuen Sicherheitshafens vor der südlichen Altstadt mit neuer Kehlmauer und Torturm an der nördlichen Spitze des Hafenbeckens (Am Leystapel). In den im neogotischen Stil gehaltenen Torturm – benannt nach der russischen Festungsanlage Fort Malakow – wurde nachträglich die hydraulische Druckwasserpumpe zum Betrieb der eisernen Drehbrücke von 1888 eingerichtet. Heute beherbergt dieser Malakoffturm einen Gastronomiebetrieb. Die Anlage an im Norden der »Rheinau« war als offene Batterie mit überwölbtem Geschützturm zum Schutz des Hafens konzipiert (Abb. 15).

Auch den neuen Transportmöglichkeiten musste die Kölner Festungsbaubehörde Rechnung tragen: die »Cöln-Mindener Eisenbahngesellschaft« erhielt 1845 die Erlaubnis zum Bau eines Bahnhofs in Deutz, was erhebliche Umbauarbeiten der Befestigungsanlagen nötig machte.

Die Einführung der gezogenen Hinterladergeschütze aus Gussstahl veränderte in der Mitte des 19. Jahrhunderts den Festungsbau. Die mit Zügen versehenen Geschützrohre konnten flugstabile Langgeschosse verfeuern, welche die bisher verwendeten Rundkugeln in Bezug auf Treffsicherheit, Reichweite und Durchschlagskraft deutlich übertrafen. Den neuen Angriffswaffen hatten die herkömmlichen Befestigungen wenig entgegen zu setzen, wie sich konkret durch die Überlegenheit im Deutsch-Französischen Krieg 1870/71 zeigte, den Preußen auch dank seiner modernen Artillerie für sich entscheiden konnte.

Als Folge dieser Erkenntnis wurden im neugegründeten Deutschen Reich und in Frankreich die Landesgrenzen stark befestigt. Nach Erlass des Reichsfestungsgesetzes von 1873 wurden mehrere Festungen, u.a. Köln, zu Reichsfestungen erklärt und Ausbaugelder in Höhe von 72 Millionen Reichstalern bewilligt, die aus französischen Reparationszahlungen stammten.

Da es der wirtschaftlich prosperierenden Stadt Köln auf Grund der Einschnürung durch den alten Befestigungsring zudem an Erweiterungsraum für seine wachsende Bevölkerung (Einwohnerzahl 1816: 50.000; 1871: 173.000) mangelte, beschloss man eine neue Stadtumwallung in Richtung Feldseite vorzuverlegen. Die Wehrmauern des Mittelalters und der Frühen Neuzeit wurden demilitarisiert und das Gelände 1881 an die Stadt Köln verkauft. Mit diesen Mitteln finanzierte die Festungsbaubehörde die sogenannte »Neue Umwallung«. Die Stadt begann sofort mit der Schleifung der alten Stadtbefestigung und legte hier einen Alleenring nach dem Vorbild von Paris und Wien an.

Die Erfahrungen aus dem Deutsch-Französischen Krieg hatten gezeigt, dass neue Befestigungen etwa 6–8 km vom Mittelpunkt einer Stadt entfernt angelegt

Abb. 15 Ansicht der Hafeneinfahrt mit Malakoffturm mit Geschützbatterie, Foto um 1880

werden mussten, um ausreichend Schutz zu bieten. Aus diesem Grund entstanden innerhalb der nächsten 15 Jahre im Deutschen Reich die großen Gürtelfestungen. Im Gegensatz zu den rheinischen Festungen Ehrenbreitstein und Wesel erhielt nur Köln einen derartigen Ausbau. Er war für eine Kriegsbesatzung von 40.000 Mann und 430 Geschütze ausgelegt.

Zwischen 1873 und 1880 entstand unter immensem finanziellem und logistischem Aufwand zunächst ein äußerer Fortgürtel in einer Entfernung von maximal 7,5 km vom Kölner Dom, d. h. außerhalb der effektiven Schussweite der modernen Artillerie.

Dessen Forts ersetzten die neupreußischen Befestigungen der ersten Hälfte des 19. Jahrhunderts. Insgesamt wurden zwölf Forts des neuen Typs gebaut, die sogenannten »Schemaforts« oder, nach dem Planer General Hans Alexis von Biehler, auch Biehler-Forts genannt. Die Forts I bis VIII lagen linksrheinisch, die Forts IX bis XII rechtsrheinisch und nutzten in ihrer Lage die vorhandene Topographie optimal aus (Abb. 16).

Die Schemaforts basierten auf der seit dem 17. Jahrhundert verwendeten Grundform der stumpfwinkeligen Lünette (je zwei Front- und zwei Flankenmauern) und lösten das Neupreußische Befestigungssystem und das Bastionärsystem mit ihren spitzwinkeligen Grundrissen in Deutschland ab (Abb. 17). Im Vergleich zu den neupreußischen Forts waren diese detachierten Gürtelforts (Außenforts) tiefer in das umgebende Gelände eingebettet, von deutlich größerer Ausdehnung und lagen zwischen 2.400 und 3.700 m voneinander entfernt. Die Forts kombinierten als Artillerieforts ein große Zahl Distanz- und Kurzwaffen. Ergänzend befanden sich zwischen den Schemaforts 23 kleinere, trapezförmige Zwischenwerke, sodass eine umfassende Deckung aller Werke und des Glacis' gewährleistet war.

Zwischen 1873 und 1876 entstand als erstes Werk des äußeren Festungsrings im Kölner Westen Fort VI (Deckstein) an der Gleuler Straße (Abb. 18). Mit einer Ausdehnung von ca. 285 × 165 m bot die in Ziegelbauweise errichtete Anlage Platz für 900 Mann Besatzung. Die Mauern hatten eine

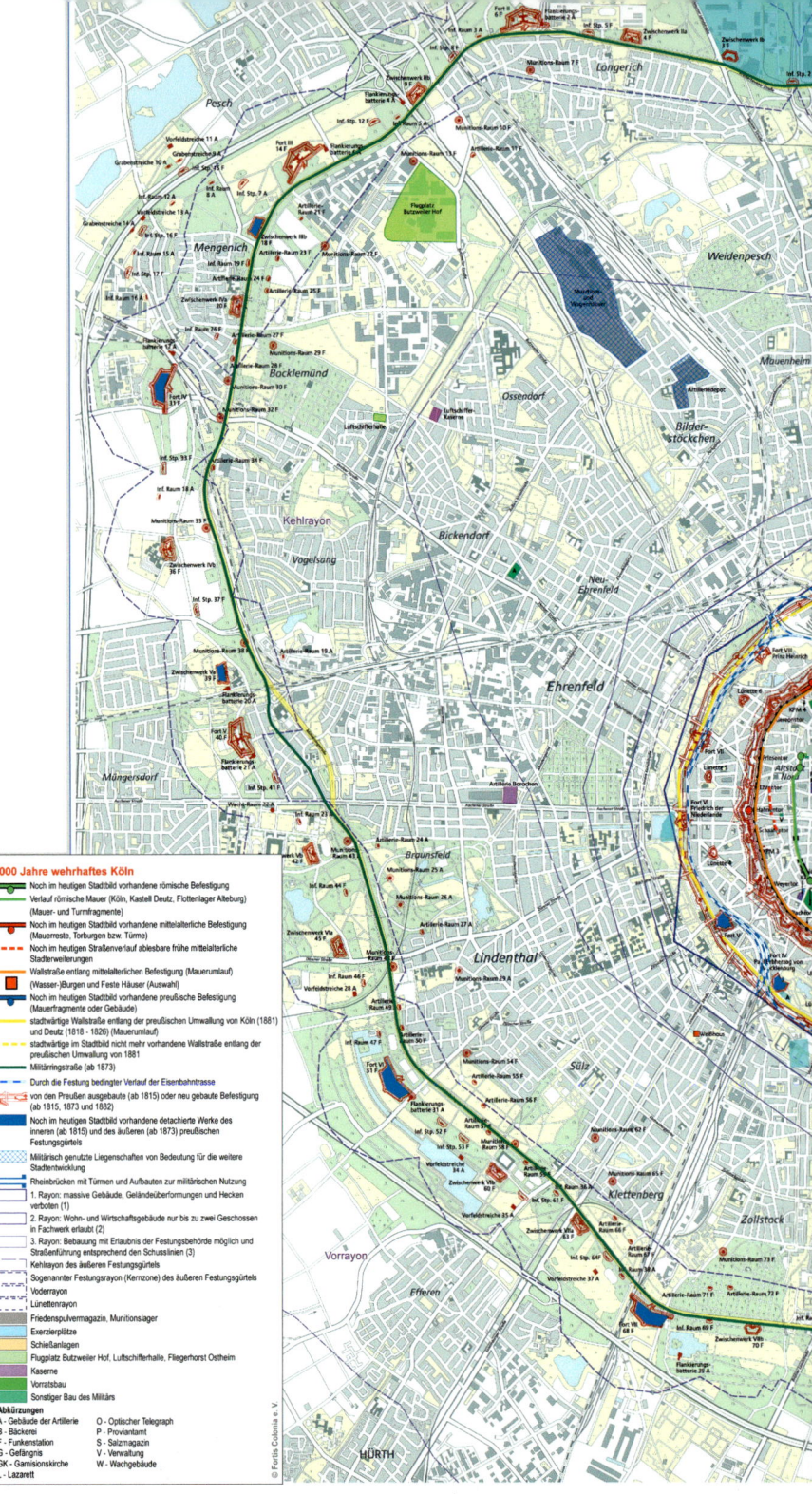

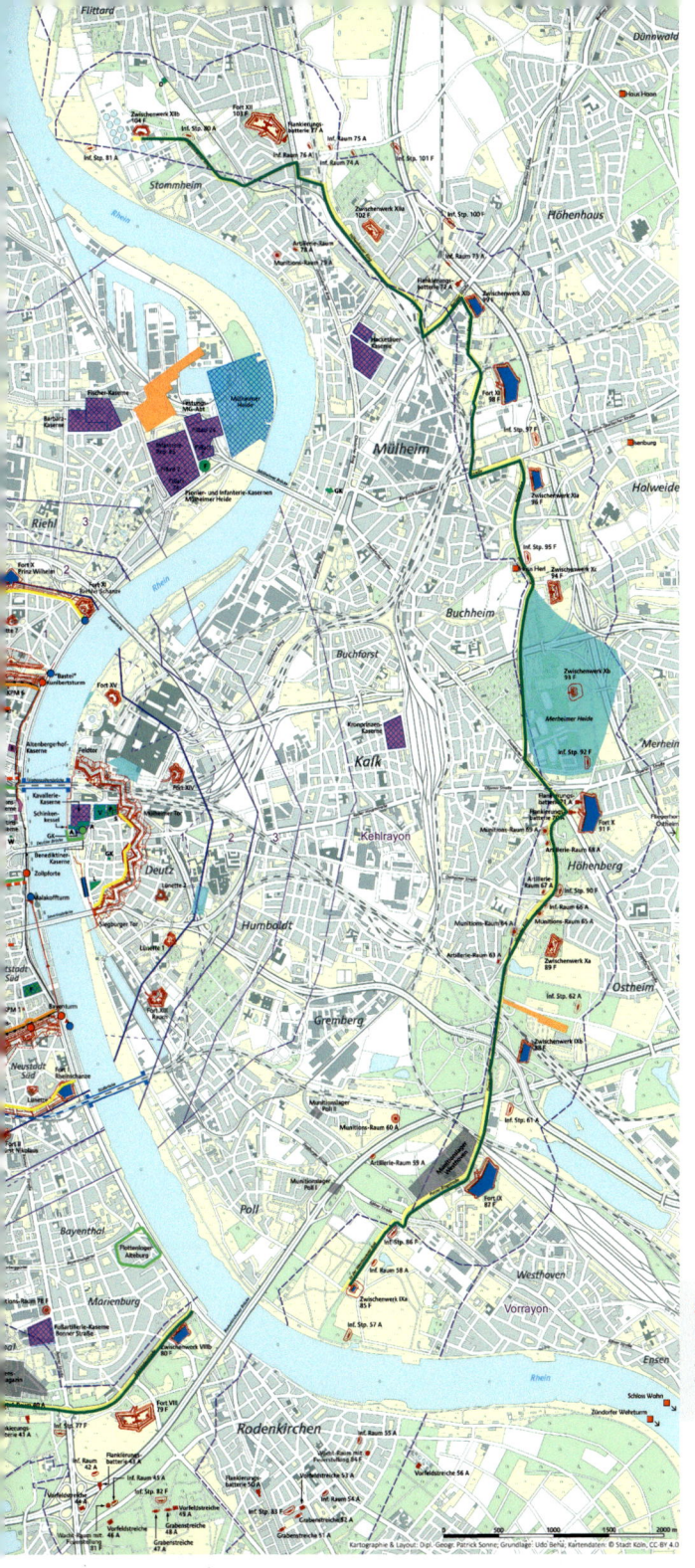

Abb. 16
Lageplan der
Außenforts
1873–1880

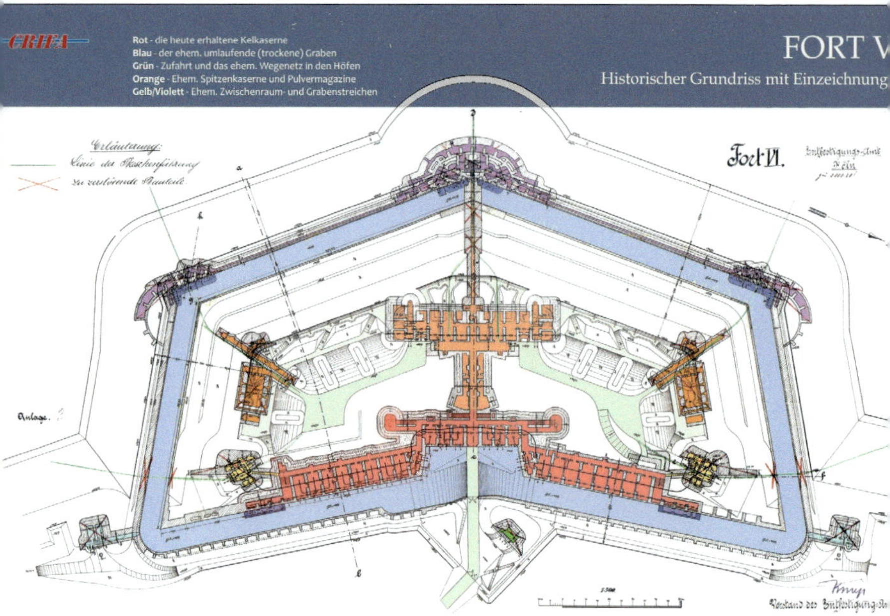
CRIFA
Rot - die heute erhaltene Kelkaserne
Blau - der ehem. umlaufende (trockene) Graben
Grün - Zufahrt und das ehem. Wegenetz in den Höfen
Orange - Ehem. Spitzenkaserne und Pulvermagazine
Gelb/Violett - Ehem. Zwischenraum- und Grabenstreichen
FORT V
Historischer Grundriss mit Einzeichnung
Erläuterung:
Fort VI.
Anlage.

Abb. 17 Idealgrundriss eines Biehler-Forts um 1873

Abb. 18 Rekonstruktion eines Forts des äußeren Befestigungsrings

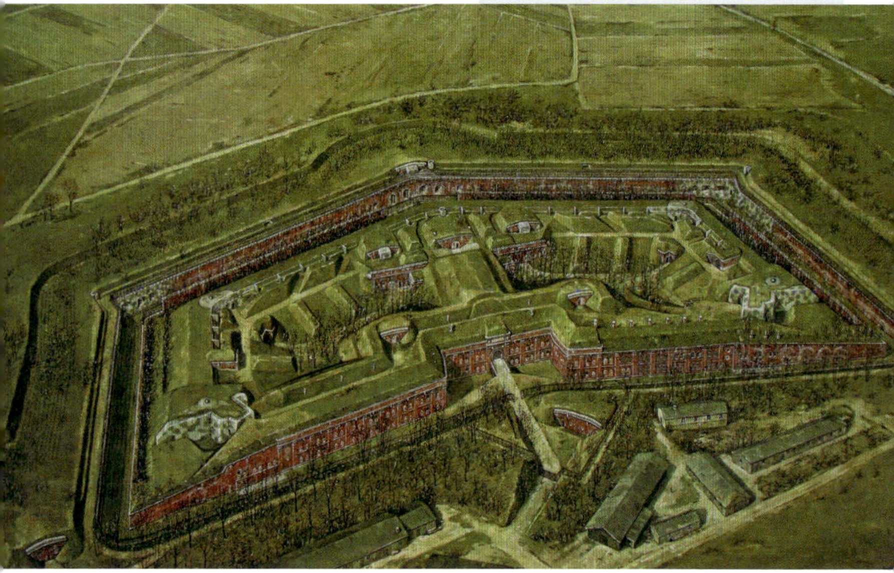

Abb. 19 Die Kehlkaserne des Forts VI Deckstein

Abb. 20 Grundriss des Zwischenwerks VIIIb in Köln-Marienburg

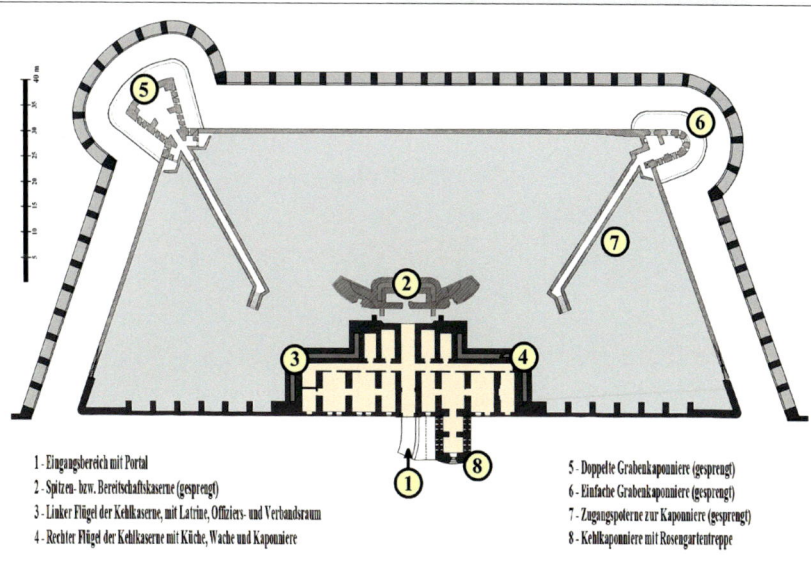

1 - Eingangsbereich mit Portal
2 - Spitzen- bzw. Bereitschaftskaserne (gesprengt)
3 - Linker Flügel der Kehlkaserne, mit Latrine, Offiziers- und Verbandsraum
4 - Rechter Flügel der Kehlkaserne mit Küche, Wache und Kaponniere
5 - Doppelte Grabenkaponniere (gesprengt)
6 - Einfache Grabenkaponniere (gesprengt)
7 - Zugangspoterne zur Kaponniere (gesprengt)
8 - Kehlkaponniere mit Rosengartentreppe

Stärke von bis zu 3 m und die Gebäude eine maximale Höhe von ca. 9,5 m. Die Bewaffnung bestand aus maximal 24 Geschützen verschiedener Kaliber (Maße 15 cm, 12 cm, 9 cm, 8 cm, 7,7 cm), deren Reichweite bis zu 20 km betrug. Der komplexe Innenausbau der Forts war von einem 9 m breiten und 6,5 m tiefen Graben mit gemauerter Kontereskarpe und Kaponnieren umgeben. Metallgitter und Drahthindernisse verhinderten ein Eindringen vom Glacis aus. An der Stadtseite lag die zweistöckige, langestreckte Kehlkasematte als Hauptgebäude zur Unterbringung der Besatzung mit Küchen, Bäckereien, Toiletten sowie von Geschützkasematten, Magazinen, Räumen für die Stromversorgung sowie des Telegraphen. An die Kehlkaserne schloss sich entlang der Flanken und Facen die 8,50 m hohe und 50 m breite Wallanlage zur Aufstellung des Gros der Artillerie auf Geschützbanketten an. Hohltraversen für die Abschnittsverteidigung dienten als Schutz- und Lagerräume. Zentrale des Forts war die Spitzenkaserne mit Aufenthalts-, Wohn- sowie Munitionsräumen.

Mit der Zeit erfuhr das Fort einige Modernisierungsmaßnahmen sowie eine Umnutzung zum Infanteriefort. Die Schleifung erfolgte gemäß des Versailler Vertrages im Jahre 1921. Nach der Entfestigung erfuhr die Anlage verschiedenen Nachnutzungen. Der Kölner Gartenarchitekt Fritz Encke plante 1923 die Umgestaltung zum »grünen Fort« mit dem heute beliebten Felsengarten im linken Flankengraben. Im Zweiten Weltkrieg diente die Kehlkaserne als Notunterkunft für ausgebombte Bürger. Das Fort wird heute durch das Sportamt der Stadt Köln und verschiedene Vereine genutzt. Nur die Kehlkaserne ist in ihrer vollen Länge erhalten geblieben (Abb. 19). Allerdings wurde der davorliegende Graben nach 1923 verfüllt, sodass von dem Gebäude nur noch das obere Stockwerk oberirdisch sichtbar ist. Kehlkaserne und die Parkanlagen in den Gräben können von außen frei besichtigt werden.

Im Linksrheinischen sind die beiden

Abb. 21 Als Bewaffnung der Festung Köln mehrfach eingesetzt: 15 cm Ringkanone C 72

Abb. 22 Eingang zum Zwischenwerk VIIIb in Köln-Marienburg mit Klappbrücke

Forts IV und VII in ähnlicher Bauweise mit etwas größeren Ausmaßen errichtet und nach der Entfestigung in gleicher Art reduziert worden. Im Rechtsrheinischen überstanden in analoger Form die Forts IX, X und XI. Ihre Kehlgräben blieben in voller Tiefe mit den einfassenden Mauern bestehen. Die Flankengräben dieser Werke zeigen heute noch ihre einstige Tiefe, aber die begrenzenden Mauern fehlen.

Alle Zwischenwerke des äußeren Fortgürtels entstanden als verkleinerte Versionen der Einheitsforts und sind im Aufbau ähnlich. Sie sollten den Bereich zwischen den Forts sichern. Nahezu vollständig erhalten ist das Zwischenwerk VIIIb in Köln-Marienburg (Militärringstr. / Konrad-Adenauer-Straße), das zwischen 1876 und 1877 als südlicher Abschluss des linksrheinischen Festungsgürtels die obere Rheinfront schützte (Abb. 20). Die Verteidigung bildete eine einfache Kaponniere und zwei Doppelkaponnieren. Die Besatzung bestand aus 150 Soldaten. Die Bewaffnung setzte sich aus einem 15 cm Geschütz auf dem linken Flankenwall zur Deckung des Rheinufers und drei 9 cm Geschützen zusammen (Abb. 21). 1926 wurde das Werk zwar als letztes geschleift, aber Elemente wie der umlaufende Graben mit fast vollständiger Kontereskarpe und eine Kaponniere sowie die Kehlkaserne blieben erhalten. (Abb. 22). Es entstand dort eine öffentliche Grünanlage. Seit einigen Jahren wird das Werk durch einen Verein betreut, der dort auch ein Festungsmuseum betreibt. Bei Führungen demonstriert man als große Besonderheit die einzige funktionstüchtige Klappbrücke der Kölner Festungsbauten.

Von den Zwischenwerken sind heute noch drei linksrheinisch und vier rechtsrheinisch mit verschiedenen Nutzungen erhalten, Reste des Zwischenwerks VIb finden sich zum Beispiel im »Geißbockheim« des Fußballvereins 1. FC Köln. Allerdings sind zwei der Werke (IXa, IXb) derzeit ohne Nutzung und unzugänglich.

Abb. 23 Umgestaltete Kaponniere am Rheinufer im Kölner Süden

1907 zudem der Umbau von sieben Forts zu Infanterieforts.

Ab 1891 entstanden vier Kaponnieren am linksrheinischen Ufer, von denen drei erhalten sind. Bekannt ist das ehemalige Restaurant »Bastei« am Konrad-Adenauer-Ufer, das seit 1923 eine dieser Kaponnieren als Unterbau nutzt. Die heutige »Rheinbastion« am Elisabeth-Treskow-Platz ist das südliche Gegenstück zur »Bastei« – heute eine Gewerbeeinheit (Abb. 23). Trotz der Umbauten sind die zahlreichen Geschützscharten in Richtung Rhein noch deutlich zu erkennen. Für eine Außenbesichtigung empfiehlt sich diese südliche Kaponniere, die an einem heute beliebten Platz des Rheinauhafens liegt. Auch die Brückentürme der Hohenzollernbrücke und Südbrücke sowie auch deren Brückenpfeiler im Rhein erhielten Räume mit Schießscharten zur Verteidigung.

Als Ersatz für den ehemaligen bastionären

Alle Zwischenwerke sind von außen zu besichtigen, bei einzelnen sind detailliertere Inaugenscheinnahmen nach Absprache möglich.

Alle bis 1880 erstellten Festungswerke aus Ziegelmauerwerk mit Erdauflage wurden mehrfach verstärkt und modernisiert, so wurden sie zum Beispiel um die Jahrhundertwende elektrifiziert. Nach der Einführung der Brisanzgranaten 1885 setzte zwischen 1887 und 1891 ein Neuausbau ein. Die Decken der Forts erhielten teilweise eine 1 m starke Sandauflage und eine 1,2 m starke Stampfbetonlage als Dämpfungsschicht gegen Mörserbeschuss. Zudem entstanden 43 zusätzliche Infanterie-, Artillerie- und Munitionsräume im Bereich des äußeren Festungsrings. Als eine der letzten Änderungen erfolgte ab

Befestigungsring, der ab 1881 geschleift wurde, entstand ab 1882 die »Neue Umwallung« als die neuen Außenforts bereits vollendet und einsatzbereit waren. Sie umfasste als geschlossene Befestigungsanlage Ziegelbauten mit Erdabdeckung, etwa 600 m feldseitig vor dem alten Befestigungsring gelegen (Abb. 24). Linksrheinisch erreichte sie eine Länge von 8,2 km und eine Wallbreite von 60 m.

Die alten neupreußischen Forts, die sich auf dem vorgesehenen Terrain befanden, wurden teilweise aufgegeben, teilweise – wie Fort X – in die neue Umwallung integriert. Die Planung zu dem neuen Projekt stammte allerdings noch aus den 1860er-Jahren und war noch an die Neupreußische Manier angelehnt.

Die »Neue Umwallung« bestand aus langgestreckten, geringfügig gebrochenen polygonalen Wallabschnitten, Fronten genannt. Die elf Fronten mit einem 10 m breiten, trockenen Graben erhielten niedrige innere Grabenwehren in der Mitte einer Front, wo ein erhöhtes Wallstück größere Sicht für die aufgestellten Geschütze und gleichzeitig eine sichere Unterbringung für die Besatzung bot. Die feldseitige Grabenböschung wurde durch eine bis zu 8 m hohe Kontereskarpe aus Ziegelsteinen gestützt. An der Stadtseite des Walls führte ein Kommunikationsweg entlang, der bis heute als äußere Wallstraße vom Oberländer bis zum Neusser Wall erhalten ist. 14 gesicherte Durchgänge führten durch die Umwallung.

Diese stärkeren Abschnitte des Hauptwalls befanden sich meist in der Mitte der Fronten und wurden als Mittelkavaliere bezeichnet. Eckkavaliere lagen dement-

Abb. 24 Köln 1886, Vogelschauansicht von Südwesten, Aquarell von Jakob Scheiner

Abb. 25 Ansicht der Fassade eines Mittelkavaliers, Planvorlage, Historisches Archiv der Stadt Köln

sprechend am Bruchpunkt der Fronten.

Feldseitige Erdabdeckungen schützten die langgestreckten, etwa 8–10 m hoch über Geländeniveau aufragenden Kavaliere (Abb. 25). Stadtseitig bestanden diese aus Sichtmauerwerk. Diese in Ziegel und Klinker gehaltenen Fassaden wiesen eine reichere Bauornamentik als die neupreußischen Forts auf, mit vielfältigen Fensterformen, Werksteingliederungen und unter Verwendung von Zinnen und Türmchen. Sie folgten architekturhistorisch dem Geiste der Burgenromantik.

Bereits während der Bauzeit umstritten und auf Grund finanzieller Schwierigkeiten deutlich reduziert ausgeführt, galt die »Neue Umwallung« wenige Jahre nach der Fertigstellung im Jahr 1891 als fortifikationstechnisch veraltet und wurde 1907 endgültig aufgegeben. Das Wallgelände wurde an die Stadt Köln verkauft, die ab 1911 mit der Beseitigung der Anlage begann. Oberirdisch sind heute von dieser gewaltigen Wehranlage keine signifikanten Spuren mehr vorhanden. Durch Baumaßnahmen gelangen allerdings immer wieder Reste ans Tageslicht und werden durch das Amt für Bodendenkmalpflege der Stadt Köln dokumentiert, so Abschnitte der Kontereskarpe an der Niehler Straße und am Aachener Glacis (Abb. 26).

Köln wurde bis zum Beginn des Ersten Weltkriegs zur größten Festung des Deutschen Reiches ausgebaut und dementsprechend 1914 in Armierungszustand durch die Errichtung weiterer 73 Zwischenfeldbauten aus Beton versetzt. Der äußere Befestigungsring umfasste 1918 ca. 42 km und beinhaltete 182 Festungswerke (vgl. Abb. 16). Strategisch gesehen verlor die Festung mit der Übernahme des Schlieffenplans durch den Deutschen Generalstab aber schon vor Kriegsbeginn ihre Bedeutung. Trotzdem blieb Köln mit 60.000 Soldaten die wichtigste Garnison im Westen des Deutschen Reiches.

Die Niederlage Deutschlands im Ersten Weltkrieg 1918 bedeutete das faktische Ende der Festung Köln. Nach den Bestimmungen des Artikels 180 des Versailler Vertrages von 1919 musste ein Großteil der Anlagen unter Aufsicht der »Interalliierten Militär-Kontrollkommission« gesprengt werden. Ab 1920 begann die Schleifung des linksrheinischen äußeren Festungsgürtels mit der Beseitigung strategisch wichtiger Teile der Forts und Zwischenwerke, deren Wälle eingeebnet und deren feldseitige Gräben zugeschüttet wurden. Alle Zwischenfeldbauten wurden zerstört oder zugeschüttet. Die meisten Kehlkasernen der nicht geschleiften Außenforts blieben erhalten. Zwischen

Abb. 26 Freigelegte Kontereskarpe der Neuen Umwallung an der Niehler Straße

1922 und 1925 führte man in ähnlicher Weise die Schleifung des rechtsrheinischen äußeren Festungsgürtels durch. Einige Festungswerke sind auf Grund der energischen Intervention des damaligen Kölner Oberbürgermeisters Dr. Konrad Adenauer dennoch erhalten geblieben und wurden teilweise – wie erwähnt – ab 1923 durch Gartendirektor Fritz Enke in »grüne Forts« umgewandelt. Mit neuer Nutzung wurden sie zu Attraktionen auf dem nunmehr auf dem Festungsgürtel angelegten Äußeren Grüngürtel. In den 1960er und 1970er Jahren Weltkrieg beseitigte die Stadt einige dieser inzwischen fehlgenutzter Festungsanlagen.

In der Gesamtbetrachtung haben die Stadt Köln und später der preußische Staat wie auch der deutsche Reichsstaat bis zum Ende des Ersten Weltkriegs erhebliche finanzielle Mittel und materielle Ressourcen für Bau, Unterhalt und Modernisierung der Kölner Stadtbefestigung investiert.

Und tatsächlich: die gewaltige Wehranlage wurde nie durch eine Belagerung eingenommen. Aus den Geschützen der gewaltigen Festung wurde nie ein Schuss zur Verteidigung abgegeben. Ob abschreckende Wirkung, diplomatisches Geschick, Zufall, simples Glück oder alles zusammen, in der langen Geschichte der Stadt spielten alle diese Faktoren eine Rolle. Heute zeugen die ehemaligen Wehrbauten als geschützte Denkmäler von ihrer großen Bedeutung für die Stadt- und Festungsgeschichte. Durch die erfolgreiche Konversion der Festungsterrains entstanden mit dem Inneren und Äußeren Grüngürtel auch Höhepunkte der Kölner Gartenarchitektur und beliebte Naherholungsgebiete für die lokale Bevölkerung.

GOTTHILF BENJAMIN KEIBEL (1770–1835)

Für die Geschichte der preußischen Festungen im Rheinland in der ersten Hälfte des 19. Jahrhunderts ist die Tätigkeit des Generals Gotthilf Benjamin Keibel von großer Bedeutung und besonderem Interesse. Er nahm aktiv an der Verwirklichung der neuen Befestigungstheorien teil, die nach 1815 von den führenden preußischen Pionieroffizieren entwickelt wurden (Abb. 1).

Keibel wurde am 29. November 1770 im pommerischen Pasewalk (heute Landkreis Vorpommern-Greifswald in Mecklenburg-Vorpommern) als fünftes Kind des begüterten Kaufmanns und Senators von Pasewalk, Johann Martin Keibel, und dessen Ehefrau Anna Sophie, geborene Tauchert, geboren.

Als Vierzehnjähriger begann seine militärische Laufbahn in seiner Heimatstadt beim dort stationierten »Dragonerregiment ›Königin‹ (Pommersches) Nr. 2«. Dort fiel seine besondere Begabung für Mathematik auf, die ihn für die Laufbahn eines Ingenieurs prädestinierte. Er besucht die preußische Ingenieurakademie in Potsdam, wo er 1788 zum Ingenieur Second-Lieutenant befördert wurde. Nach seiner Ausbildung fand er Aufnahme im Ingenieurkorps und trat 1790 seinen Dienst in der Festung Glogau (heute Głogów in Polen) an. 1794 nahm er an der Belagerung Warschaus teil und zeichnete sich durch die Wegnahme einer polnischen Batterie aus, wofür er mit dem höchsten preußischen Tapferkeitsorden, dem militärischen »Pour le Mérite« ausgezeichnet wurde.

Anschließend kommandierte man Keibel zwischen 1796 und 1799 zum Ausbau der Festung Lenczyc (heute Łęczyca in Polen) ab. Im Jahr 1800 hatte er Vermessungsarbeiten für eine Wasserverbindung zwischen Bzura und Ner auszuführen. Seine Versetzung an die Festung Cosel (heute Koźle in Polen) erfolgte im gleichen Jahr, wo er zunächst bis 1804 als Lieutenant, ab 1806 als Stabs-Capitain im Festungsbau eingesetzt war und maßgeblich am Ausbau der Festung nach neuen Theorien mitwirkte. Dort entwarf er u. a. den Plan für einen Montalembert-Turm. Für seine Verdienste während der erfolgreichen Verteidigung der Festung Cosel gegen die Truppen Kaiser Napoleons I. wurde er zum Platz-Ingenieur ernannt und 1808 zum Premier-Capitain befördert. 1809 wechselte er in gleicher Position auf die strategisch wichtigere Festung Glatz (heute Kłodzko, ebenfalls Polen).

Keibel wurde 1813 zum Major befördert und nahm 1815 an den Belagerungen von Antwerpen, Mezieres und Montmédy teil. Er wurde kurzzeitig ins niederländische Breda versetzt, wo er die noch zu erobernden Festungen studieren sollte. Weiter erfolgten Kommandierungen 1814 nach Minden zur Neubefestigung, wenig später nach Wesel, wo er das Fort Blücher plante. Nach Ende des Krieges wurde er in die Festung Luxemburg versetzt, auch hier kam er als Platz-Ingenieur zum Einsatz und unternahm mehrere Reisen zur Auskundschaftung verschiedener Festungen. Im April 1815 wurde er Kommandeur der Ingenieure und Pioniere des 1. Armeekorps.

Nach der Schlacht von Waterloo erhielt Keibel für die (allerdings) verlustreiche Eroberung der Flesche »La Bourgogne« bei Longwy/Frankreich im September 1815, die er persönlich anführte, das Eiserne Kreuz II. Klasse und im Oktober 1815 die Beförderung zum Oberst-Lieutenant.

Am 15. Dezember 1815 wurde Keibel zum Brigadier der Niederrheinischen Festungen (1. Rheinischer Bezirk der 3. Inge-

Abb. 1 Gotthilf Benjamin Keibel, Porträt eines anonymen Künstlers, 19. Jahrhundert

Abb. 2 Preußischer Festungsadler aus der Festung Jülich, Gusseisen, zwischen 1823 und 1840

nieurbrigade) in Köln ernannt. Im gleichen Jahr erhielt Köln den Status einer Festung ersten Ranges, welche die neuen rheinischen Besitzungen Preußens gegen Frankreich sichern sollte. Unter Keibels Leitung standen die Ausbau- und Verstärkungsarbeiten in der Festungsstadt am Rhein. Vordringlich ging es um den Bau eines neuen Festungskranzes mit elf detachierten Reduit-Forts in Neupreußischer Befestigungsmanier, der zwischen 1815 und 1846 entstand. Keibel entwarf in Zusammenarbeit mit Oberst Ernst Ludwig von Aster (1778–1855), einem der Vordenker der Neupreußischen Befestigungsmanier, zwischen 1815 und 1816 die Pläne für die Forts II, VI und X und die Befestigung von Deutz. Gleichzeitig arbeitete er weiter in Wesel und Minden sowie in Jülich (Abb. 2).

1818 zum Oberst befördert und mit dem Roten Adler Orden ausgezeichnet, übernahm Keibel 1819 die 1. Rheinische Festungsbrigade mit Sitz in Koblenz und war dort am Aufbau der Festung Ehrenbreitstein beteiligt. 1820 stand Keibel der Kommission zur Befestigung von Luxemburg vor. In Saarlouis leitete er die Wiederherstellung der Festungsanlagen. Nach einem Besuch der dortigen Befestigung 1821 verfügte König Friedrich Wilhelm III. (1770–1840), dass die wiederhergestellte Lünette 23 von nun an die Bezeichnung »Lünette Keibel« tragen sollte.

Da sich sein Gesundheitszustand verschlechterte, bat Keibel im gleichen Jahr um seinen Abschied, den er mit der Beförderung zum Generalmajor 1822 nehmen konnte. Von Koblenz zog er nach Berlin und widmete sich dort dem Studium der Naturwissenschaften. Am 21. Oktober 1835 verstarb Generalmajor Gotthilf Benjamin Keibel im Alter von 64 Jahren. Er ruht in einem Ehrengrab auf dem St.-Marien- und St.-Nikolai-Friedhof am Prenzlauer Berg in Berlin-Pankow.

Abb. 1 Burg Linn von Westen

BURG LINN IN KREFELD
VON DER LANDESBURG ZUR FESTUNG

Die erstmals 1299 urkundlich erwähnte Burg in Krefeld-Linn gehört zu den herausragenden Zeugnissen mittelalterlicher Wehrarchitektur am Niederrhein, deren Vergangenheit als frühneuzeitliche Festung dagegen weitgehend in Vergessenheit geraten ist (Abb. 2). Am Beginn der Geschichte der polygonalen Burg Linn, der an der Ostseite eine Vorburg vorgelagert ist, stand eine 6–7 m hohe Mottenanlage in der Niederung eines alten Rheinarmes (Abb. 1). In der Mitte des aufgeschütteten Erdhügels, der vermutlich von einer Palisade eingefasst war, wurde um 1200 ein »festes Haus« aus Tuff auf einem rechteckigen Grundriss von 7 × 13 m errichtet (Abb. 3.a). Dieses ist durch archäologische Untersuchungen nachgewiesen und im Hofpflaster der Hauptburg markiert. Bauherren waren die freiadeligen Edelherren von Linn, die auch für die Errichtung einer ersten polygonalen Ummauerung des Burgareals aus Backstein anstelle der Palisade verantwortlich gemacht werden (Abb. 3.b). Die Datierung in das frühe 13. Jahrhundert ist in der Forschung nicht ganz unumstritten, da eine Errichtung in der zweiten Hälfte dieses Jahrhunderts ebenfalls denkbar wäre. Die Ringmauer war mit sechs Türmen versehen, wobei man einen der Türme (Abb. 3.c) als Hauptturm ausgebaut hat (heute sogenannter »Batterieturm«).

Kurz vor 1188 war die Herrschaft Linn vom Kölner Erzbischof Philipp von Heinsberg erworben worden. Die Edelherren von Linn blieben als Lehnsnehmer des Kölner Erzbischofs Besitzer der Burg. Nach ihrem Aussterben 1264 übernahmen die Grafen von Kleve das Lehen, das sie in Folge der Schlacht von Worringen 1288 dem Erzbischof von Köln immer mehr entfremdeten. Graf Dietrich VIII. von Kleve gründete schließlich kurz nach 1300 östlich der Vorburg die Stadt Linn, die im 14. und 15. Jahrhundert von einer Stadtmauer eingefasst wurde.

In der 1. Hälfte des 14. Jahrhunderts entstanden in der Burg der Palas (Abb. 3.d), der Torturm (Abb. 3.e) und der 24 m hohe Bergfried (Abb. 3.f), den man anstelle einer der ursprünglichen Türme angelegt hat. Zuvor waren die Ringmauer und die Türme erhöht worden. Noch im 14. Jahrhundert richtete man im Rundturm östlich des Torturms, der in den Palas integriert ist, eine Kapelle (Abb. 3.g) ein. Der Kölner Erzbischof Friedrich von Saarwerden nahm 1388 die Herrschaft Linn als Kölnisches Lehen wieder in Besitz, nachdem die Klever Grafen die Burg zeitweilig als Witwensitz genutzt hatten. Die Burg wurde nun Sitz eines kurkölnischen Amtmannes. 1477 erlebte die Anlage eine Belagerung mit Pulvergeschützen als der neu gewählte Kölner Erzbischof Hermann von Hessen gegen die Anhänger seines abgesetzten Vorgängers Ruprecht von der Pfalz mit militärischen Mitteln vorging. Nach der erfolgreichen Einnahme von Burg Linn entstand ringsum die Hauptburg eine Zwingermauer (Abb. 3.h), die auf den

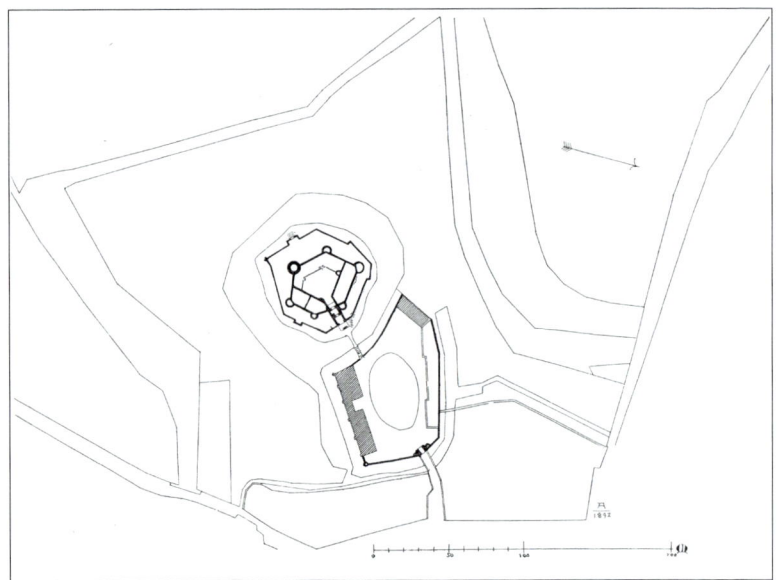

Abb. 2 Gesamtplan der Befestigungen von Burg Linn, 1892

Abb. 3 Grundriss der Hauptburg

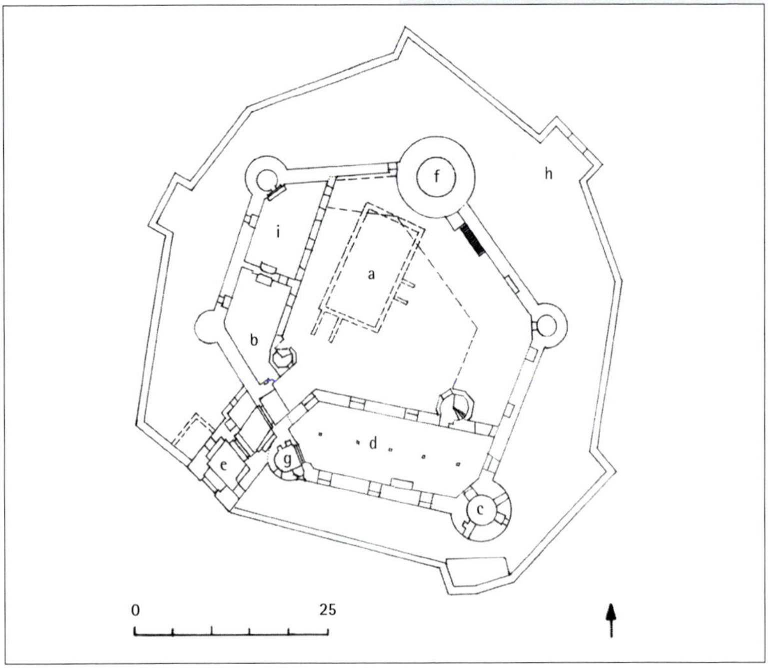

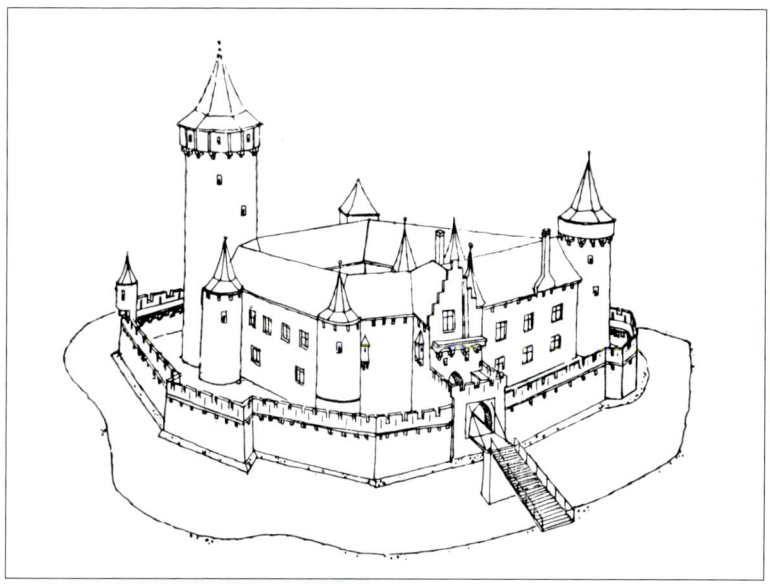

Abb. 4 Burg Linn um 1500

Abb. 5 Ansicht von Linn aus südwestlicher Richtung von Renier Roidkin, um 1733/37. Deutlich sind die Erdaufschüttungen des barocken Festungswalls zu erkennen, der zu diesem Zeitpunkt aber schon nicht mehr in Nutzung war

Burg Linn in Krefeld

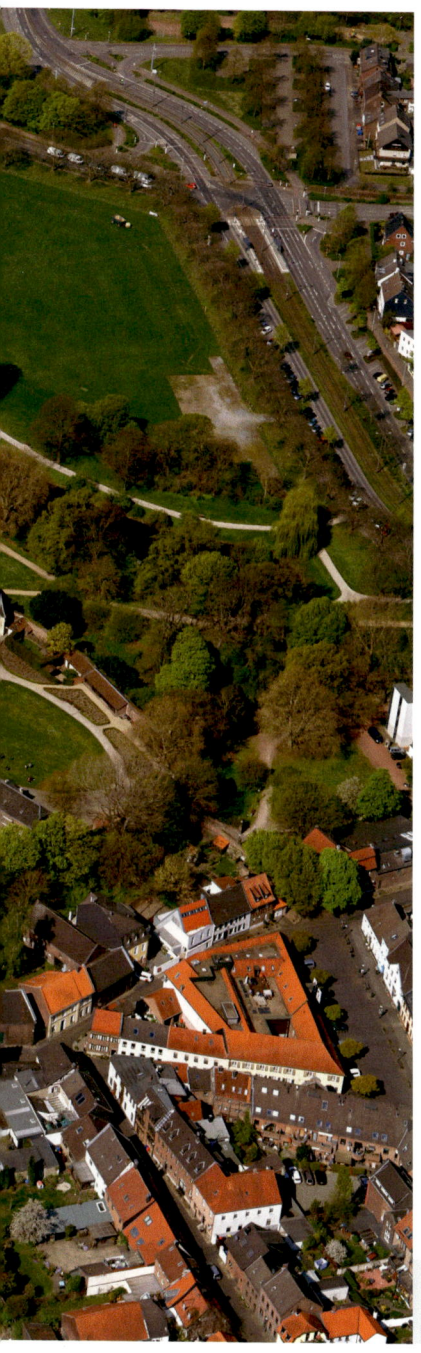

Einsatz von Hakenbüchsen ausgelegt war (Abb. 4). Die Bebauung im Innenhof wurde im 15. und 16. Jahrhundert entlang der Ringmauer ausgebaut, wobei neben dem älteren Palas nur ein Gebäude in der Nordwestecke (Abb. 3.i) erhalten blieb.

Im ausgehenden 16. Jahrhundert wurde um Burg und Stadt ein Festungswall aus Erde gelegt. Diesen bringt man mit den Auseinandersetzungen am Niederrhein während des 80-jährigen Krieges in Verbindung und datiert ihn auf um 1579. Nach dem Ende des Kölner Krieges 1591 wurden Festungswall und Graben nicht mehr gepflegt. Unter der Besatzung hessischer Truppen in der ersten Hälfte der 1640er-Jahre kam es zu umfassenden Erneuerungs- und Ausbauarbeiten. Ihren fortifikatorischen Wert hatte die Festung aber bereits im 18. Jahrhundert wieder verloren (Abb. 5). Zwischen 1643 und 1645 führten die Hessen mehrfach Erhöhungen an den Wällen aus. Die Bürger von Linn beklagten sich darüber, dass große Teile des Linner Eltbusches für den Festungsbau abgeholzt wurden. Die Burg war an der Westseite mit zwei Bastionen gesichert worden (Abb. 6), während die Stadt durch drei Bastionen verteidigt werden sollte (Abb. 7). Im digitalen Oberflächenscan zeichnen sich die Wälle und Bastionen sehr gut ab (Abb. 8). Eine archäologische Untersuchung an der Nordseite der Stadt im Jahr 1999 ergab Aufschlüsse über das Profil der Wälle (Abb. 9). Demnach lässt sich tatsächlich eine erste Bauphase für das späte 16. Jahrhundert nachweisen, die aber bald wieder vernachlässigt oder teilweise sogar geschleift wurde. Diese hatte zudem einen ganz anderen Charakter, als der Ausbau in den 1640er-Jahren unter hessischer Besatzung.

Abb. 6 Burg Linn aus südöstlicher Richtung

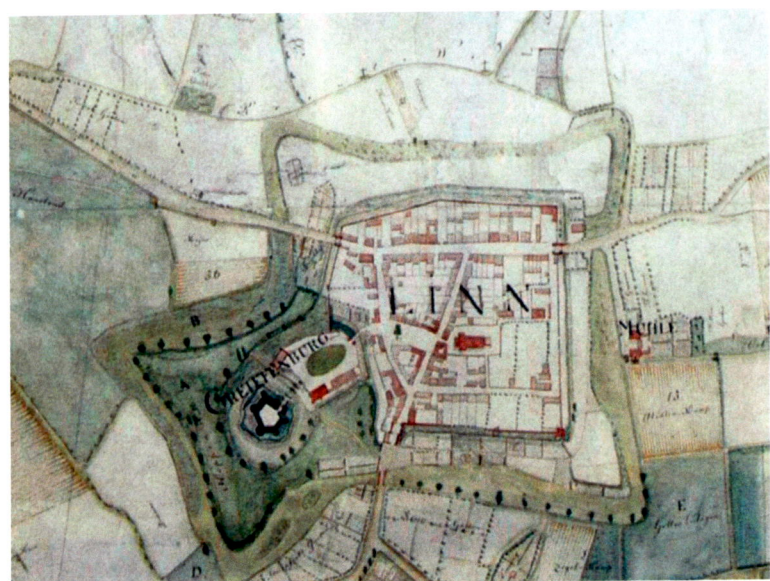

Abb. 7 Ausschnitt aus der Karte der Besitzungen der Familie de Greiff des Landmessers Godier von 1816

Die Burg brannte im Spanischen Erbfolgekrieg zu Beginn des 18. Jahrhunderts aus. Nur der große Turm wurde danach noch als Gefängnis genutzt, während die übrigen Bauteile seit 1728 als unbewohnbar galten. Deshalb ließ Kurfürst Clemens August von Köln um 1740 in der Vorburg ein Jagdschlösschen errichten, das sich heute im Zustand des 19. Jahrhunderts zeigt. 1806 erwarb die Krefelder Familie de Greiff das Burgareal. Der bedeutende Gartenarchitekt Maximilian Friedrich Weyhe aus Düsseldorf entwarf für die Familie 1830 einen englischen Landschaftspark, der auch die Reste des Festungswalles und die zugehörigen Gräben mit einbezog. Diese sind daher im Gelände noch gut zu erkennen. Im Zuge der EUROGA 2002+ wurde der Landschaftspark saniert. 1926 hatte die Stadt Krefeld die Burg erworben und richtete dort ein Museum ein. 1993 wurden die Dächer neu angelegt, die der Burg ihr spätmittelalterliches Erscheinungsbild ein Stück weit wieder zurückgegeben haben.

Abb. 8 Der digitale Oberflächenscan lässt die Überreste des Linner Befestigungswalls deutlich hervortreten

Abb. 9 Rekonstruktion der Wallanlage an der Nordostseite der Stadt Linn; rot: Befestigung von 1579 (?), blau: Neubefestigung 1644/45

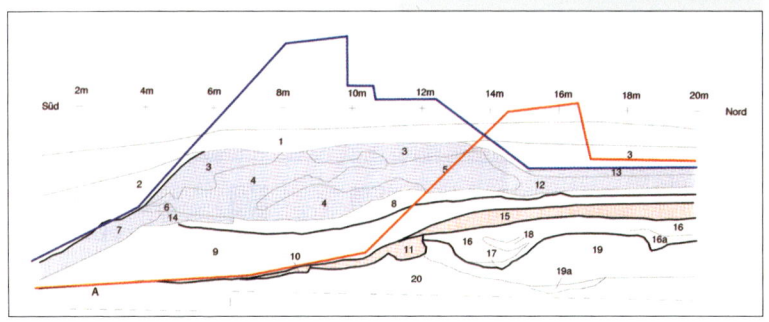

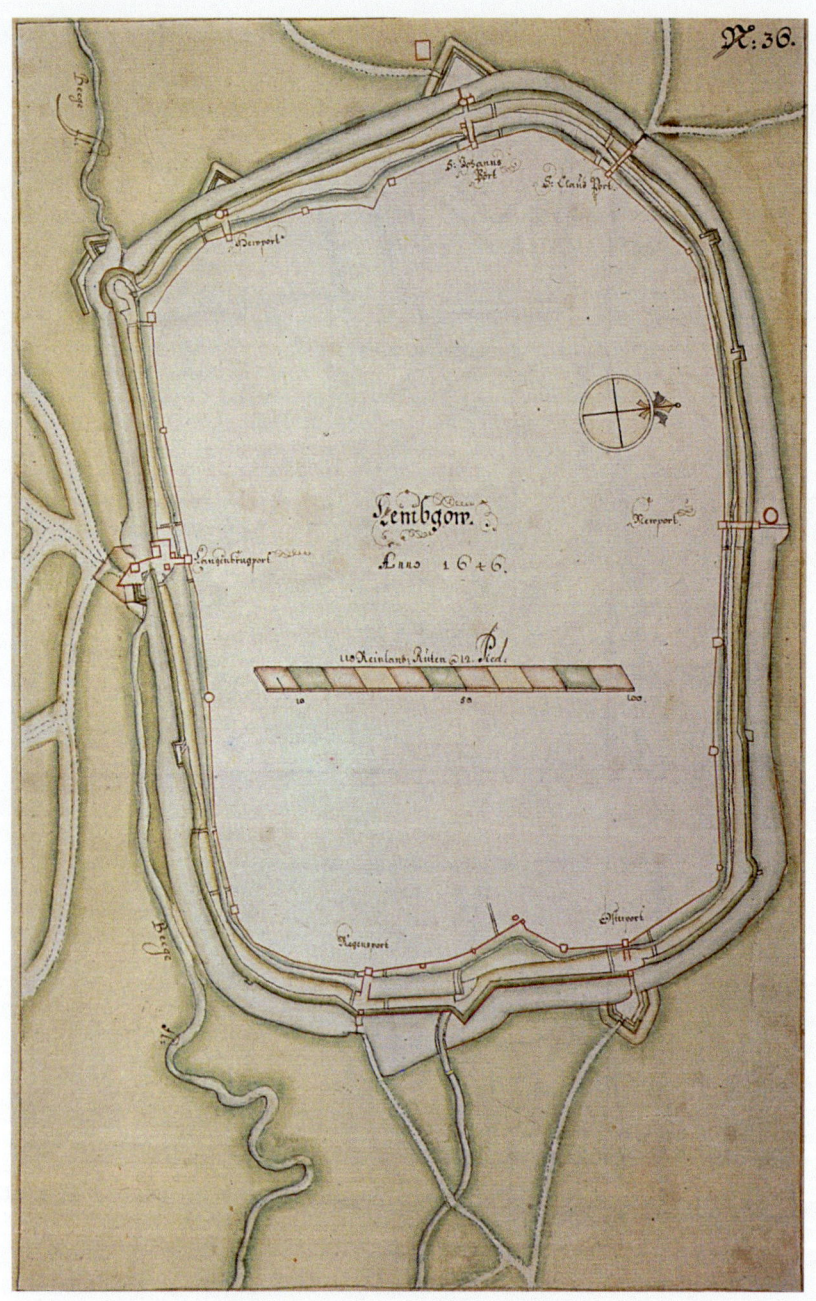

Abb. 1 »Schwedenplan«. Die durch den Schweden Erik Dahlenberg angefertigte Karte Lemgos von 1646 ist bis heute die detaillierteste Darstellung der Stadtbefestigung

LEMGO
STARKE WÄLLE GEGEN FEINDE …
UND DEN LANDESHERREN

Lemgo liegt im Zentrum des gut für Landwirtschaft nutzbaren lippischen Beckens, am Ufer des kleinen Flusses Bega. In dieser Gegend kreuzten sich wichtige Nord-Süd- und Ost-West-Verbindungen, weshalb die Edelherren zur Lippe im späten 12. Jahrhundert hier eine Stadtgründung vornahmen. Im Gegensatz zu ihren späteren Gründungen, wie Detmold und Blomberg, wurde in Lemgo keine Stadtburg errichtet und dem Stadtrat weitgehende Privilegien gewährt. Eine gewisse Form des Einflusses sollte die Wasserburg Brake sichern, die etwa einen Kilometer östlich der Stadt gegründet wurde. Mit seiner Lage direkt neben der bedeutendsten Handelsstadt der Region entwickelte sich Brake zu einem der lippischen Hauptsitze im Spätmittelalter und der Frühen Neuzeit (Abb. 1).

Als Startprojekt des neuzeitlichen Ausbaus kann der Bau des »Bollwerks« im Jahre 1519 vor dem Neuentor gesehen werden. Hierbei handelte es sich um einen frei im Wassergraben stehenden Rundturm, für den 300 Wagenladungen Steine durch den Drosten Reineke de Wend bereitgestellt wurden. Im Gegenzug wurden er und seine Familie dafür in Lemgo von allen Abgaben befreit. Die bei Bauarbeiten freigelegten Sockelreste des Turmes wiesen eine Stärke von etwa 3,5 m auf.

Die eigentliche Toranlage in Form eines spätmittelalterlichen Zwingers querte neben dem Bollwerk zwei Wassergräben mit dazwischenliegendem Wall mittels einer Kombination aus Stein- und Holz- sowie Zugbrücken. Die Toranlage bestand, wie auch die anderen fünf Eingänge in die Stadt, aus einem Torturm der mittelalterlichen Stadtmauer, einem schlichten Durchlass im neuzeitlichen Festungswall und einem vorgelagerten, teilweise imposant ausgeführten und bis zu vier Stockwerke hohen Torturm auf der Feldseite. Aufnahmen des äußeren, später abgebrochenen Ostertores um die Wende vom 19. zum 20. Jahrhundert zeigen die gleichen Merkmale, wie sie am 1520 datierten

Abb. 2 Ostertor. Historische Ansicht der Feldseite des äußeren Torturmes um 1900 vor seinem Abriss

Niederen Tor der benachbarten lippischen Stadt Blomberg vorkommen und ermöglichen darüber eine ungefähre Datierung (Abb. 2). In ihrer Größe knüpfen die Tortürme an mittelalterliche Bauten an, während ihre Spatenscharten zum fortifikatorischen Kanon des beginnenden 16. Jahrhunderts gehören.

Archäologische Untersuchungen am ab der Frühen Neuzeit verkehrstechnisch nicht mehr genutzten Heutor ergaben einen Diamantgraben vor dem stadtseitigen mittelalterlichen Tor, der in den in der Neuzeit aufgeschütteten Damm eingebaut worden war. Zu dieser Zeit wurde das Tor nur noch für den Verkehr auf den Festungswällen genutzt.

Zu einem nicht näher fassbaren Zeitpunkt vor dem 30-jährigen Krieg wurden die Außentore durch Ravelins verstärkt. Ihre Bezeichnung als »Homeien« rührt aus dem angrenzenden sächsischen Sprachraum her und bezeichnet spätmittelalterliche Vorwerke im Bereich von Toren. Lediglich das südlich gelegene Langenbrücker Tor erhielt keinen Ravelin, sondern eine eher eigenwillige Konstruktion aus Wällen, Mauern und Gräben, die 1602 als »Bollwerk« bezeichnet wurde und noch 1646 in dieser Form bestand (Abb. 3). Schwedische Pläne, dieses Ensemble mit einem klassischen Ravelin zu umgeben, wurden nicht mehr umgesetzt.

Bei der Neubefestigung Lemgos im frühen 16. Jahrhundert wurde der spätmittelalterliche Wall zwischen den beiden Stadtgräben erhöht und mit einer Brustwehr versehen, wodurch er von einem Hindernis vor der Stadtmauer zum Verteidigungsbau wurde (Abb. 4). Die mittelalterliche Stadtmauer mit ihren zum Teil erst um 1500 errichteten Feuerwaffentürmen blieb aber bis zur Auflassung der Befestigung in Verwendung (Abb. 5). Die neuzeitlichen Wallkronen bestanden aus Erdbrustwehren, während die untere

Abb. 3 Langenbrücker Tor. Bei umfänglichen Bauarbeiten im Bereich des Bollwerks wurde auch der äußere Torturm gefunden. Hier das östliche Fundament mit unterstem Eckquader (links)

Abb. 4 Sanierter Abschnitt am Regenstor. Der polygonale Turmstumpf wurde erst im 14. Jahrhundert in die Stadtmauer des späten 13. Jahrhunderts eingesetzt

Hälfte der Wälle mit den Jahren in vielen Abschnitten durch etwa 1,1 m starke Futtermauern verstärkt wurde. Die aus Bruchsteinen bestehenden Futtermauern waren bis zu 3 m hoch, wobei je nach Wasserstand die unteren 0,5 bis 1,5 m unter dem Wasserspiegel lagen. Der Materialaufwand zur Verkleidung der Wälle mit Futtermauern wurde 1584 für den 230 m langen Wall zwischen Schusterrondell und Langenbrücker Tor mit 300 Fuhrwerken angegeben – derselben Materialmenge, die das »Bollwerk« verschlang. Mit Hilfe der Dendrochronologie datierte Rammpfähle der Fundamente und Rechnungen zeigen, dass die Mauern regelmäßig gewartet wurden (Abb. 6). Eine größere Aktion dieser Art, die mittels Schriftquellen und Grabungen nachgewiesen werden konnte, fand 1589 statt und betraf den heute noch erhaltenen Wall zwischen Schusterrondell und Langenbrücker Tor. Untersuchungen

Abb. 5 Pulverturm. Die unteren (hier nicht sichtbaren) Scharten des um 1500 errichteten Schalenturms lagen so tief, dass sie die Kuppe des spätmittelalterlichen Vorwalles bestreichen konnten. Mit der Erhöhung der Wälle im 16. Jahrhundert verloren sie diese Funktion

Abb. 6 Blick vom Langenbrücker Tor zum Schusterrondell (Hang an der Bogenbrücke). Auf dem mittlerweile sanierten Wallabschnitt wurde im 18. Jahrhundert lediglich die Brustwehr abgetragen

im angrenzenden Lindenwall – in Richtung des Regenstores – ergaben, dass die Mauern mit Quermauern im Wall stabilisiert wurden. Auch war klar zu erkennen, dass der Wall ursprünglich ohne Futtermauer aufgeschüttet worden war.

Da der nasse Graben des Mittelalters weiter genutzt werden sollte, mussten zur Wasserhaltung zwischen dem äußeren und inneren Graben mehrere Siele den Wall durchstoßen. Eines dieser Siele konnte unlängst im Lindenwall am Langenbrücker Tor untersucht werden (Abb. 7). Das 2,5 m breite Gewölbe lag schräg im Wall, wodurch die in diesem Bereich von Osten auf den Wall treffende Bega Frischwasser in den mittelalterlichen Stadtgraben drückte. Mit dem so eindringenden Wasser wurde unter anderem die heute noch teilweise erhaltene Mühle am Langenbrücker Tor betrieben.

Zusätzliche Verstärkungen der Befestigungen wie Palisaden vor den Gräben, Sturmpfähle und Verhaue im Bereich der Befestigungen waren ebenfalls vorhanden, wobei es sich dabei meist um kurzfristige Maßnahmen im Vorfeld von Konflikten handelte.

Die Verteidigung des Grabens und Wallfußes erfolgte über kleine Streichwehren und zwei größere Waffenplattformen, die in den Graben vorsprangen. Die Streichwehren sind bisher nur auf dem für die schwedischen Truppen 1646 angefertigten – und als sehr exakt anzusehenden – Plan von Erik Dahlberg und durch weitere Schriftquellen nachgewiesen. Die beiden Waffenplattformen, Schusterrondell und Kramerrondell, sind heute noch teilweise erhalten, wenn auch ihre Gefechtsplattformen fehlen. Grabungen am Schusterrondell zeigten, dass der Graben in Richtung Langenbrücker Tor über eine kleine

Abb. 7 Siel am Langenbrücker Tor. Zum Zeitpunkt der Aufnahme lag die Sohle unter etwa 1 m Schlamm. Die Ziegelsteine wurden erst im Zuge der Nutzung als Luftschutzraum eingemauert, um Fehlstellen zu reparieren

Schießkammer auf Höhe des Flusses bestrichen werden konnte (Abb. 8). Funde aus der Verfüllung deuten darauf hin, dass diese Konstruktion im Zuge der schwedischen Besatzung in den 1640er-Jahren aufgegeben und verfüllt wurde. Das nach Grabungsbefunden in den unteren Partien rekonstruierte Kramerrondell mit seinem integrierten Siel ist vielmehr ein dreieckiger Vorsprung und zeigt, wie fließend die Begrifflichkeiten im 16. und 17. Jahrhundert waren (Abb. 9). Auf beiden »Rondellen« waren Geschützplattformen vorgehalten, wobei die Wälle allgemein so ausgelegt waren, dass sie Geschützen und ihren Mannschaften genügend Platz boten.

Die herausgehobene Position innerhalb des lippischen Machtgefüges, die

Abb. 8 Schusterrondell. Blick auf die Flankierungsposition am Fuß des Rondells in Richtung Langenbrücker Tor

Abb. 9 In eine der »facen« des Kramerrondells eingesetzter Durchfluss, mit dem Wasser in den mittelalterlichen Stadtgraben gelangen konnte. Links im Bild schließt die Kurtine an

sich aus Lemgos Handelskontakten mit der Hanse und anderen Partnern ergab, machte die Stadt zum bevorzugten Ziel durchziehender Heere während der Neuzeit. Auch ermöglichte die politisch-wirtschaftliche Macht Lemgo, sich gegen den Landesherrn mehr als einmal durchzusetzen. So hatte zwar die Familie zur Lippe ein Mitspracherecht bei Fragen der Fortifikation, es stellte sich aber schnell heraus, dass die Interessen des Lemgoer Stadtrates in Bezug auf die Befestigungen Vorrang vor der lippischen Staatsraison hatten. Der erste Härtetest erfolgte 1609 im Zuge der Lemgoer Revolte, in der sich die Bürger nicht dem Konfessionswechsel des Landesherrn anpassen wollten. Trotz größerer Belagerungsanlagen einer durch Söldner verstärkten Streitmacht von etwa 1450 Mann gelang es Lemgo, sich gegen Simon VII. zu behaupten. Die Stadt durfte ihren lutherischen Glauben behalten, nachdem sie ihre gesamte Artillerie auf das nahe Schloss Brake gerichtet hatte und Verhandlungen vorschlug.

Im 30-jährigen Krieg versuchte der Stadtrat, wenn möglich, Belagerungen zu verhindern und sich freizukaufen, zumal die Anlagen zu Beginn der 1620er-Jahre in einem erbärmlichen Zustand waren: Mehrmals wird davon berichtet, man könne trockenen Fußes den Wassergraben durchqueren. Trotz der Warnungen und erster Ausbesserungsmaßnahmen passierte relativ wenig und so erstiegen in der Nacht zum 12. September 1636 schwedische Truppen die Wälle ohne auf Widerstand zu stoßen. Nach diesem Schock wurden die Befestigungen instandgesetzt. Eine weitere schwedische Belagerung 1638 konnte daraufhin abgewiesen werden (Abb. 10).

Abb. 10 Das knapp 30 m lange, 1548 gebaute Zeughaus beherbergte auch den städtischen Kornspeicher und die Verkaufsräume der Fleischhauergilde, weshalb nur etwa ein Viertel der Fläche tatsächlich als Zeughaus genutzt wurde

Abb. 11 Elias von Lennep 1666. Die Auftragsarbeit des lippischen Künstlers besticht vor allem dadurch, dass die Festungsanlagen idealisiert dargestellt werden. Grabungen an allen hierauf zu sehenden neuralgischen Punkten zeigten, dass es sich um reine Fiktion handelte. Die abgebildeten Bastionen waren nicht vorhanden, ebenso wenig wie das Ravelin vor dem Tor

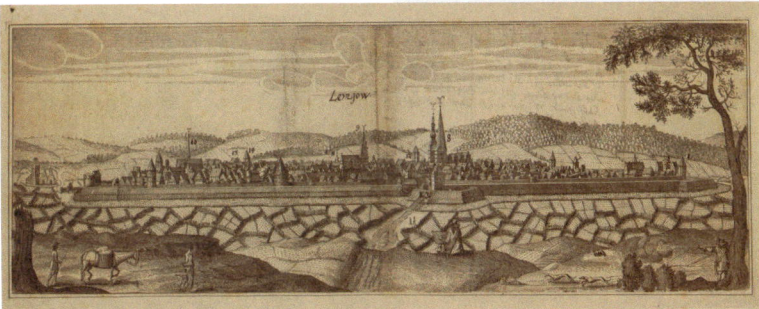

Nach 1648 verfielen die Anlagen wieder zusehends, bis sie Ende des 18. Jahrhunderts sukzessive eingeebnet oder teilgeschliffen wurden. Lediglich die Südfront blieb in großen Teilen erhalten, da sie als Hochwasserschutz gebraucht wurde (Abb. 11).

1943 wurden dann in den erhaltenen Stadtwällen Luftschutzstollen aufgefahren. Mit eingebunden wurde im Bereich des Lindenwalls ein Siel nahe des Langenbrücker Tores. Der Aus- und Einfluss wurden vermauert und ein abgewinkelter Eingang in die östliche Seitenwand gebrochen. Hinzu kam noch ein mit Holz ausgebauter Querstollen in Richtung Westen, der dem Wallverlauf folgte. Die Beleuchtung erfolgte über das städtische Stromnetz.

Die Stadtbefestigungen sind ganzjährig frei zugänglich und teilweise mit Informationstafeln ausgestattet. Der Pulverturm (Adresse Rückseite: Neue Straße 80) sowie das Zeughaus (Adresse: Papenstraße 9) werden privat genutzt und sind deshalb nur von außen zu besichtigen. Es bietet sich an, den Wagen auf dem kostenfreien Parkplatz am Regenstorplatz abzustellen. Von dort nach Norden gehend kann der teilweise rekonstruierte Befestigungsabschnitt bis zum Ostertor mit dem angrenzenden Pulverturm und Resten der mittelalterlichen Stadtmauer begangen werden. Südwestlich des Parkplatzes führt die Wallpromenade über den zum Teil noch bis auf die Brust erhaltenen Wall über das Langenbrücker Tor hin zum Schusterrondell, von dem nur noch der Sockel erhalten ist. Der Rest musste wasserbaulichen Maßnahmen weichen.

Im benachbarten Schloss Brake sitzt die Hauptverwaltung des Landesverbandes Lippe. Teile des Inneren sind für Besucher als Weserrenaissance-Museum frei zugänglich. Teile der Dauerausstellung thematisieren die Geschichte Lippes und die Bauentwicklung der Anlage, die ab dem späten 16. Jahrhundert in ein Schloss umgebaut wurde. Weiterhin gelangt man von hier in die unterschiedlichen Kellerbereiche, die ehemalige Kapelle und den Turm.

HERMANN WULFF
(*LEMGO 1535 †LEMGO 1599?)

Der Baumeister Hermann Wulff war in der zweiten Hälfte des 16. Jahrhunderts einer der bedeutendsten Architekten in der Grafschaft Lippe, der durch die Verwendung reiner Renaissanceformen Bekanntheit erlangte. 1535 in Lemgo geboren, verbrachte er den Großteil seines beruflichen Lebens in der lippischen Handelsstadt, in der er bis zu seinem Tod wohnhaft blieb.

Wulff, von dem keine Portraits vorliegen, führte ein »wildes Steinmetzzeichen« und wird in keiner der Quellen als Steinmetz bezeichnet, sondern meist als Maurer- beziehungsweise Baumeister. Daher ist davon auszugehen, dass er nie als Steinmetz im eigentlichen Sinn gearbeitet hat und von den Zünften anerkannt wurde, sondern eher als Architekt und Ingenieur anzusehen ist. Diese These wird dadurch unterstützt, dass selbst auf Wappensteinen, die seinen Namen tragen, zum Teil fremde Steinmetzzeichen vorkommen.

Abb. 1 Meisterzeichen des Hermann Wulff an der Auslucht des Schlosses Blomberg, 1569

Die erste sicher fassbare Arbeit ist die Rathauslaube in Lemgo (Marktplatz 1), die 1565 datiert und, wie viele andere Bauten Wulffs, noch heute erhalten ist. Seit 1569 wurde der Baumeister dann wiederholt durch das Haus zur Lippe eingesetzt, so zum Beispiel auf Burg Blomberg und den Schlössern Varenholz und Brake. Dabei wurden durch Wulff nicht nur die repräsentativen Projekte des Hauses zur Lippe ausgeführt, sondern auch reine Nutzbauten wie zum Beispiel die Scheune des Vorwerks auf Varenholz. Hinzu kamen mehrere Bauten innerhalb der Lemgoer Stadtmauern, wie unter anderem die imposante Fassade des sogenannten Hexenbürgermeisterhauses (Breite Straße 19).

Auch zeichnete er für mehrere Projekte unter Simon VI. zur Lippe verantwortlich, die in der Folge aus unterschiedlichen Gründen nicht realisiert wurden. So fand der ab 1582 geplante großzügige Umbau der damals bereits aufgegebenen Falkenburg bei Detmold-Berlebeck in einen Witwensitz für Simons Mutter nach deren Tod 1583 nicht statt und das bereits vorhandene Baumaterial wurde spätestens 1584 auf Schloss Brake verbaut, wo Wulff am Nordflügel der neuen Residenz arbeitete.

Eine der wiederholten Arbeiten Wulffs lag in der Befestigung seiner Heimatstadt Lemgo, die unter anderem für die Jahre 1581 und 1584 nachzuweisen sind. Dabei wurden durch Wulff Wälle und Teile der Toranlagen aus- und neugebaut. Die Stadt hatte ein Rotationsprinzip eingeführt, bei dem alle in der Stadt ansässigen Steinmetz- und Baumeister regelmäßig für ein Jahr als Wallmeister eingesetzt wurden. Gleichzeitig wurden bei erhöhtem Arbeitsaufwand weitere Meister angeworben. Hierdurch sollten Spannungen innerhalb der Lemgoer »Baubranche« verhindert werden, deren einzelne Betriebe wiederum die politische Patronage unterschiedlicher Ratsherren genossen. Die Festlegung der notwendigen Arbeiten oblag dabei anscheinend dem Stadtrat, der auf das technische Fachwissen nicht näher genannter Personen zurückgriff, und dem Haus zur Lippe, das für die Endausführung und Finanzierung jeweils konsultiert werden musste.

Eines seiner letzten Werke stellten Arbeiten auf Schloss Oesterholz dar, die 1597 begonnen wurden. Da er 1599 ohne ersichtlichen Grund aus den Quellen verschwindet und nicht wieder auftritt, kann davon ausgegangen werden, dass Wulff in diesem Jahr verstarb.

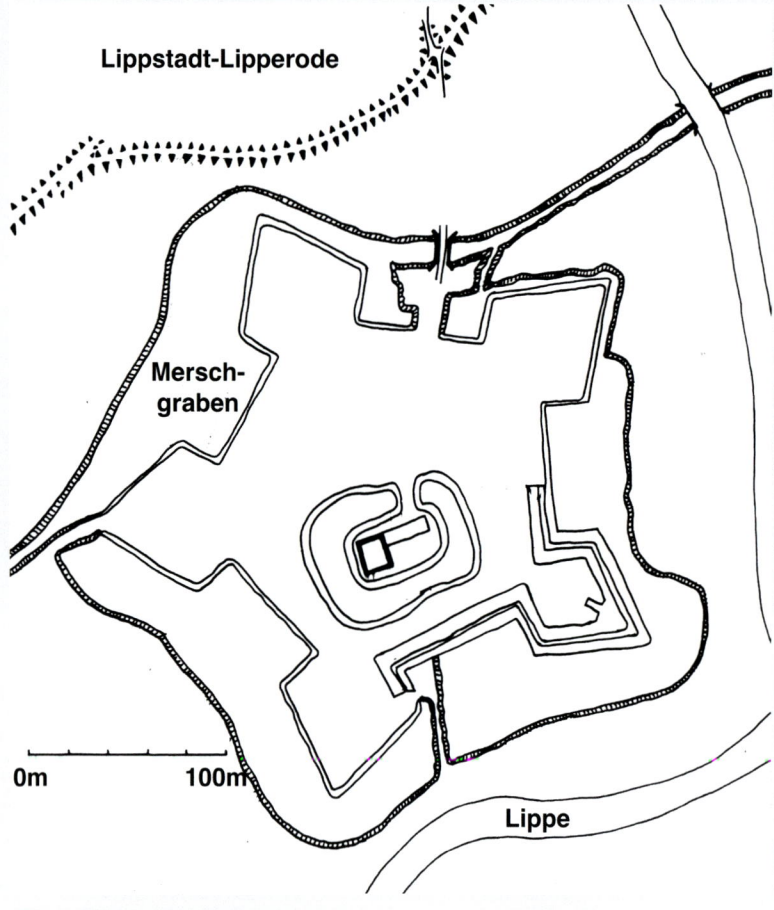

Abb. 1 Grundriss der Anlage in ihrem heutigen Zustand

LIPPERODE
EINMAL FESTUNG SEIN …

Die in der Flussniederung der Lippe gelegene Wasserburg Lipperode wurde in den frühen 1240er-Jahren durch die Edelherren zur Lippe errichtet, die sich seit den 1180er-Jahren vom zwei Kilometer westlich gelegenen Lippstadt aus vor allem nördlich des Teutoburger Waldes ein beachtliches Herrschaftsgebiet mit den Städten Detmold und Lemgo als Zentren sicherten (Abb. 1 und 2). In der älteren Forschung als die Stammburg der Lipper angesehen, kam die jüngere Forschung zum Schluss, dass es sich bei Lipperode um einen kleinen Amtssitz handelte, der erst im späten 16. Jahrhundert als mögliche Residenz das Interesse der Familie zur Lippe erregte. Bis zu diesem Zeitpunkt waren lediglich Amtmänner und Vögte auf der Burg nachweisbar, nicht hingegen eine regelmäßige Nutzung durch die Edelherren selbst. Die Lage der Burg war so gewählt, dass eine der wenigen Wegquerungen der an dieser Stelle knapp 800 m breiten Lippeniederung kontrolliert werden konnte.

Bei 1985 bis 1987 durchgeführten archäologischen Untersuchungen auf dem etwa 30 × 50 m großen Areal der spätmittelalterlichen Hauptburg stellte sich heraus, dass der Kern der dort verorteten frühneuzeitlichen Wohnbebauung aus einem 21,8 × 22,2 m messenden Wohnturm mit 2,4 m starken Wänden bestand, an den nach Auskunft der archivalischen Quellen weitere Gebäude angebaut worden waren (Abb. 3). Das Fundmaterial datierte den für Westfalen imposanten Bau in das 14./15. Jahrhundert. Die Vorgängeranlage hingegen fand sich nicht (Abb. 4). Das Ensemble war mit einem bis zu 17 m breiten Wassergraben umgeben und in dieser Form in die Südhälfte der Festungsanlage integriert worden (Abb. 5). In der Mitte der Anlage sind zwei sanierte Mauerreste des mittelalterlichen Wohnturmes zu sehen. Seine Umrisse und Wandstärke sind mittels modernen Mauerwerks abgebildet.

Die bastionierte Befestigung geht auf eine Initiative Graf Simons VI. zur Lippe zurück, der sich 1589 zum großangelegten Ausbau Lipperodes entschloss und die Burg regelmäßig als Verwaltungssitz nutzen wollte. Das nahe Lippstadt besaß zu dieser Zeit auf das frühe 16. Jahrhundert zurückgehende Fortifikationen, die denen Lemgos nicht unähnlich waren, wodurch Lipperode die modernste Befestigung im weiten Umkreis sein sollte und so nicht nur als Machtzentrum, sondern auch als militärisch nutzbares Statussymbol der Grafen zur Lippe diente. Die Grafen nutzten damit die alte Burg, um ihre Machtansprüche gegenüber der Lippstädter Bürgerschaft und den Anrainern darzustellen und gegebenenfalls durchsetzen zu können (Abb. 6).

Für die gräfliche Nutzung wurden im Wohnbereich größere Umbauten vorgenommen. Unter anderem wurde eine gut ausgestattete Bibliothek angelegt. Während der Grabungen konnten in den neuzeitlichen Nutzungsphasen des Wohnturms Reste von Eisen- und Kachelöfen

Abb. 2 Luftbild aus südlicher Richtung

nachgewiesen werden. Hinzu kamen Scherben von verschiedenen aufwändig verzierten Glasgefäßen zu Tage. Als Besonderheit des Wohnbaus ist ein zentral gelegener Brunnenschacht von etwa 1 m Durchmesser zu nennen, der zumindest die notwendigste Wasserversorgung sicherstellen konnte.

Für die Fortifikation erhielt Simon VI. durch Vermittlung des Hauses Nassau-Oranien Kontakt zum Architekten Johann von Rijswijck, der 1600/01 Pläne für ein bastioniertes Fünfeck vorlegte, dessen Außenspitzen etwa 180 m auseinanderlagen und von einem maximal 27 m breiten Wassergraben umgeben waren. Die Seitenlänge des Fünfecks auf Höhe der Kurtineninnenseiten – also der eigentlichen Nutzfläche – betrug knapp 100 m. Die Aufsicht über die Bauarbeiten führte ein Landsmann von Rijswijcks, Jetze Igens. Teil des Festungsbauprogramms war die Verlegung der Siedlung Lipperode aus dem Westen der Burg direkt in den Norden und die Begradigung einer Schleife der Lippe, um den notwendigen Bauplatz zu erhalten. Das Material für die Wälle kam aus der näheren Umgebung sowie aus dem spätmittelalterlichen Baubestand. Dazu wurde die 1410 erwähnte Wallbefestigung 1605 abgetragen und ihr Material an anderer Stelle wieder aufgeworfen. Es ist hingegen davon auszugehen, dass der Aushub der Festungsgräben aufgrund seiner geologischen Struktur (Schwemmland) nur zu geringen Teile genutzt werden konnte (Abb. 7).

Über die genaue Ausformung der Bastionen und Kurtinen liegen leider keine Angaben vor. Da sich die Grabungen auf den mittelalterlichen Wohnturm konzentrierten, gibt es bislang auch keine archäologischen Daten über die Befestigung und weitere Gebäude. Die Bastionen sollen für den Einsatz von Artillerie vorgesehen gewesen sein, wobei über Zahl und Aufstellung der Waffen nichts Genaues bekannt ist. Anfang des 17. Jahrhunderts wurde

Abb. 3 Blick von Nordwesten auf die Reste der Niederungsburg, deren Gebäude den Kern der Festung bildeten

eine Besatzung zwischen 50 und 70 Mann vorgehalten. Die im Bereich des Wohnturms durchgeführten Grabungen erbrachten neben mittelalterlichen Militaria auch Stahlkugeln und (Hand-)Granaten, bei denen es sich um Bewaffnungsreste der Festung handeln dürfte.

Bereits zehn Jahre nach ihrer Erbauung war das Interesse an der Festung wieder erloschen. Simon VI. war im Dezember 1613 verstorben, die verwandte Linie Lippe-Alverdissen 1614 mit Lipperode abgefunden worden, und die Nutzung als Amtshaus ohne große Bedeutung als herrschaftliche Residenz begann von neuem. Nun wurde das stark befestigte aber unterbesetzte Lipperode auch von lippischer Seite als für politische Spannungen sorgendes Objekt und Sicherheitsrisiko für das nahe Lippstadt angesehen, das in dieser Zeit seine Bastionärbefestigung er-

Abb. 4 Von der Nordfassade des Wohnturmes sind noch zwei Mauerreste erhalten, die zu einer Fensternische gehören. Im Pflaster davor sind die ergrabenen Mauerstrukturen einzusehen

Abb. 5 Der östliche Wassergraben der Burg. Der Zugang erfolgte ursprünglich über eine hölzerne Brücke, die im Bereich des heutigen Deiches lag

Lipperode

Abb. 6 Ansicht des östlichen Festungsareals mit der Burg hinten rechts. Der enorme Platzgewinn im Vergleich zum alten Burgareal ist gut fassbar

hielt. Das schlecht verteidigte Lipperode wurde in dieser Konstellation immer mehr zum Problem, da zu erwarten war, dass zukünftige Belagerer Lippstadts die Anlage schnell einnehmen und für ihre Zwecke nutzen könnten. Erste Schleifungsmaßnahmen begannen daher auf Lipperode im Oktober 1616 und die Garnison wurde aufgelöst, zumal auch der Kölner Erzbischof und der Bischof von Paderborn regelmäßig gegen die Festungsanlage protestierten und so den Druck noch erhöhten. Auch gibt es Anzeichen dafür, dass die Familie Lippe-Alverdissen sich nicht unbedingt in ein größeres Verteidigungskonzept ihrer Verwandten, der weitaus besser begüterten Grafen zur Lippe, einbinden lassen wollte, weshalb ihr eine Aufhebung der Nutzung als Festung sicherlich entgegenkam. Über den genauen Hergang der Schleifungen ist indes wenig bekannt. Sicher ist jedoch, dass die Arbeiten unter anderem aufgrund der problematischen Finanzierung nur schleppend vorangingen. Ausgehend von der sich immer mehr zuspitzenden politischen Situation im Reich könnten aber auch Überlegungen eine Rolle gespielt haben, die Lippequerung nun doch nicht völlig unkontrolliert zu lassen. Von neuen Befestigungen, geschweige denn einer ausreichenden Stammmannschaft auf der Festung wurde allerdings Abstand genommen.

1621 nahmen Truppen Christians von Braunschweig Lipperode ein und verschanzten sich dort. Offenbar führten sie einige Reparaturen durch, wobei ihr genauer Umfang nicht bekannt ist. Im Spätsommer 1623, als Truppen der katholischen Liga unter Generalleutnant Johann Graf von Ostfriesland und Rietberg Lippstadt vom 6. September bis zum 23. Oktober erfolgreich belagerten, wurde Lipperode in der Linie ihrer Circumvallation einbezogen. Auf einer die Belagerung darstellenden Karte desselben Jahres zeigt sich Lipperode jedoch als mittelalterliche Wasserburg. Eine

Abb. 7 Blick auf den Wassergraben vor der rekonstruierten Bastion

Abb. 8 1663 von Piderit gestochene Ansicht von Norden auf das Amtshaus Lipperode. Von den Wällen ist nichts mehr erhalten. Im Hintergrund wird Lippstadt angedeutet

Abb. 9 Von der Ostseite des Turmes blieb noch ein einzelner Block stehen, der in den vergangenen Jahrzehnten immer wieder geflickt wurde. Im Hintergrund ist die nah an der Burg liegende Südfront der Festungsanlagen zu sehen

unregelmäßige Schanze wird hingegen auf dem südlichen Lippeufer dargestellt, die über eine Holzbrücke mit dem Nordufer in Verbindung stand. Heute liegt die Schanze unter dem Nordrand des Lippstädter Stadtteils Esbeck. 1633 bezogen dann noch ein letztes Mal Einheiten, diesmal hessische Truppen, die Anlage und richteten sich zur Verteidigung ein. Gegenwehr fand in keinem dieser Fälle statt.

Nach dem Westfälischen Frieden 1648 wurde Lipperode als militärisches Objekt endgültig aufgegeben und wie zuvor als Amtssitz genutzt (Abb. 8). Zu einem nicht näher bestimmbaren Zeitpunkt vor 1767 verlor die ehemalige Festung dann auch diese Funktion, als die Amtsverwaltung in den Kaldewegschen freien Hof am Tannenbaum zwischen Lipperode und Lippstadt verlegt wurde. Wenige Jahre später, 1786, wird das Amtshaus als unbewohnbar beschrieben. 1836 wurden dann das Dach und die noch erhaltenen Trennwände abgerissen, lediglich der mittelalterliche Wohnturm blieb – dem Geist der Burgenromantik geschuldet – stehen und verfiel weiter (Abb. 9).

Ende der 1990er-Jahre wurden Teile der Bastionärbefestigung rekonstruiert (Abb. 10). Dabei wurden die Wälle der Südostbastion sowie die anschließenden Kurtinen neu aufgeworfen und die Brustwehren – allerdings ohne Schützenauftritt – modelliert. Auch eine mittig gelegene Rampe hinauf auf die Bastionsspitze wurde neu angelegt. Der Wassergraben im Süden der Bastion wurde von Schlamm befreit, was dem Gesamteindruck der damaligen Befestigung zugutekommt. Ebenfalls grob nachgezogen wurden die restlichen Konturen der Wälle und Bastionen. Mit ihren bewachsenen Böschungen bietet die Rekonstruktion einen interessanten Blick auf die Probleme der begrünten Bauteile von Festungsanlagen. So werden viele vernachlässigte Befestigungen des 17. Jahrhunderts einen ähnlichen Anblick geboten haben wie den, der sich nun aus Naturschutzgründen geplant bei Lipperode bietet.

Der heutige Zutritt erfolgt aus Richtung des Dorfes Lipperode im Norden. Inwiefern die hier zu erkennende Insel der Rest eines Ravelins ist, wurde bei der Sanierung nicht überprüft (Abb. 11).

Abb. 10 Eine Hecke markiert die Grenze der Wallinnenseite. Im Hintergrund beginnt der rekonstruierte Wallverlauf

Abb. 11 Der Geländezwickel zwischen der Festung und dem Merschgraben ist etwas höher als die Umgebung. Unter Umständen könnten hier die Reste eines Vorwerks vorliegen

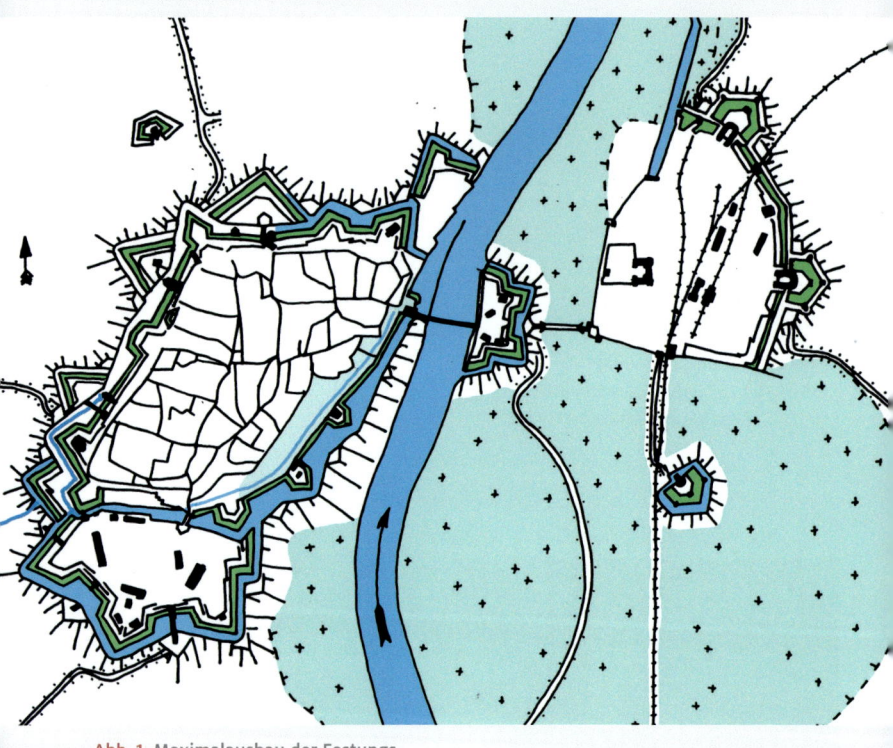

Abb. 1 Maximalausbau der Festungsanlagen bei der Aufhebung 1873

MINDEN
MAL WICHTIG, MAL UNWICHTIG

Minden ist eine feste Burg,
Hat gute Wehr und Waffen!
Mit preußischen Festungen hab ich jedoch
Nicht gerne was zu schaffen.

Wir kamen dort an zur Abendzeit.
Die Planken der Zugbrück' stöhnten
So schaurig, als wir hinübergerollt;
Die dunklen Gräben gähnten.

Die hohen Bastionen schauten mich an,
So drohend und verdrossen;
Das große Tor ging rasselnd auf,
Ward rasselnd wieder geschlossen.

Ach! meine Seele ward betrübt,
Wie des Odysseus Seele,
Als er gehört, daß Polyphem
Den Felsblock schob vor die Höhle.

Heinrich Heine, Deutschland.
Ein Wintermärchen, Caput 18 / XVIII (1844)

Minden liegt am Durchbruch der Weser durch das Weser- und Wiehengebirge, der »Porta Westfalica«. Der Engpass war seit der Urzeit eine einladende Nord-Süd-Verbindung, wodurch sich Minden im Mittelalter zu einer florierenden Handelsstadt entwickelte. Gleichzeitig war diese Lage aber auch von militärischem Wert, weshalb die Stadtbefestigungen stetig auf dem neuesten Stand gehalten werden mussten. Dies wurde allerdings im 17. und 18. Jahrhundert vernachlässigt, da diese Arbeiten die Finanzkraft der Stadt überstiegen. Bei den Ausbauten des 19. Jahrhunderts unter preußischer Herrschaft wurde dann mit der Bahnhofsbefestigung eine moderne Fortifikation errichtet, die aber nicht darüber hinweghelfen konnte, dass der Rest Mindens aus fortifikatorischer Sicht ein hoffnungsloser Fall war, solange nicht das gesamte Gebiet bis zur Porta Westfalica befestigt wurde (Abb. 1).

Dem Ausbau der Stadtmauer ab etwa 1230 folgte unter Einbeziehung der zum Teil spätmittelalterlichen Torzwinger im frühen 16. Jahrhundert eine vorgelagerte Fortifikation aus Erdwällen und Rondellen. Bereits 1501 wurde mit dem Aufwerfen des Walles mit Mantelmauer begonnen, 1505 folgten die Torzwinger. Die hohe Geschwindigkeit, mit der die neue Stadtbefestigung errichtet wurde, zeigt die Finanzkraft der Stadtherren, aber auch die Dringlichkeit, die diesem Projekt zugestanden wurde. 1529/30 waren dann bereits alle wesentlichen Arbeiten abgeschlossen und es mussten erste Ausbesserungen vorgenommen werden, da statische Probleme auftraten. Die zur Flankierung notwendigen (Erd-)Rondelle sind jedoch erst 1544 urkundlich nachzuweisen. Im späten 16. Jahrhundert wurden dann noch mehrere Batterietürme errichtet, von denen der Turm »Das hoge Rondeel/Hohe Batterie« noch in die Befestigung des 19. Jahrhunderts integriert wurde. Mit diesen Ausbauten war dann allerdings die finanzielle Kraft der Stadt erschöpft.

Abb. 2 Westflügel des Reduits von Fort A. Die restlichen Bestandteile des Forts wurden 1897 einplaniert und als Exerzierplatz genutzt

Mit dem 30-jährigen Krieg begann dann unfreiwillig der weitere Ausbau der Befestigungen mit polygonalen Werken, nachdem sich die Stadt die notwendige Bewaffnung und Truppenstärke zur Verteidigung ihrer Neutralität gegenüber den kaiserlichen Truppen nicht leisten konnte. Erste Erweiterungen waren Ravelins, Hornwerke und ein deutlich vergrößerter Brückenkopf auf dem östlichen Weserufer, obgleich die Stadtherren dem durch General Johann Tserclaes von Tilly eingesetzten Ingenieur Geschenke machten, »damit er nicht gar zu eifrig beim Bau sein sollte«.

In den dem Krieg folgenden Jahrzehnten schwankte das Engagement des Hauses Brandenburg bezüglich des Ausbaues der Befestigungen mehrfach. Pläne wurden zwar immer wieder gemacht. Meist blieb es aber bis zum Ende des 17. Jahrhunderts bei Planungen und kleineren Änderungen, trotz harscher Kritik durch die brandenburgischen Ingenieure Jean de Bodt, Jean Louis Cayart und F. von Möllendorff. Im Siebenjährigen Krieg wechselte Minden dann mehrfach den Besitzer. Die Stadt lag zwar an einer strategisch wichtigen Marschroute, war aber in keiner Weise auf Belagerungen eingerichtet. Daher verfügte Friedrich der Große bei seinem Besuch in Minden am 4. Juni 1763 die Auflassung der Festungsanlagen.

Johannes Müller-Kissing

Mit dem Rückzug der Grande Armée aus Russland beschloss der preußische Generalstab dann 1813, Minden wieder sukzessive zur Festung auszubauen. Grundlegend für die weitere Entwicklung und das Tracé Mindens sollte dann der Plan von Generalmajor von Rauch sein, der 1815 die Befestigungen massiv nach Süden, dem Areal des heutigen Simeonsplatzes zwischen Schwichowwall im Norden und Simeonsglacis im Süden, erweiterte. Die so entstandene Erweiterungsfläche innerhalb eines Kronwerks, die etwa ein Drittel der Fläche der Altstadt maß, sollte nur den Bedürfnissen der Garnison zur Verfügung stehen.

In den Folgejahren wurden die Stadtbefestigungen als vollbastionierte Anlagen ausgeführt. Ravelins wurden errichtet, ein gedeckter Weg angelegt und Pflanzungen auf dem Glacis vorgenommen. Auch der Brückenkopf wurde verstärkt und als Hornwerk mit Halbbastionen an dessen Flanken ausgebaut. Notgedrungen musste dem Wallverlauf des 17. Jahrhunderts gefolgt werden, da ansonsten die Kosten explodiert wären. Auffälligste Neuerung waren drei große Kaponnieren für Artillerie und Infanterie im Hauptgraben, während die klassischen Bastionen nur modifiziert wurden.

1841/42 traten dann ernste Planungen für die Errichtung eines befestigten Bahnhofes auf dem Ostufer der Weser auf. Mehrere Pläne, unter anderem eine erweiterte Planung aus dem Jahr 1815 des Generals von Rauch, wurden diskutiert und wieder verworfen. Schlussendlich wurde 1845 von einer lockeren Befestigung des Bahngeländes mit wenigen Schanzen Abstand genommen und ein etwa 25 Hektar großes Areal mit einer geschlossenen Befestigung umgeben. Auch konnte mit der Anlage der Befestigungen dem Problem begegnet werden, dass die Weserseite der Stadt bei einer Belagerung schwer zu verteidigen gewesen wäre.

Die Arbeiten wurden von 1845 bis 1852 durchgeführt und vor allem durch den Platzingenieur Major Hardenack geleitet. Da an dieser Stelle keine älteren Befestigungen bestanden, konnte unter Harde-

Abb. 3 Ostminden/Bahnhofsbefestigung. Innenseite der krenelierten Mauer mit Geschütz- und Gewehrscharten an der südlichen Kehlfront am Parkplatz »Neuplatz/Kaiserstraße«

nack, der zuvor in Posen an den Festungsanlagen mitgearbeitete hatte, eine von Grund auf moderne Befestigung geschaffen werden. Die Forts A und B wurden mittels eines polygonalen Walles in Form eines Viertelkreises verbunden, deren Flankierung durch die Reduits der Forts sichergestellt werden sollte (Abb. 2). Ein Kavalier auf halber Strecke zwischen den Forts sollte für weitere Feuerkraft im direkten Vorfeld der Forts sorgen. Im Westen lehnte sich der Viertelkreis an die Weser mit dem Weserhafen an, dessen mehrfach zurückspringende Hafenmauer mit Flan-

Abb. 4 Luftbild des Forts C

Abb. 5 Ansicht des nach Baubefund und Vergleichsanlagen rekonstruierten Zugangsbereichs von Fort C

kenbatterien nach Norden hin bestrichen werden konnte. Eine krenelierte Mauer sicherte die Südseite des Viertelkreises (Abb. 3). Von einem Wall wurde in diesem Bereich abgesehen, da es sich hier um das Überschwemmungsgebiet des Osterbaches handelte. Im Belagerungsfall sollte dieser aufgestaut werden und die Niederung bis zur Weser überfluten. Zusätzlich wurde etwa 400 m südlich das Fort C aufgeworfen, dass auch bei Hochwasser funktionsfähig bleiben sollte (Abb. 4 und 5). Die Eisenbahn fuhr über einen Damm durch dieses Gebiet und konnte durch spezielle Tore in die Befestigung einfahren, die mit Balken, später Schienen, verschlossen werden konnten. Die von Osten auf das Bahnhofsareal treffende Berliner Chaussée wurde durch den Südteil der Befestigung geführt und querte an der Weser auf ein Reduit, das den Zugang zum Brückenkopf sicherte und mit einer weiteren Flankenbatterie ausgestattet war.

Die Forts A und B verfügten ihrer Aufgabe nach über große Hufeisenförmige

Abb. 6 Im Bewuchs leider nur schlecht zu erkennende östliche Schulterkaponniere von Fort C

Abb. 7 Eingangsportal der Defensionskaserne von 1829 am Simeonsplatz

Abb. 8 Das im Herbst 1820 fertig gestellte Proviantmagazin. Ursprünglich sorgten zwei Reihen halbrunder Dachgauben für die Belichtung

Abb. 9 Innenhof des Reduits von Fort B mit dem auf die Decke aufgesetzten Kasernenbau

Abb. 10 Luftbild Fort B

Reduits sowie drei Caponnièren, während das Reduit von Fort C in Form eines Pilzes ausgeführt wurde und nur Schultercarponieren ausgeführt wurden (Abb. 6). Die beiden großen Forts verfügten weiterhin über eine umlaufende krenelierte Mauer, deren Innenseite durch jeweils zwei Scharten der Saillantcarponière bestrichen werden konnte.

Von den ursprünglich geplanten drei Defensionskasernen wurde nur die No. I gebaut, in der sich heute das Preußenmuseum befindet (Abb. 7). Ansonsten wurden manche der Infrastrukturgebäude der Festung bombensicher ausgeführt, während der Großteil des militärischen Gebäudebestandes ungeschützt blieb (Abb. 8).

Im Lauf der 1850er-Jahre wurde dann damit begonnen, Traversen auf den Wällen zu errichten, wobei nicht klar ist, wie viele der Traversen und Hohltraversen wirklich bis zur Aufgabe der Festung entstanden. Auch wurden ab 1864 die Kriegspulvermagazine mit Erddeckungen verstärkt, um auf die erhöhte Treffsicherheit der gezogenen Läufe zu reagieren. Um diese Zeit herum betrachtete der preußische Generalstab Minden wiederum kritisch, da eine wirkungsvolle Verteidigung nur durch einen Ring detachierter Forts möglich gewesen wäre. Diese waren zwar schon in den 1840er-Jahren gefordert, aber nicht gebaut worden. Generalleutnant von Moltke sprach sich dann 1867 in einem Memorandum gegen den weiteren Ausbau Mindens aus. Seiner Meinung nach war Minden nur zu halten, wenn die gesamten 10 Kilometer bis zur Porta Westfalica und dem Wiehengebirge befestigt werden würden. Nach einer kurzen Armierung der Festung 1870, bei der ein Fort im Vorfeld der Festung errichtet wurde, endete die Nutzung Mindens als Festung. Mit Reichsgesetzt vom 26. Mai 1873 wurde neben weiteren Standorten auch Minden als Festung aufgehoben (Abb. 9 und 10).

Nach der Deklassierung der Festungsanlagen blieb Minden weiterhin Garnisonsstadt, wodurch neben den Gebäuden der Festungszeit auch ein großer Gebäudebestand an militärischer Infrastruktur nach 1873 entstand und noch heute zu besichtigen ist (Abb. 11).

Von den Festungsanlagen selbst sind Reste erhalten, die über das gesamte Stadtgebiet verstreut sind und jeweils für sich interessante Einblicke in die Befestigungen bieten. Vor allem Fort C im Stadtteil Ostminden ist zu empfehlen, da es

Abb. 11 Ostminden/Bahnhofsbefestigung. Kaserneninnenhof während der Sanierung 2019/20

Abb. 12 Frontpartie des Reduits von Fort A mit den ab 1880 eingebrochenen Fenstern, als hier Unterkünfte eingerichtet wurden

Abb. 13 Nördlicher Abschluss des Redans X mit Kanonen- und Gewehrscharten

die einzige Anlage ist, die nach Sanierung und Rekonstruktion in den 1980er- und 1990er-Jahren wieder in ihren ursprünglichen Zustand versetzt wurde. Die Reduits der Forts A und B sind mittlerweile in ziviler Nutzung, der Rest der Forts wurde (teil-)geschleift und übererdet (Abb. 12). Weiterhin sind einige der weserseitigen Flankenbatterien erhalten geblieben. Der Festungswall auf dem Westufer der Weser wurde komplett in den Graben planiert oder abgefahren, der Grund als Baufläche genutzt. Reste der steinernen Einbauten sind aber noch erhalten. Das Glacis hingegen wurde als Grüngürtel umgenutzt und ist besonders im Südwesten der Stadt sehr gut erhalten. Am Weserufer blieb die untere Partie der krenelierten Mauer der Fischerstadt aus Wasserschutzgründen erhalten. Die Unterseiten der Gewehr- und Geschützscharten sind noch vorhanden. Die hier auf Schiffslafetten 1995 aufgestellten drei 6-Pfünder Geschützrohre stammen vermutlich aus der Zeit der Wiederbewaffnung der Festung 1814, während die auf dem langen Feld eingravierten Nummern vom Artillerie-Zeughof in Minden vorgenommen wurden. Weiter weserabwärts ist die Mauer noch komplett erhalten. Stadtseitig ist ein Teil des Redans X im Bereich des Parkplatzes »Schlagde« zu besichtigen (Abb. 13).

Bedingt durch den Bewuchs im Bereich des Glacis und Teilen von Fort C ist es empfehlenswert, Minden in der vegetationsfreien Zeit zu besuchen, wenn die Reste der Befestigungen das Ziel sind. Die Infrastrukturgebäude sind dagegen das gesamte Jahr hindurch gut zugänglich.

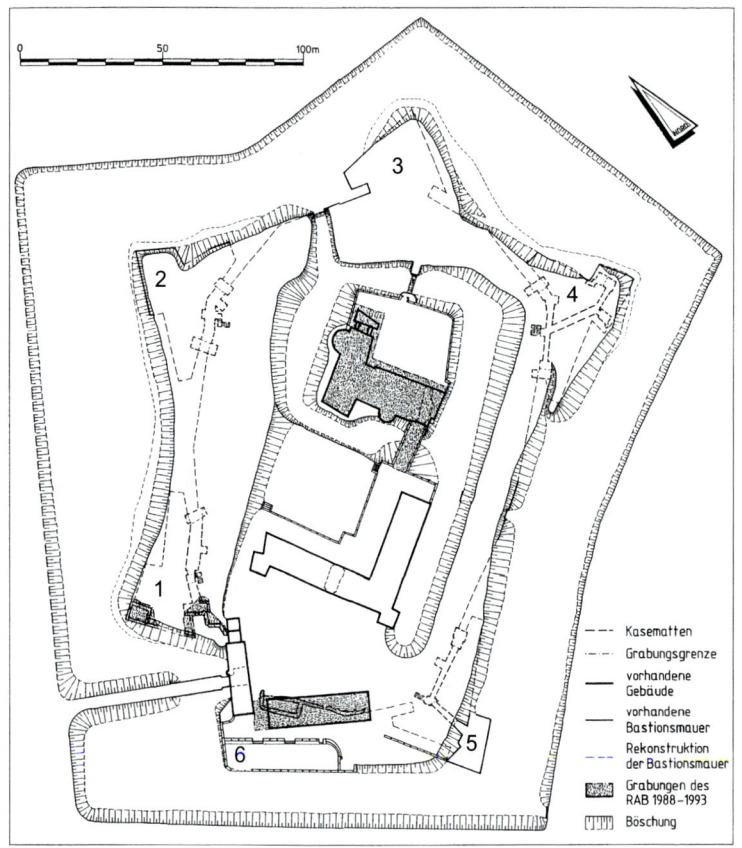

Abb. 1 Gesamtplan von Schloss Rheydt.
1 – Südwestbastion, 2 – Nordwestbastion,
3 – Nordbastion, 4 – Nordostbastion,
5 – Südostbastion, 6 – Südbastion

SCHLOSS RHEYDT IN MÖNCHENGLADBACH
EIN BOLLWERK GEGEN DEN LANDESHERRN

Schloss Rheydt gehört zu den wenigen Adelssitzen im Rheinland, deren renaissancezeitliches Erscheinungsbild sich weitgehend erhalten hat (Abb. 1). Dieser Umstand ist in der für die Region untypischen Geschichte der Anlage begründet. Das Schloss bildete das Zentrum einer kleinen Unterherrschaft innerhalb des Herzogtums Jülich. Unterherren verfügten über weitergehende Rechte als der übrige landsässige Adel, blieben aber in der Lehnsabhängigkeit des jeweiligen Landesherrn. Otto von Bylandt (um 1525/30–1591) war als Herr von Rheydt eine ambitionierte Persönlichkeit, wie auch ein Wahlspruch zeigt, den er an der aufwändig gestalteten Fassade seines Schlosses anbringen ließ: »Ich acht nit das der geleefft hait wilcher nit seines Leben namhaifftige Gezeugnis nach sich gelassen hait«. Mit engen Kontakten zum habsburgischen Hof ausgestattet, versuchte er, seiner Unterherrschaft den Status der Reichsunmittelbarkeit zu verschaffen. Er stand damit in großem Widerstreit mit Herzog Wilhelm V. von Jülich-Kleve-Berg, seinem Lehns- und Dienstherrn. Nach Ottos Tod setzte sein Sohn Ottheinrich die Politik des Vaters zunächst erfolgreich fort, seine Kinderlosigkeit löste jedoch Jahrzehnte andauernde Erbstreitigkeiten aus, die wegen der ungeklärten Besitzverhältnisse eine spätere Modernisierung der Anlage verhinderten. Im 19. Jahrhundert in bürgerlichen Besitz gekommen, erwarb 1917 die Stadt Rheydt die Anlage und richtete dort 1922 das städtische Museum ein. Bis auf ein Intermezzo als Gästehaus während der NS-Zeit wird das Schloss weiterhin museal genutzt.

Der renaissancezeitliche Ausbau unter Otto von Bylandt orientierte sich an der Jülich-Klevischen Hofkultur und hier vor allem an der durch Alessandro Pasqualini geplanten Residenz im nahe gelegenen Jülich. Entgegen dem der italienischen Hochrenaissance römischer Prägung verpflichteten Stil des Jülicher Residenzschlosses, zeigt Rheydt jedoch einen starken niederländischen Einfluss, der durch die zeitgenössische Druckgraphik vermittelt worden sein dürfte (Abb. 2). Neben der in zwei Phasen um 1560 und 1567/68 erfolgten Erneuerung der im Kern spätmittelalterlichen Schlossanlage, sticht die sechsbastionäre Befestigung ins Auge, die rechtlich dem Bauherrn nicht zustand, aber Grundlage seiner Unabhängigkeit vom Landesherren wurde. Zudem musste Otto von Bylandt die immer wieder in den Niederrhein einbrechenden Truppen der Kriegsparteien des 80-jährigen Krieges fürchten, vor denen er seinen Besitz mit den Festungswerken zu sichern versuchte. Als Architekten des Schlossausbaus, dem es geschickt gelang, die spätmittelalterlichen Bauteile zu einem harmonischen Ganzen zusammenzufügen, nimmt man Maximilian Pasqualini, den ältesten Sohn Alessandro Pasqualinis, an.

Die zu Hand- und Spanndiensten für den Festungsausbau herangezogenen Bauern der Unterherrschaft Rheydt machten gegen ihren Unterherrn mobil. Sie sahen sich durch die zu leistenden Fronarbeiten ihrer angestammten Freiheiten beraubt. Zum Bruch zwischen den Bauern und Otto von Bylandt war es gekommen, als diese ihm 1586 die Erneuerung des Huldigungseids verweigerten. Otto reagierte mit aller Härte, was jahrelange, vor allem juristisch geführte Auseinandersetzungen zur Folge hatte, die sich auch unter seinem Sohn Ottheinrich fortsetzten. Sie werfen eine bezeichnendes Licht auf die angespannte Situation, in denen sich der Niederadel in der beginnenden Frühen Neuzeit befand. Einerseits strebten die Landesherren danach, ihre Rechte auszudehnen, und andererseits waren die direkten Untertanen kleinerer Herrschaften nicht bereit, im Spätmittelalter errungene Befreiungen von Lasten wieder preiszugeben.

Schloss Rheydt zeigt mit Torburg, Vorburg und Herrenhaus einen für das Rheinland typischen Grundriss eines Adelssitzes des ausgehenden Mittelalters (Abb. 3). Der erhaltenen offene Loggienanlage im Innenhof des Südwestflügels können Parallelbeispiele in den Schlössern Bedburg (Erft), Dyck und Myllendonk an die Seite gestellt werden. Hier wird eine Bauherrenschicht greifbar, die auch in architektonischer Hinsicht eine Nähe zu den Habsburgern anzeigen wollte. Am Anfang der Baugeschichte von Schloss Rheydt stand mit großer Wahrscheinlichkeit eine Motte in der Niederung des Flusses Niers. 1190 wird die Burg erstmals erwähnt. Eine erste Steinbauphase aus Feldbrandziegeln ist für das Ende des 13. und den Anfang des 14. Jahrhunderts greifbar. Die anschließende zweite Steinbauphase datiert in die Mitte des 14. Jahrhunderts. Zu dieser Zeit ist der Titel »Ritter und Herr von Rheydt« erstmals belegt, was als Hinweis auf die inzwischen entstandene Herrschaft Rheydt anzusehen ist. 1345 dienten die Herren von Rheydt die Anlage als »offen schloss« dem Markgrafen von Jülich an. Ein interessanter Beleg für die alte Wortbedeutung von Schloss als ein Gebäude, das sich unter Verschluss nehmen ließ, also nichts mit seiner repräsentativen Gestalt zu tun hat. Für die Baugestalt entscheidend war die dritte Bauphase in der 2. Hälfte des 15. Jahrhunderts, die nach einer Zerstörung des Schlosses im Jahr 1464 anzuset-

Abb. 2 Arkadenhoffassade von Schloss Rheydt

Abb. 3 Schloss Rheydt von Südwesten

zen ist. Die rechteckige Ringmauer wurde jeweils in der Mitte einer Seite mit einem halbrunden Turm besetzt. Im Jahr 1500 wurde die Familie von Bylandt mit Schloss Rheydt belehnt. Im frühen 16. Jahrhundert entstanden hinter der Ringmauer im Südwesten und im Nordwesten Wohnbauten (Steinbauphasen IV und V). Diese bildeten den Ausgangspunkt für die Erweiterungen unter Otto von Bylandt (Steinbaupha-se VI). Unklar bleibt das Erscheinungsbild der Burg- bzw. Schlossanlage in der nordöstlichen Hälfte. Hier können schmalere und niedrigere Galerieflügel angenommen werden (Abb. 4). Nach einer tiefgreifenden Restaurierung zu Beginn der 1990er-Jahre präsentiert sich das Herrenhaus heute in der Raumaufteilung im Zustand

Abb. 4 Rekonstruktion des Herrenhauses auf der Grundlage einer Karte von Arnold Mercator von 1596

Abb. 5 In einem Ausschnitt der Karte des Schlosses Rheydt von Arnold Mercator aus dem Jahr 1596 erkennt man zwei Wachen

Abb. 6 Festungsplan von 1572

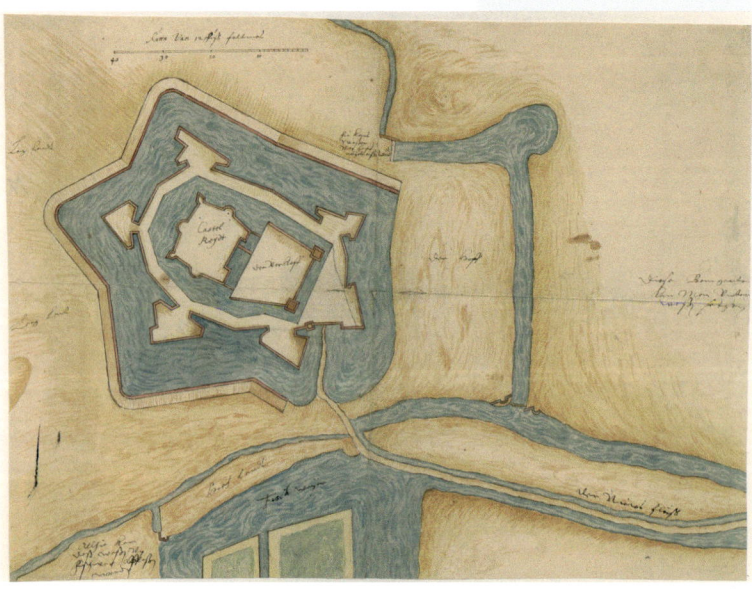

des 16. Jahrhunderts. Kamine, Decken, Wandgemälde und Bodenbeläge geben eine Ahnung von der gehobenen Ausstattungskultur unter Otto von Bylandt.

Ottheinrich von Bylandt suchte nach der Herrschaftsübernahme 1591 die Unterstützung der Generalstaaten, da er wohl erkannt hatte, dass er selbst nicht in der Lage war, die Festung Rheydt dauerhaft mit den notwendigen Waffen und Soldaten zu belegen. Zudem verweigerten ihm seine Untertanen, Wachdienste auf dem Schloss zu übernehmen (Abb. 5). Da Ottheinrich wie gesagt kinderlos verstarb, kam es in der Folge zu Erbstreitigkeiten. Als neuer Schlossherr setzte sich sein Schwager Florens Hattard von Boetzelaer durch. Seit 1614 lagen niederländische Truppen auf Schloss Rheydt. Für die Generalstaaten bildete die kleine Festung einen wichtigen Stützpunkt im Vorfeld der Landesfestung Jülich, die sie 1610 erobert hatten. Diese ließen sie in den folgenden Jahren durch den Ingenieur Johan van Valckenburgh verstärken. In diesem Kontext wird immer wieder auf Verbesserungsarbeiten in Rheydt verwiesen. Deshalb ist anzunehmen, dass van Valckenburgh auch hier tätig war, wobei die Arbeiten nicht weiter spezifiziert werden können. Das überregionale Interesse an den Rheydter Festungsanlagen wird daran erkennbar, dass sich im Kriegsarchiv in Stockholm ein Plan aus der zweiten Hälfte des 16. Jahrhunderts erhalten hat, der einen relativ genauen Eindruck vom Grundriss der Befestigung wiedergibt (Abb. 6). Das bezieht sich vor allem auf die sehr unterschiedlichen Grundrisse der sechs Bastionen. 1621 fiel Rheydt in die Hände der Spanier. Florens Hattard von Boetzelaer konnte seine Position nur halten, indem er sich nun der spanischen Krone andiente. 1623 erwirkte er einen Schutzbrief bei der spanischen Statthalterin in den Niederlanden, Infantin Isabella Clara Eugenia, der aber die Demolierung der Festungsanlagen vorsah. Der teilwei-

Abb. 7 Digitaler Oberflächenscan von Schloss und Festung Rheydt

Schloss Rheydt in Mönchengladbach

Abb. 8 Die nach Norden weisende Flankenstellung in der Nordostbastion

sen Wiederherstellung der Bastionen nach 1636 durch Rolemann von Bylandt war nur eine kurze Dauer beschieden, da die Landgräfin Amalie Elisabeth von Hessen-Kassel im Jahr 1647 nach dreijähriger Besatzung durch ihre Truppen die letzten Reste der Bastionen schleifen ließ.

Die Grundstruktur des Festungswalls und ein Teil der Kasematten blieben erhalten. Das gilt vor allem für die Nordostbastion, deren teilweise wiederhergestellten Gänge und Geschützstellungen besichtigt werden können. Der Festungswall wurde aus dem Aushub zur Anlage des breiten Wassergrabens, der sich 20 bis 30 m vom alten Burggaben entfernt befindet, geformt. Eine aus Ziegeln errichtete Eskarpenmauer stützte den Wall gegen den Graben ab, wurde aber nach Auflassung der Festung weitgehend niedergelegt und auch die Wälle wurden eingeebnet, vor allem in Folge der Parkgestaltung im 19. Jahrhundert (Abb. 7). Wälle und Bastionen waren auf den Einsatz von Wallbüchsen und kleineren Geschützen ausgelegt, wie die Schießscharten in den zurückgezogenen Flankenstellungen zeigen (Abb. 8). Die Nordwest- und die Nordostbastion (Abb. 1.2 und 4) verfügten wohl jeweils über vier solcher Stellungen, was zu einer bemerkenswerten Grundrisslösung mit einer abgetreppten Bastionsspitze führte. Die Gänge in den Bastionen sind ca. 1,70 m breit und tonnengewölbt bei einer Scheitelhöhe von ca. 2,10 m (Abb. 9 und 10). Kleine Wandnischen könnten zur Aufnahme von Leuchten verwendet worden sein.

Für das Jahr 1586 ist belegt, dass marodierende spanische Soldateska die Niers heraufzog und zahlreiche Herrensitze eroberte und plünderte. Archäologische Untersuchungen der nahegelegenen Herrenhäuser Pesch und Palandt im Vorfeld des Braunkohletagebaus Garzweiler II haben jeweils den Zerstörungshorizont der

Abb. 9 Gänge in der Nordostbastion

1580er-Jahre nachweisen können. Schloss Rheydt entging diesem Schicksal, weil die Befestigung, auch wenn sie nur mit leichteren Waffen verteidigt wurde, abschreckend genug erschien, um sie nicht anzugreifen. Dagegen wurde die umliegende Herrschaft Rheydt mehrfach in dieser Zeit von spanischen Truppen heimgesucht und ausgeplündert. Die Nonnen des Klosters St. Alexandri, das sich neben der Pfarrkirche von Rheydt befand, flohen 1586 ins Schloss und fanden hinter den Festungswällen zeitweilig Schutz.

Abb. 10 Zugangsbereich der Nordostbastion

Schloss Rheydt in Mönchengladbach

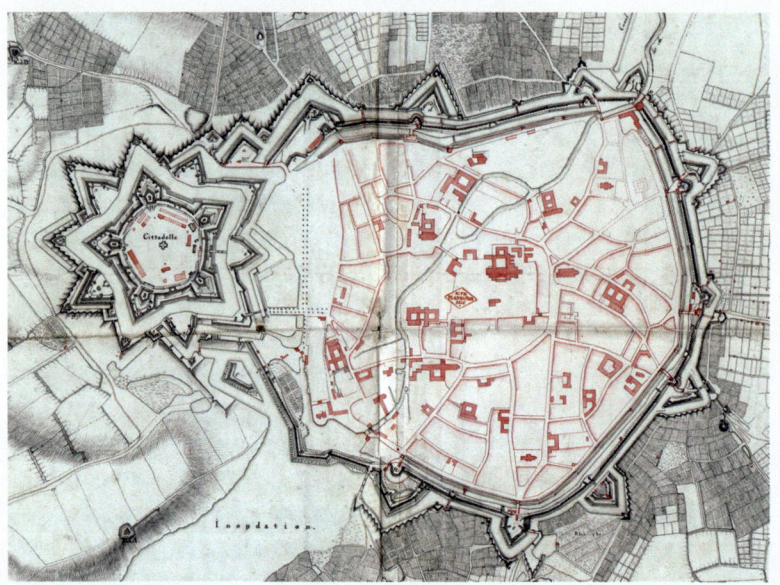

Abb. 1 Bestandsaufnahme der Befestigungen um 1760

MÜNSTER
EIN BEFESTIGTES ZENTRUM KLERIKALER MACHT

Münster, die Stadt des Westfälischen Friedens, gehörte seit dem Mittelalter zu den schwer befestigten klerikalen Machtzentren in Westfalen. 1170 mit dem Stadtrecht ausgestattet, wurden die Stadtbefestigungen der Bischofsstadt bis zu deren Schleifung ab 1764 stetig ausgebaut (Abb. 1).

Problematisch bei der Erforschung der älteren Befestigungen sind neben ihrem Verschwinden aus dem Stadtbild und nur wenigen Gelegenheiten, archäologische Untersuchungen durchzuführen, vor allem die Aktenvernichtungen während der Täuferherrschaft 1534/35. Aus den archivalischen Resten ist jedoch ersichtlich, dass der Stadtmauer zur Mitte des 14. Jahrhunderts hin bereits zwei Gräben vorgelagert waren und sie demnach dem Stand der damaligen Fortifikation entsprach. Der zwischen beiden Gräben liegende Wall sollte dann der zukünftigen frühneuzeitlichen Befestigung des 16. Jahrhunderts als neue Front dienen. Weitere Baunachrichten nennen zur Soester Fehde für die Jahre 1447/48 Blockhäuser auf dem Wall, weshalb davon ausgegangen werden kann, dass bereits um diese Zeit die Verteidigung von der Stadtmauer zumindest teilweise auf den Wall vorverlegt wurde. Dieses Vorgehen ist auch für andere Stadtbefestigungen und Burgen in Westfalen und Lippe bekannt und stellt den letzten Entwicklungsschritt vor dem völligen Neubau der Stadtbefestigungen im frühen 16. Jahrhundert dar. Bis zum Ende der Täuferherrschaft schweigen dann die Quellen bis auf einzelne Schlaglichter im Großen und Ganzen.

Die wenigen erhaltenen Dokumente sprechen dafür, dass Münster ab den 1520er-Jahren eine neuzeitliche Befestigung erhielt, die bereits in den frühen 1530er-Jahren eine beachtliche Stärke erreicht hatte, wie die langwierige Belagerung von 1535 zeigen sollte. Einzig das Kreuztor mit dem Heiligkreuzrondell scheint um diese Zeit nicht vollkommen einsatzfertig gewesen zu sein (Abb. 2). Von den Täufern wurde die Toranlage daher hastig verstärkt, indem Grabsteine, Bauplastiken und anderes Baumaterial aus den Kirchen zum Verstärken der Mauern verwendet wurde.

Glücklicherweise bildeten die Baumaßnahmen dieser Zeit das Rückgrat der 4,5 km langen Stadtbefestigung bis in den Siebenjährigen Krieg hinein, weshalb die 1636 von Everhard Alerdinck angefertigte Vogelschau einen guten – wenn auch idealisierten – Eindruck dieser Anlagen bietet. Deutlich sicherer sind die Angaben auf einem um 1760 entstandenen Plan, der sich bisher bei Grabungen als detailgetreu erwiesen hat und in Verbindung mit den erhalten gebliebenen Urkunden des 15. und 16. Jahrhunderts folgendes Bild zeichnet: Die spätmittelalterlichen Torzwinger der Stadt waren demnach mit Erdrondellen verstärkt worden. Ihre Wallansätze waren zusätzlich mit kleinen Grabenwehren gesichert worden, um den Nahbereich der Rondelle und Wälle besser verteidigen zu

Abb. 2 Das heute noch etwa 33 m breite Heiligkreuzrondell mit dem davorliegenden Wassergraben. Im Gebüsch hinten links liegt das Ravelin

Abb. 3 Batardeau zwischen Neutor und Kreuztor

Abb. 4 Ansicht des Großen Bollwerks von Südosten. Das mittlerweile sanierte Mauerwerk lädt zur Bauphasenkartierung ein. Mittig ist eine vermauerte Scharte zu erkennen

können. Zur Regulierung des Wasserstandes im Graben, der durch die Aa gespeist wurde, legten die Münsteraner im Lauf der Jahrhunderte 16 Batardeaus an, von denen sich zwei erhalten haben (Abb. 3). Als Besonderheit der Befestigung kann das »Große Bollwerk« im Nordosten der Stadt, am Ausfluss der Aa, gelten (Abb. 4). Der Ziegel- und Bruchsteinbau mit 24,3 m Durchmesser und bis zu 4,6 m starken Mauern war zur Zeit seiner Errichtung um 1525 der einzige komplett in Mauerwerk ausgeführte Verteidigungsbau der Stadt – abgesehen von den Toranlagen. Zur Zeit der Belagerung und Einnahme Münsters durch den Landesherren Fürstbischof Franz von Waldeck am 25. Juni 1535 besaß das »Große Bollwerk« eine Bewaffnung von 21 Hakenbüchsen, drei Steinbüchsen und einem Falkonett, mit der mehrere Sturmangriffe abgewiesen wurden (Abb. 5).

Über die weiteren Ausbauten vor dem 30-jährigen Krieg liegen mehrere Meldungen vor. So mussten zum Beispiel Ende des 16. Jahrhunderts alle Gartenhäuser und Hecken, die weniger als 100 Schritt vom Wassergraben entfernt waren, abgerissen werden, um ein Glacis zu errichten. Es ist davon auszugehen, dass ein Hornwerk im Nordwesten der Stadt, ein Halbmond im Südosten und eine Bastion nach italienischem Vorbild im Osten ebenfalls in dieser Bauphase zu datieren sind.

Vor allem in der zweiten Hälfte des 17. Jahrhunderts wandelte sich die Befestigung massiv unter dem Einfluss unterschiedlicher Stadtherren. Dabei blieben die Anlagen des 16. Jahrhunderts weitgehend in Nutzung, während die Verteidigung durch weitere Werke im Graben und dem Vorfeld deutlich tiefer gestaffelt wurde (Abb. 6).

Die prägendsten Veränderungen initiierte dabei sicherlich Christoph Bernhard Graf von Galen, der ab dem 14. November 1650 Fürstbischof von Münster war. Konflikte innerhalb der Machtstrukturen des Bistums und mit der Stadt führten dazu, dass der später auch von seinen niederländischen Gegnern mit dem Spitznamen »Bommen-Berend« bedachte Bischof Münster 1657 erfolglos belagerte. Eine achtmonatige Belagerung 1660 führte dann zur Kapitulation Münsters. Wie schon 1655 in Coesfeld und später in Vechta (1666) sicherte Bernhard die Stadt ab 1661 durch die Errichtung einer Zitadelle. Im Gegensatz zu den Bürgern von Coesfeld, die sich kooperativ gezeigt hatten, mussten die Münsteraner allerdings die für den Bau der Zitadelle notwendigen Grundstücke ohne Entschädigung abgeben. Die Zitadelle wurde westlich der Stadt errichtet, da hier eine der Hauptangriffsseiten der Stadt gelegen hatte, als Fürstbischof Bernhard versuchte, in die Stadt zu gelangen. Neben dem hierdurch erreichten Schutz dieser neuralgischen Stelle war auch die Droh-

Abb. 6 Der Buddenturm (Teufelsturm) überstand als einziger von sieben Türmen die Schleifung ab 1764. In der frühen Neuzeit diente er als Pulverlager

Abb. 5 In der Westfassade wurde eine Kanonenkugel in einen Ziegelflicken mit eingemauert

gebärde in Richtung der Stadt gesichert, was unter anderem auch dadurch auf die Spitze getrieben wurde, dass das Rathaus eine bischöfliche Wache erhielt und temporär von einer Palisade umgeben war. Geplant und umgesetzt wurde die pentagonal bastionierte Zitadelle durch den in bischöflichen Diensten stehenden Ingenieur Bernhard Spoede. Die fünf Bastionen erhielten jeweils einen Kavalier, während den Kurtinen mit Tenailles ein Ravelin vorgelagert war (Abb. 7). Zumindest in den 1760er-Jahren waren dann noch Ravelins auf dem gedeckten Weg vorhanden, die auch den Rest der Stadtbefestigung verstärkten. Weiterhin waren unter mindestens drei Bastionen Kasematten angelegt, die nicht zur Bestreichung des Grabens, sondern als Lagerräume dienten. Als Detail sei noch erwähnt, dass das Zugangsgewölbe anscheinend nicht geschwungen ausgeführt worden war, sondern ein Splitterschutzwall im Inneren dafür sorgte, dass nicht durch die Zugangsöffnung ins Innere geschossen werden konnte. Der Zugang selbst erfolgte über den der Stadt zugewandten Ravelin. Die links und rechts davon liegenden Bastionen waren mit Bonnets in Richtung der Stadt zusätzlich gesichert. Auch zeigt der Plan von 1760, dass bereits Arbeiten im Gang waren, dem Zugangsravelin einen Bonnet mit Flankenwall im Süden vorzusetzen, über den der Zugang erfolgte (Abb. 8).

Der Anschluss an die Stadt geschah mittels langgezogener Wälle, die teilweise bastioniert ausgeführt wurden und deren Anschlusspunkte an die Zitadelle durch Vorwerke geschützt wurden (Abb. 9). Die frühneuzeitliche Stadtbefestigung in diesem Bereich wurde komplett eingeebnet, um ein freies Schussfeld auf die Stadt zu erhalten. Heute liegt hier ein großer Parkplatz, durch den die Dimensionen des Schussfeldes gut zu greifen sind.

Auf den Wällen der Stadtbefestigung waren auf halber Strecke zwischen den Toren Flankierungsanlagen errichtet worden. 1636 werden diese allerdings als vorsprin-

Abb. 7 Blick auf die südwestliche Kurtine

Abb. 8 Erhaltene Spitze der südöstlichen Bastion. Weiter südlich sind noch die Reste der Anschlusswerke an die Stadtmauer in der Bebauung zu erkennen

Abb. 9 Batardeau mit halbrundem Aufsatz im Alten Zoo, südlich der Zitadelle

Abb. 10 Blick von der ehemaligen Esplanade auf das Schloss

gende Wallverbreiterungen dargestellt, während es sich auf dem Plan von 1760 eher um Kavaliere zu handeln scheint, von denen aus die Vorwerke der Toranlagen und Batardeaus flankiert werden konnten.

Von 1764 bis 1767 wurden die Stadtbefestigungen mitsamt der Zitadelle niedergelegt. Die Beschädigungen während der Belagerung 1759 durch Hannoveraner Truppen waren derart groß, dass es den Machthabern als sinnvoll erschien, Münster in Zukunft als offene Stadt zu erhalten und so Kosten einzusparen. Die Initiative ging von Franz von Fürstenberg aus, der 1762 durch den Kurfürst von Köln und Bischof von Münster, Maximilian Friedrich von Königsegg-Rothenfels, zum Minister für das Fürstbistum Münster ernannt worden war. Als Teil seiner Reformen wurden die Befestigungen in eine Promenade umgewandelt, die 1770 zusätzlich mit einer Lindenallee nach Plänen von Johann Conrad Schlaun bepflanzt wurde. Auch der Bau der fürstbischöflichen Residenz und des Gartens auf dem Zitadellengelände 1767 bis 1787 wurde durch Schlaun durchgeführt (Abb. 10).

Die Stadtbefestigungen sind zum Großteil nur noch als Trassé der Promenade vorhanden. Reste finden sich unter anderem an dem zu einem Park umgestalteten Ravelin Kreuzschanze im Norden der Altstadt, dessen Form noch im Gelände zu erkennen ist, und dem dahinterliegenden Wallabschnitt. Weiter Richtung Stadt liegt der Buddenturm, der zur mittelalterlichen Stadtmauer gehört. Westlich der Kreuzschanze liegt ein Batardeau im zur Wiese umgestalteten Graben. Östlich der Kreuzschanze schließt sich die Neubrückenpromenade an, bei der noch der Wall-Graben-Verlauf gut nachzuvollziehen ist. Dem Weg weiter folgend gelangt man zum Rondell Zwinger. Die im Süden an die teilweise sehr gut erhaltenen Zitadellenwälle anschließende Sektion der Stadtbefestigung ist ebenfalls in Form von Wällen und den Demiluneresten des Aegidiitores erhalten. Auf dem Gelände des Alten Zoos, südlich der Zitadelle, ist das zweite erhaltene Batardeau zu sehen.

BAUMEISTER IN KRIEG UND FRIEDEN
JOHANN CONRAD SCHLAUN (1695–1773)

Abb. 1 Matthias Kappers, Johann Conrad Schlaun als münsterischer Artilleriegeneral, um 1765

Wie kaum ein anderer hat Johann Conrad Schlaun, der in den Diensten des Fürstbischofs von Münster stand, die spätbarocke Architektur in Westfalen geprägt (Abb. 1). Vor Augen stehen einem hierbei vor allem die von ihm entworfenen Adelshöfe in Münster und die Schlossbauten wie beispielsweise das Jagdschloss Clemenswerth im Emsland. Dabei war Schlaun, der 1695 in Nörde bei Warburg geboren wurde, in erster Linie Militär, der seine diesbezügliche Laufbahn 1711/12 in der Paderborner Armee begonnen hatte. Seine Grund- und Ingenieurausbildung genoss er in der hannoverschen Armee. 1715 wurde Schlaun Artillerieleutnant und Landesingenieur des Fürstbischofs von Paderborn. Als 1719 Clemens August von Bayern zum Paderborner Fürstbischof gewählt wurde, reüssierte Schlaun mit einer gezeichneten Ansicht Paderborns und dem Entwurf des Feuerwerks anlässlich der feierlichen Inthronisation im Jahr 1720. Der Fürstbischof revanchierte sich mit der Beförderung zum Kapitänleutnant und mit der Ernennung zum Landmesser, nun aber in der fürstbischöflich münsterischen Armee. Sein Talent erkennend, ermöglichte Clemens August Schlaun eine dreijährige Bildungsreise, die ihn nach Würzburg, Wien, Rom und Paris führte. Nach seiner Rückkehr 1723 wurde Schlaun zum Artilleriehauptmann befördert. In diesem Jahr wurde Clemens August zum Erzbischof von Köln gewählt und verlegte 1724 seine Hofhaltung nach Bonn. Schlaun folgte ihm an den Rhein, wo er unter anderem die Bonner Stadtbefestigung modernisierte. Auch war er zeitweilig mit dem Neubau des Schlosses Augustusburg in Brühl betraut, ehe 1728 der Münchner Hofbaumeister François de Cuvilliés die Bauleitung übernahm. Schlaun, der 1728 zum Major ernannt worden war, ging wieder nach Münster zurück. Als Obristleutnant wurde er, in der Nachfolge von Gottfried Laurenz Pictorius, münsterischer Oberlandingenieur. 1733 folgte er als Obrist über die Artillerie Lambert Friedrich Corfeys. Corfey hatte 1722 anlässlich der Wahl von Clemens August zum Koadjutor des Erzstiftes Köln ein Feuerwerk entworfen, das auf der Zitadelle von Münster veranstaltet wurde (Abb. 2). Pyrotechnische Vorführungen gehörten zum Aufgabenbereich der Artillerieoffiziere, wie es für Schlaun 1720 in Paderborn belegt ist, da sie über das notwendige Fachwissen ver-

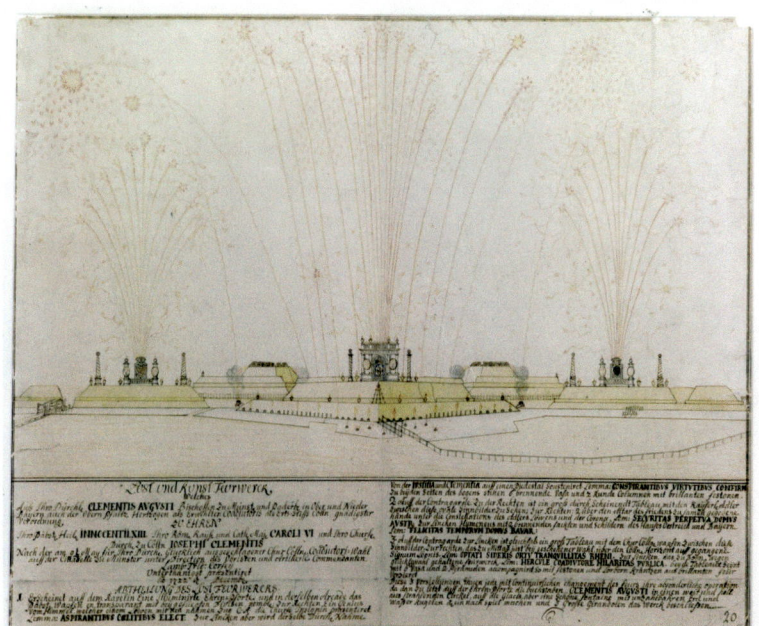

Abb. 2 Lambert Friedrich Corfey, Feuerwerk anlässlich der Wahl von Clemens August zum Koadjutor des Erzstiftes Köln, 1722

fügten. Feuerwerksvorführungen zeigten den Herrschaftsanspruch und die Gewalt des Souveräns an, die die militärische Potenz im Frieden sichtbar machten. Der weitere Aufstieg Schlauns manifestierte sich 1745 im Rang des Generalmajors und 1750 des Gouverneurs der Festung Meppen. Infolge des Ausbruchs des Siebenjährigen Krieges 1756 standen von nun an seine militärischen Funktionen im Vordergrund. Die Besetzung Münsters durch hannoversche Truppen zwang Schlaun ins Exil nach Bonn, von wo er 1763 zurückkehrte.

Nun musste er sich um die Schleifung der Landesfestung Münster kümmern. Die Vollendung des von ihm geplanten Residenzschlosses anstelle der Zitadelle erlebte er nicht mehr. In der Person Schlauns zeigt sich die enge Verknüpfung von Bauaufgaben der Militär- und Zivilarchitektur auch noch im späten 18. Jahrhundert.

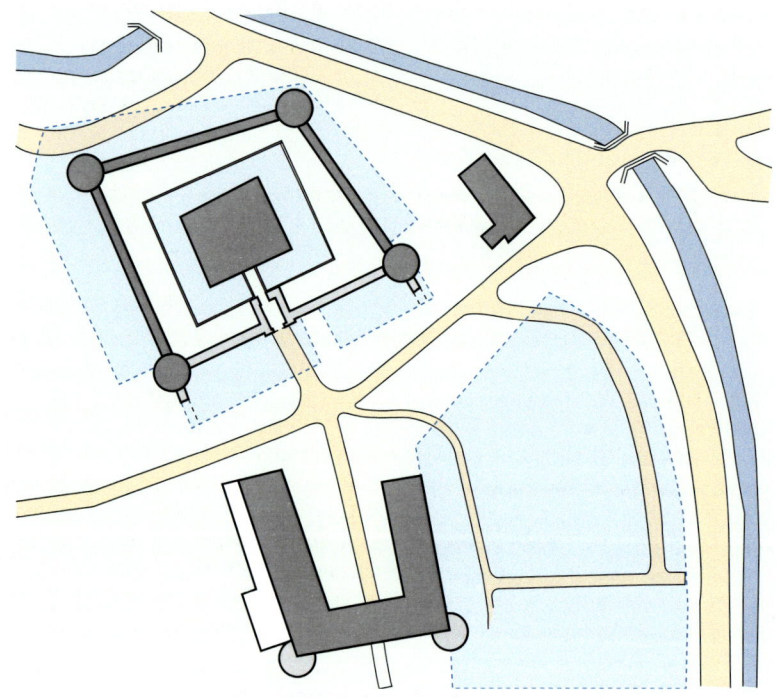

Abb. 1 Lageplan von Schloss Hardenberg

NEVIGES
SCHLOSS HARDENBERG – EIN BEFESTIGTES WASSERSCHLOSS

Schloss Hardenberg liegt im bewaldeten Tal des Hardenberger Bachs nördlich des Ortsteils Neviges der Stadt Velbert (Kreis Mettmann). Die Anlage besteht aus einer umwehrten Hauptburg mit Herrenhaus und einer südlich vorgelagerten dreiflügeligen Vorburg (Abb. 1 und 2). Die Zweiteiligkeit des Baukomplexes weist Hardenberg typologisch als Vertreter der rheinischen Niederungs- oder Wasserburg aus. Ihre Entstehung an der engsten Stelle des Talgrundes geht auf eine Neugründung im ausgehenden 15. Jahrhundert zurück. Die heute zugeschütteten Wassergräben umgaben noch im 19. Jahrhundert die Gesamtanlage und wurden ehemals von dem östlich vorbeifließenden Bach gespeist. In der Renaissance und im Barock erfuhr die Wasserburg mehrere Umbauten, die zu dem Erscheinungsbild eines repräsentativen Landschlosses führten (Abb. 3).

Der starke Befestigungsring um die Hauptburg zeugt heute noch von wehrhaften Zeiten, in denen die Verteidigung eine wesentliche Funktion der Wasserburg war. Eine Ringinsel mit vierseitigen Mauern und wuchtigen Rundtürmen auf den Ecken umschließt das Herrenhaus. Was dem Betrachter von außen verborgen bleibt, ist das unterirdische Tunnelsystem im vierseitigen Erdwall entlang der Ringmauern. In dem Wall sind gemauerte Gänge mit Schießscharten eingerichtet, die auf Belagerung und Verteidigung mit Artillerie ausgerichtet waren. Dieses Festungswerk mit einem bombensicheren Kasemattengang von 245 m Länge stand komplett im Wasser, umspült von einem inneren und äußeren Wassergraben, und bildet somit ein ebenso spektakuläres wie ungewöhnliches Zeugnis einer Wasserburg.

Die Baugeschichte von Schloss Hardenberg ist gründlich erforscht. Bauforschung, Archäologie und Archivkunde bezeugen die Entstehung der Burg als Neugründung der Familie Gevertzhain im ausgehenden 15. Jahrhundert und ihren letzten, heute noch gültigen Ausbau unter den folgenden Besitzern im 17. Jahrhundert. So geht das barocke Erscheinungsbild des Herrenhauses auf sukzessive Bauerweiterungen zurück. Zunächst ein alleinstehender Burgflügel, wurde es zur Winkelburg erweitert, sodann zur Dreiflügelburg ausgebaut und schließlich zu einem kubusartigen, verputzten Bau mit Mansarddach und mit Portalinschrift 1696 zusammengefasst. Auch die U-förmig angelegte Vorburg bestätigt mit ihren von Eisenankern gebildeten Jahreszahlen 1680 und 1693 den sichtbaren Umbau im Habitus des Barock. Diese Ausbaustufen lassen sich bei einer Vielzahl ähnlich konzipierter Adelssitze feststellen. Dagegen führte der Ausbau der Befestigung zu einer singulären Baulösung, die sich in ihrer eigenwilligen Konzeption von anderen adeligen Wehrbauten dieser Zeit abhebt. Das Festungswerk entstand in zwei Ausbaustufen zur jeweiligen Anpassung an die Entwicklung der Waffentechnik. In Zusammenschau der baulichen und archivalischen Überlieferung sind die

Abb. 2 Luftbildaufnahme des Schlosses Hardenberg aus südöstlicher Richtung

fortifikatorischen Überlegungen der Bauherrenschaft sehr gut nachzuvollziehen.

Ausgangspunkt der Herrschaft war nicht die Wasserburg im Tal (das heutige Schloss), sondern eine ältere Höhenburg, die 247 m südwestlich davon auf einem Bergsporn gelegen den Stammsitz der Grafen und Edelherren von Hardenberg bildete.

Die erste urkundliche Erwähnung der Burg »huis ind wohnunghe zue Hardenberg« datiert in das Jahr 1354 anlässlich des Verkaufs der Herrschaft Hardenberg

an Graf Gerhard von Berg für die beachtliche Summe von 6.000 Talern. Das Tal von Neviges bildete das Tor in die souveränen Länder von Essen, Werden und Mark und den Mittelpunkt einer kleinen, aber strategisch günstig gelegenen Herrschaft, die der Graf von Berg nach dem Kauf seinem Territorium als Amtsbezirk einverleibte.

Über 150 Jahre teilte Hardenberg nun das Schicksal vieler Amtsbezirke, denn die Grafen von Berg überließen das Amt als Pfandobjekt verschiedenen adeligen Gefolgsleuten.

Der letzte Pfandhalter war Bertram van Gevertzhain, genannt van Lutzenraide, seit 1491 Amtmann. Er erhielt 1496 »herschafft, sloss ind ampt zom Hardenberg, ... in eynem rechten steden erffkauffe« als Lehen, konnte also die Pfandschaft ablösen. Mit dem Erbkauf wurde Hardenberg im Jahre 1496 Unterherrschaft des Herzogtums Berg. Die aus dem Niederadel stammenden von Gevertzhain (von 1496 bis 1529 in Hardenberg) genossen fortan als Unterherren nahezu vollständige Souveränität und waren in vollem Besitz ihrer durch Erbkauf erlangten grundherrlichen Rechte. Bertram von Gevertzhain investierte noch vor 1496 den Betrag von 800 Gulden in den großangelegten Neubau der Wasserburg im Tal. Er ersetzte die offenbar baufällige und technisch überholte Höhenburg durch einen verkehrsmäßig weitaus günstiger gelegenen Sitz im Tal.

Der neu gewählte Standort hatte den Vorteil gegenüber der älteren Höhenburg, dass die Verkehrswege die Wasserburg nun direkt passierten und die Versorgungslogistik auf dem Berg entfiel. Allerdings brachte er auch einen massiven Nachteil mit sich: nach Westen und Osten überhöhten steile Hänge die neue Burg. Um dieses fortifikatorische Manko zu beheben, ließ von Gevertzhain eine turmbewehrte Artilleriebefestigung um die Hauptburginsel erbauen. Das Areal der Hauptburg erhielt jenseits des inneren Wassergrabens ein vierseitiges Ringmauersystem mit Flankierungstürmen an den Ecken (Abb. 4). Der Zugang erfolgte über einen Torturm (mit Zugbrücke), der in die südliche Ringmauer eingespannt war. Ein zweiter, äußerer Wassergraben umgab die Ringinsel. Diese kastellförmige Umwehrung stellte eine unmittelbare Reaktion auf die neue Angriffs- und Verteidigungstechnik dar, die sich mit dem Gebrauch von Feuerwaffen ab dem 15. Jahrhundert im Rheinland durchsetzte: Die ursprünglich 10 m hohe Ringmauer besaß eine zweigeschossige Wehrganganlage, die auf beiden Ebenen die vier Rundtürme miteinander verband (Abb. 5).

Abb. 3 Hardenberg. Herrenhaus mit Befestigungsring von Osten, 1922

Der obere Wehrgang war mit einer Brustwehr ausgebildet, die mit Schießscharten versehen war. Auch der untere Wehrgang war auf jeder der vier Seiten mit zwei Schießkammern ausgestattet. Die Schartenform (Schlüssellochscharten) und die Ausstattung mit Prellholz-Löchern bezeugen, dass die Schießeinrichtungen für den Gebrauch von Hakenbüchsen ausgestattet waren, deren gewaltiger Rückstoß mit Hilfe eines angeschmiedeten Hakens am Lauf von den querliegenden Prellhölzern aufgefangen wurde (Abb. 6). Kleinere Geschütze auf Lafetten konnten ebenso eingesetzt werden. Die Hauptburg war durch diese Befestigung so effektiv geschützt, dass Bertram von Gevertzhain (1496–1525) nun in Wohnausbau investieren konnte und den ersten Burgflügel zur Winkelburg

erweitern ließ. In dieser Ausprägung reiht sich Hardenberg in eine Vielzahl ähnlich konzipierter Artillerieumwehrungen ein, denn kastellartige Befestigungen, konzipiert für leichte Geschütze, traf man damals an vielen Wasserburgen an.

Unter den folgenden Besitzern wurde Hardenberg in eine ernstzunehmende Kleinfestung umgebaut, die heute den besonderen Stellenwert der Anlage ausmacht. Nach dem Tod Bertrams von Gevertzhain (1525), dem der seines unmündigen Sohnes rasch folgte, kamen Burg und Herrschaft an den herzoglich bergischen Amtmann zu Porz und Steinbach, Wilhelm von Bernsau. Als neuer Herr von Hardenberg sah sich Wilhelm von Bernsau kurz nach der Besitzübernahme (1529) mit dem Problem fast aller niederadeligen Burg- und Schlossbesitzer konfrontiert, seinen Sitz nun effektiv gegen die wesentlich durchschlagskräftigere Artillerie zu schüt-

zen: Traditionell hohe Türme und Mauern, wie sie in Hardenberg bestanden, wurden für die Verteidiger schnell lebensgefährlich, denn bei Dauerbeschuss durch die neue Artillerie neigten sie zum Umfallen.

Um diesem Umstand Rechnung zu tragen und nebenbei mehr Platz für die Geschütze hinter der Brustwehr zu schaffen, deren Rückstoß sie meterweit zurückrollen ließ, wurde der sogenannte Rempart entwickelt, eine wallartige Erdaufschüttung hinter der Mauer. Befestigungen konnten auf diese Weise nachträglich verstärkt werden. Der neue Burgherr von Hardenberg wählte eine bauliche Variante, die alt und neu auf bemerkenswerte Art kombinierte: Die kastellförmige Umwehrung wurde beibehalten und geschickt durch Erdhinterschüttung und Umbau in eine Kleinfestung transformiert. Dies erforderte umfangreiche Bauarbeiten im Gelände der Hauptburginsel: An der Innenseite der

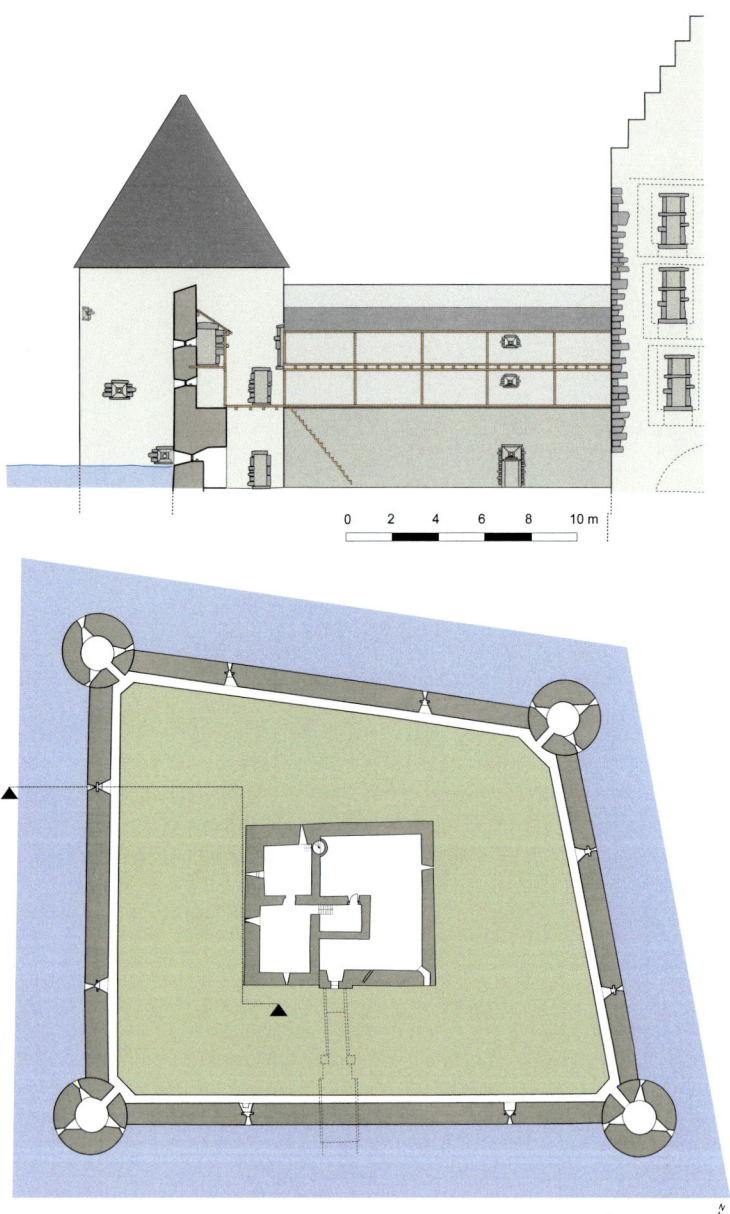

Abb. 4 Hardenberg. Spätmittelalterliche Umwehrung (links) und ihr Ausbau zur Kleinfestung (rechts). Schnitt und Grundriss auf tachymetrischer Vermessungsgrundlage. Schnitt: Visualisierung auf Grundlage der ermittelten Befunde und Maße

Neviges

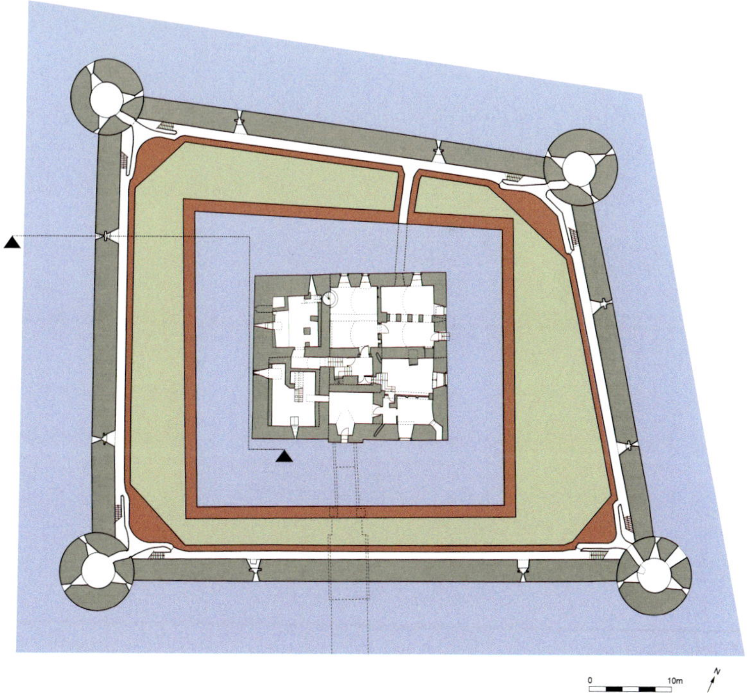

Abb. 5 Nordwestturm, nordöstliche Rundlochscharte im Kellergeschoss, 2012

Abb. 6 Östlicher Kasemattengang, Schießnische mit Schlüsselscharte und Prellholzlöchern, 2012

Ringmauer wurde ein mächtiger Wall als Rempart aufgeschüttet, der über eine innere Grabenmauer konstruktiv gesichert wurde. Oberirdisch entstand so eine vierseitige Geländeplattform, während die Anlage unterirdisch einen 245 m langen Kasemattengang erhielt, der die vier Flankierungstürme abschnittsweise erschloss. Der Kasemattengang ist als Tunnelsystem mit Ziegelgewölbe ausgebildet. Insgesamt acht Schießkammern ermöglichen, die älteren Schießöffnungen der unteren Wehrgänge noch geschickt weiter zu nutzen. Die unteren Turmgeschosse erhielten nicht nur breite Schießkammern, sondern auch ein nachträgliches Gewölbe aus Ziegelsteinen mit Rauchabzug. Kasematten und Rempart ermöglichten das schnelle Positionieren der Geschütze auf zwei Ebenen. Acht Aufgänge führten aus den Kasematten auf den Rempart. Ein weiterer Gang verband den Kasemattengang über den inneren Schlossgraben mit dem Schloss, war also als sogenannte Kaponniere, als Grabenwehr, ausgebildet.

Die spätmittelalterliche Wasserburg ist dergestalt zu einer höchst effizienten modernen Kleinfestung umgebaut geworden. Nicht nur der baulogistische Aufwand, sondern überhaupt die Inspiration, Alt mit Neu raffiniert zu verzahnen und traditionelle Wehrelemente des ausgehenden Mittelalters direkt mit Elementen des frühen Festungsbaus zu kombinieren, hebt Hardenberg vollkommen von allen anderen Wehrbauten dieser Zeit ab. Die wenigen vergleichbaren Festungswerke spätmittelalterlicher Burgen stellen weitgehend homogene Neubauten dar. So zählt Hardenberg zu den großen bautechnischen Errungenschaften im Burgen- und Festungsbau.

Im Schutz des neuen Festungswerks wurde schließlich der Baugrund der Hauptburg gänzlich für Wohn- und Wirtschaftszwecke ausgenutzt. Das beherrschende Prinzip, die bestehende Bausubstanz als solide Basis weiter zu nutzen, prägt auch die Bautätigkeit der folgenden Schlossbesitzer: Von 1525 bis 1655 hielten die Herren von Bernsau, dann von 1697/98 bis 1811/77 die Freiherren von Wendt Schloss und Herrschaft. Graf Wladimir von Marchant und Ansembourg, an dessen Familie der Besitz 1877 gelangt war, verpachtete das Schloss zunächst und verkaufte es schließlich 1939 an die Stadt Neviges. Hatte Hardenberg seit Jahrhunderten adeligen Wohnzwecken gedient, so ist die jüngste Geschichte gleichsam beispielhaft für viele historische Großbauten: Als man ab 1842 Baumaterial benötigte, brach man 1842–1848 sukzessiv Teile der Umwehrung ab, darunter die südliche Ringmauer mit dem Torhaus. Dies öffnete den Blick von der Vorburg auf die Hauptburg. Mit dem Abbruchmaterial verfüllte man den äußeren Wassergraben komplett, den inneren Wassergraben 1848 zum Teil, während man nach Süden ein ebenerdiges Areal aufplanierte.

Das Hauptgebäude erfuhr eine kontinuierliche Weiternutzung: zunächst als Gastronomiebetrieb und provisorisches Postamt, 1949 als Wohnheim für vertriebene Jugendliche, ab 1957 als Lehrlingswohnheim und dann nach größeren Instandsetzungsmaßnahmen 1964 als Ratsgebäude. Ab 1975 beherbergte es als Museum die Steinsche Gemäldesammlung und von 1977 bis 2001 die Archivalien von Velbert, Neviges und Langenberg. 2003 musste das Hauptgebäude wegen schwerer Bauschäden geräumt werden, woraufhin ab 2005 die noch andauernde Gesamtinstandsetzung einsetzte. 2014/15 konnte die Umwehrung substanziell gesichert und saniert werden, nachdem intensive Forschungen deren herausragende Bedeutung für die deutsche Castellogie erkannt hatten. Konzepte zur künftigen Nutzung des Ensembles werden derzeit erörtert.

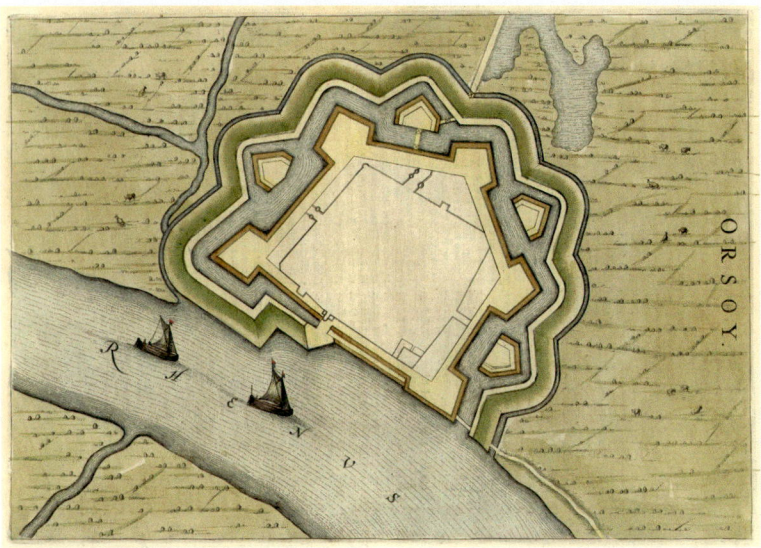

Abb. 1 Plan der Festung Orsoy im maximalen Ausbauzustand, Kupferstich von Joan Blaeu, 1649

ORSOY
LANDESFESTUNG DER RENAISSANCE AM NIEDERRHEIN

Orsoy ist seit 1975 ein Stadtteil der Stadt Rheinberg, war aber über viele Jahrhunderte ein eigenständiges Gemeinwesen. Der Name, der Pferdewiese (Rossaue) bedeutet, wird »Orsau« ausgesprochen. Im Mittelalter und in der Frühen Neuzeit gehörte der Ort, der um 1270 zur Stadt erhoben worden war, zur Grafschaft bzw. zum Herzogtum Kleve. Die klevischen Landesherren verfügten hier über einen Rheinzoll, für dessen Erhebung die in der Nordostecke der Stadt gelegene Burg genutzt wurde. Diese war 1438–1441 unter Herzog Adolf I. von Kleve ausgebaut worden. Bereits um 1400 hatte die Stadt eine Mauer aus Backsteinen mit elf Türmen und vier Toren errichten lassen. Der einzig erhaltene Rest dieser mittelalterlichen Stadtbefestigung ist der sogenannte Mühlenturm in der Südostecke der Altstadt.

1565 begann der Ausbau Orsoys zur modernen Landesfestung (Abb. 1). Die Pläne hierfür lieferte Johann Pasqualini d. Ä., der mit seiner Familie auch in die Stadt zog. Das unterstreicht die Wichtigkeit dieser Aufgabe für den klevischen Landesbaumeister. Eine interessante Episode ist, dass es zu einem Prozess zwischen diesem und dem Jülich-Klevischen Rat Konrad Heresbach um den Zehnten in Orsoy kam. Der Baumeister verweigerte dem Rat die Zahlung. Wie der Prozess ausgegangen ist, wissen wir nicht. Der bedeutende Humanist Heresbach stand dem Festungsbauprogramm seines Dienstherrn, Herzog Wilhelms V. von Jülich-Kleve-Berg, im Übrigen äußerst kritisch gegenüber. In seinem 1570 publizierten Fürstenspiegel, den er bereits früher verfasst hatte, betonte er, Festungen würden dem Land wenig nützen, da sie den Krieg nicht verhindern, sondern diesen eher anzögen. Das war durchaus weitsichtig formuliert, bedenkt man die zahlreichen Belagerungen von Städten am Niederrhein, so auch von Orsoy, in Folge des 80-jährigen Krieges.

Anders als in Jülich und Düsseldorf wurde in Orsoy nur die Stadt fortifiziert, aber keine Zitadelle errichtet. Die fünf Bastionen mit zurückgezogenen Flankenstellungen entsprechen noch der Bauweise, wie sie Alessandro Pasqualini Mitte des 16. Jahrhunderts in Jülich angewandt hatte, waren aber niedriger als dort. Die Bastionswälle hatten eine Neigung von 85°. Das Bekleidungsmauerwerk aus Ziegelsteinen erreichte eine Höhe von 6 m. Darüber erhob sich eine Brustwehr von etwa 2 m aus aufgeschütteter Erde mit einer Neigung von 10°. Diese bot den Verteidigern Schutz vor feindlichem Beschuss (Abb. 2). Die Wälle zwischen den Bastionen waren reine Erdwerke, die im frühen 17. Jahrhundert einen gemauerten Sockel zur Stabilisierung erhielten.

Die Quellenlage zum Bauablauf ist dürftig, da sich die vom Bauschreiber geführten Rechnungsbücher und Ausgabenverzeichnisse sowie das Baubuch mit den Entwurfsunterlagen des Baumeisters nicht erhalten haben. Aus anderen Quellen ist aber ersichtlich, dass ein beträchtlicher

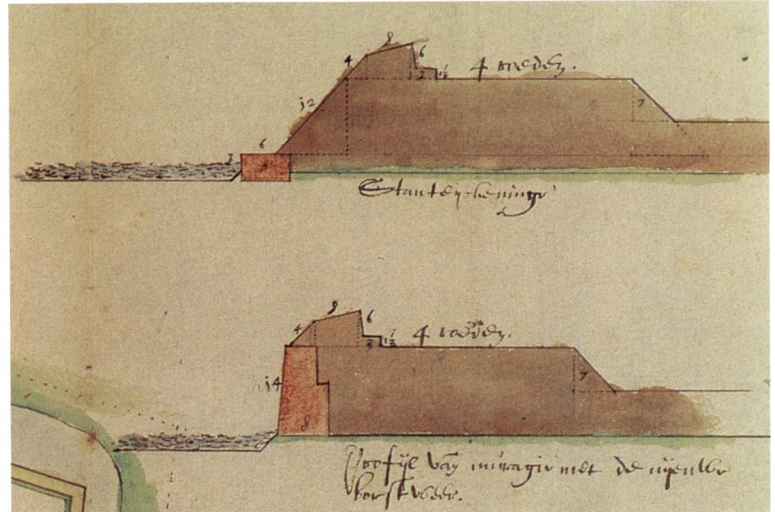

Abb. 2 Wallprofil der Festung Orsoy im Bereich der Kurtinen (oben) und der Bastionen (unten), Ausschnitt aus dem Ausbesserungsplan von Sybrant Hermans 1610/11

Aufwand betrieben werden musste, um die großflächigen Festungswerke errichten zu können. Vor allem im Zuge der Enteignung des Baugrundes kam es immer wieder zu Auseinandersetzungen und damit verbundenen Bauverzögerungen. Als Johann Pasqualini d. Ä. Ende 1581/Anfang 1582 starb, gerieten die Bauarbeiten ins Stocken, waren wohl aber auch weitgehend abgeschlossen. 1599 nahm man die Arbeiten, nachdem die Festung kurzzeitig von spanischen Truppen besetzt und beschädigt worden war, mit der Anlage einer Schleuse für die Grabenbewässerung wieder auf.

Orsoy übernahm die Funktion der Landesfestung für das Herzogtum Kleve, wie Jülich dies für das gleichnamige Territorium tat und Düsseldorf für das Herzogtum Berg. Warum die Entscheidung zum Ausbau als Festung auf die kleine Stadt am Rhein fiel, ist unbekannt. Sicherlich kam ihr ihre topografisch ebene Lage am Rhein zu Gute, die die Errichtung großflächiger Festungswerke und breiter Gräben, die gut zu bewässern waren, erleichterten. Ob die direkte Nachbarschaft zur Grafschaft Moers eine Rolle spielte, ist eher fraglich. Das nahe gelegene Wesel war wegen seiner wirtschaftlichen Potenz unter anderem durch den Tuchhandel zu diesem Zeitpunkt dem Zugriff der Herzöge von Kleve entzogen. Das sollte sich erst unter brandenburgisch-preußischer Herrschaft in der zweiten Hälfte des 17. Jahrhunderts ändern. Die Residenzstadt Kleve eignete sich wegen ihrer Lage auf einer Anhöhe nicht für den modernen Festungsbau.

Der älteste erhaltene Plan der Festung Orsoy stammt von Daniel Specklin, der sich 1567 in Düsseldorf aufgehalten hatte und vermutlich über den Bauschreiber Johann Gardesuner Zugriff auf Entwurfszeichnungen bekommen hatte (Abb. 3). Der Plan, der auch im Zusammenhang mit einer zweiten Reise Specklins an den Niederrhein im Jahr 1577 entstanden sein kann, zeigt die Festung in idealisierter

Form. Gut erkennt man, wie sich die fünfeckige Festung um die rechteckige mittelalterliche Befestigung legt. In der Realität war das Fünfeck nicht gleichmäßig, da die Rheinfront länger als die Durchschnittsmaße einer der Kurtinen und die Nordkurtine kürzer als die anderen war. Die Bastionen sind wegen der Grundstruktur der Festung nicht ganz so spitzwinklig wie in Jülich und ähneln damit denjenigen der fünfbastionären Zitadellen in den Niederlanden. Diese waren von italienischen Festungsbaukundigen nach 1566 im Auftrag des Königs von Spanien errichtet worden, um auf die sozial und religiös motivierten Unruhen im Land zu reagieren. Prominentestes Beispiel hierfür ist die Zitadelle von Antwerpen, mit der sich Daniel Specklin ebenfalls intensiv beschäftigt hat. Schon die Zeitgenossen verglichen Orsoy mit Antwerpen.

Der Niederrhein geriet während des 80-jährigen Krieges immer wieder in den Fokus der Truppen des Königs von Spanien und der Niederländischen Generalstaaten. 1610/11 begannen die Niederländer nach Plänen von Sybrant Hermans mit dem Ausbau der Festung, indem die Wälle erneuert und die Gräben verbreitert wurden. Zudem wurde die Höhe der Bastionen reduziert, damit sie weniger Angriffsfläche bieten konnten. Dennoch wurde die Festung 1614 von den Spaniern erobert, die diese erst 1632 wieder an die Niederländer verloren. Die Niederländer legten danach in die Stadt eine gut 600 Mann starke Garnison, die hier auch nach Beendigung des 80-jährigen Krieges im Jahr 1648 blieb. Das hatte sicher auch damit zu tun, dass die benachbarte Grafschaft Moers dem Haus Oranien-Nassau unterstand. Nach 1632 legten die Niederländer vor alle Kurtinen – bis auf die Rheinseite – Ravelins an und bauten das Glacis aus.

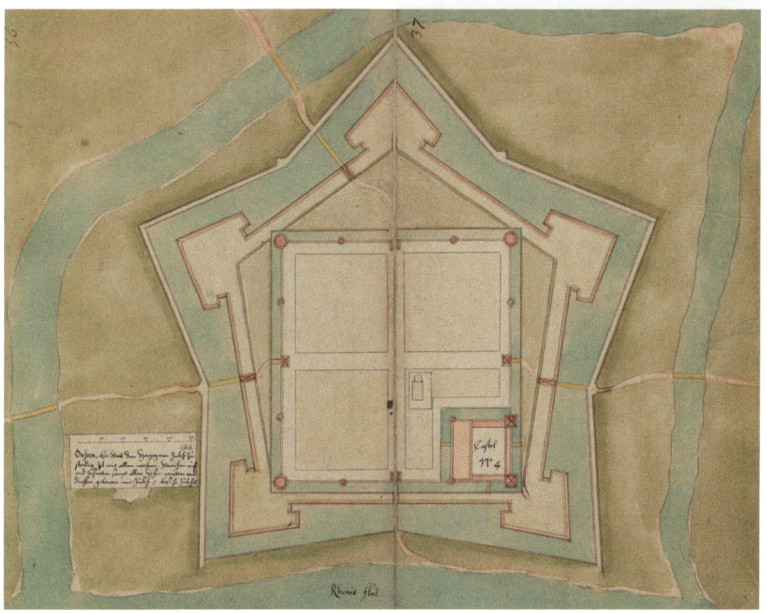

Abb. 3 Plan der Festung Orsoy von Daniel Specklin, aquarellierte Federzeichnung, 1567 oder 1577

Orsoy

Abb. 4 Die Einnahme von Orsoy 1672, Ausschnitt aus dem Kupferstich von Louis de Chastillon nach Sébastian LeClerc von 1686

Abb. 5 Im Oberflächenscan werden die Bastionen und Wälle, die Orsoy umgeben, besonders gut deutlich

Abb. 6 Orsoy aus südöstlicher Richtung

1672 fiel Ludwig XIV. ins Rheinland ein, um von hier aus die Niederlande anzugreifen. Es gelang ihm die Eroberung von Orsoy (Abb. 4). Auf Befehl des Königs von Frankreich wurden die Festungsanlagen unbrauchbar gemacht und die Burg niedergelegt. Die Grundstruktur des ehemaligen Festungswalls und der Bastionen blieb jedoch bestehen und ist heute als durchlaufende Promenade erlebbar (Abb. 5 und 6). Das macht – neben der teilweise historischen Bebauung in der Altstadt – den Reiz des Ortes Orsoy aus, der ein beliebtes Ausflugsziel am Niederrhein ist.

Auf dem Areal der südöstlichen Bastion, dem »Blaue-Turm-Bollwerk« befindet sich das Evangelische Pflegeheim, auf dem im Uhrzeigersinn folgenden »Galgen-Bollwerk« liegt seit 1837 der evangelische Friedhof. Das »Kuhpforten-Bollwerk« wird durch den Platz am Ehrenmal markiert. Auf dem ehemaligen »Henkes-Bollwerk« ist heute der katholische Friedhof eingerichtet. Das »Kastell-Bollwerk« vor der Stelle, an der die Burg gestanden hat, ist teilweise mit der Gemeinschaftsgrundschule am Rheinbogen bebaut.

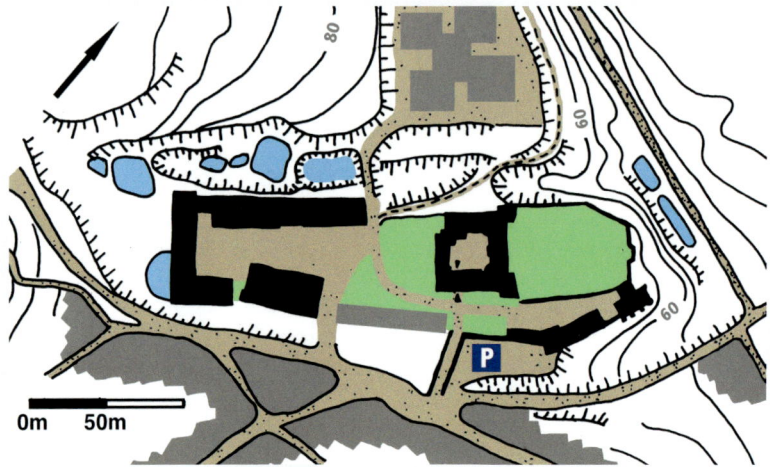

Abb. 1 Plan des heutigen Gebäudebestandes. Gut zu erkennen ist die Position der Anlagen zwischen zwei natürlichen Geländeeinschnitten

SCHLOSS VARENHOLZ
BASTIONIERTER GLANZ

Burg Varenholz wurde von den edelfreien Herren von Vornholte (Erstnennung 1188) an der etwa 20 m hohen nördlichen Abbruchkante des lippischen Berglandes hin zur Weser errichtet, von der ein hervorragender Blick ins Wesertal möglich war und an der eine wichtige Nord-Süd-Route in Richtung der Porta Westfalica verlief. Reste dieser Wegeführung sind in Form von mehreren sehr tiefen Hohlwegen im Umfeld zu erkennen. Massive Finanzprobleme hatten zur Folge, dass Simon I. zur Lippe die gesamte Herrschaft am 15. Juni 1323 übernahm und die Burg als Regionalzentrum ohne größere Bedeutung nutzte. In den folgenden Jahrhunderten blieb Varenholz mehr oder weniger direkt im lippischen Besitz und gehört heute zum Landesverband Lippe (Abb. 1 und 2).

Der Umbau hin zu einem Schloss begann unter dem lippischen Gefolgsmann Simon de Wendt im Jahr 1535. Zentrales Bauprojekt im neuen, repräsentativen Baustil war das noch heute erhaltene Torhaus in spätgotischer Form, das 1542/43 fertig gestellt wurde. Bereits 1548 war das Amt nach Simon de Wendts Tod wieder in den direkten Besitz der Familie zur Lippe übergegangen, die aber die Umbaupläne der Wohn- und Repräsentationsbereiche nicht weiter verfolgte. Vielmehr lag der Schwerpunkt der Folgejahre wieder in der wirtschaftlichen Nutzung, wie ein 1572 fertig gestellter Scheunenbau des Lemgoer Baumeisters Hermann Wulff belegt, der auch für Teile der Lemgoer Stadtbefestigung und des Schlosses Brake verantwortlich zeichnete.

Die Stagnation der Bautätigkeiten am Schloss selbst sollte sich erst nach dem Regierungsantritt Graf Simons VI. zur Lippe im Jahr 1576 ändern. Simon VI. wählte die Burg Brake bei Lemgo 1584 zu seinem Hauptsitz und begann in diesem Zeitraum auch mit dem Umbau von Varenholz. Eine erste Bauinschrift datiert 1582, wobei die eigentlichen Neu- und Umbauten zu einer Vierflügelanlage 1591/92 begonnen wurden (Abb. 3). Zuvor hatte Hermann Wulff 1581 einen heute nicht mehr vorhandenen Kamin im Gemach Simons VI. im Wohnturm eingebaut. Auch überholte er 1586 das gräfliche Gemach im »Wendt Haus«. Diese Arbeiten sind aber nur als kleinere Renovierungen anzusehen, während der große Schritt erst zehn Jahre später unternommen wurde. Grund hierfür war sicherlich, dass die Angehörigen der gräflichen Familie bei ihren Reisen in Richtung Minden Varenholz regelmäßig als letzten Aufenthaltsort vor der Landesgrenze nutzten und so vor 1591 wenigstens angemessene Gemächer vorgehalten werden mussten. Ein längerer standesgemäßer Aufenthalt war dagegen nicht vorgesehen.

In seiner heutigen Gestalt besitzt Schloss Varenholz in etwa eine quadratische Grundfläche von 46 m Kantenlänge. Die einzelnen Gebäude sind, abgesehen vom Wohnturm, dreigeschossig ausgeführt. Allen gemeinsam ist, dass die Außenseite mit deutlich weniger Zierelemen-

Abb. 2 Luftbild von Schloss Varenholz aus nordöstlicher Richtung

Abb. 3 Wappenstein von Hermann Wulff für Simon VI. und dessen erste Frau, Gräfin Irmgard von Rietberg. Die Arbeit vereinigt Elemente beider Familienwappen

ten – zu nennen sind vor allem schlichte Gesimse – auskommt, als die dem Hof zugewandten Fassaden. Der Nordosten ist durch den Steilhang zum Wesertal hin gesichert, während im Nordwesten ein Geländeeinschnitt künstlich erweitert wurde. Zu welchem Zeitpunkt die hier vorhandenen Fischteiche hergerichtet wurden ist nicht sicher, es dürfte aber spätestens mit Beginn der Neuzeit mit ihrem Vorhandensein zu rechnen sein. Im Südwesten deuten stark verlandete Wasserflächen auf den Rest eines Grabens hin, während die neuzeitliche Überprägung im Südosten alle historischen Spuren verwischt hat. Einzig die Hangmauer im Osten ist auf zeitgenössischen Darstellungen aus dem späten 17. Jahrhundert zu erkennen (Abb. 4).

In einem ersten Ausbauschritt wurden bereits bestehende Gebäude modifiziert. 1591 erhielt der gut 30 m hohe gotische Wohnturm durch den Baumeister Hans Rade aus Blomberg jeweils einen Erker an der Hof- und Außenfassade. Bereits 1590 war der ins Spätmittelalter zurückgehende

Abb. 4 Elias und Heinrich van Lennep, Ansicht von Flecken und Schloss Varenholz, um 1663. Links ist einer der mit Scharten versehenen bastionierten Türme zu erkennen

Johannes Müller-Kissing

Abb. 5 Die Südwestfassade gliedert sich von links nach rechts in den Spätmittelalterlichen Wohnturm, den Verbindungsbau und die Seitenwand des Torhauses aus der Mitte des 16. Jahrhunderts

Verbindungsbau (Südwestflügel) zwischen dem Wohnturm und dem 1542/43 fertig gestellten »Wendt Haus« genannten Torhaus mit neuem Fachwerk und einem an den Wohnturm angelehnten Fachwerktreppenturm versehen worden (Abb. 5). Eine während des Umbaus angesetzte Galerie zum Innenhof hin ist heute nicht mehr vorhanden. Ihr Vorhandensein erinnert an die Galerie von Schloss Brake, das im gleichen Zeitraum umgebaut wurde. Den größten architektonischen Einfluss hatte jedoch Johann Bierbaum aus Salzuflen, der die Bauarbeiten zwischen 1592 und 1600 leitete. Seine Steinmetzzeichen konnte auch am Detmolder Schloss an einem Bauteil von 1551 nachgewiesen werden. 1594 wurde der Nordwestflügel fertig gestellt, der an den Wohnturm anschloss. Er war der erste reine Renaissancebau des Schlosses (Abb. 6).

Den wohl imposantesten Bauabschnitt bildet der bis 1599 fertig gestellte Nordostflügel, der die gesamte Breite des Schlosses einnimmt und Front Richtung Wesertal macht. Die Ecken des Nordostflügels werden von Türmen mit welschen Hauben eingerahmt. Die unteren zwei Stockwerke und der begehbare Sockel der Türme sind dabei bastionär ausgeformt. Scharten für Handfeuerwaffen sind im Sockelgeschoss und der darüber liegenden ersten Etage vorhanden. Sie bilden die einzigen sichtbaren fortifikatorischen Elemente des Schlosses (Abb. 7). Die unteren Stockwerke sind im Gegensatz zum Rest der Stockwerke als Gewölbe ausgeführt. Hier an eine bombensichere Bauweise zu denken geht sicherlich zu weit. Vielmehr musste in irgendeiner Weise die Fundamentierung des verdreht auf der Bastion stehenden dritten Stockwerkes sichergestellt werden.

Gegenstücke zu den zwei Bastionen fehlen und es scheint auch nicht geplant gewesen zu sein, das Schloss noch weiter auszubauen (Abb. 8). Auch auf dem etwa dreimal so großen Wirtschaftshof sind keinerlei Hinweise auf fortifikatorische Einrichtungen zu erkennen.

Abb. 6 Die reich gegliederte Innenfassade des Nordwestflügels

Abb. 7 Ansicht der Südostseite mit den angedeuteten Ohren am Turm

In Richtung Weser schließt der Schlosspark an den Nordostflügel an, wodurch sich den Gästen im Park einerseits der imposante Blick auf das Wesertal auftat, während hinter ihnen die wehrhafte Fassade von Schloss Varenholz aufragte (Abb. 9). Inwiefern das Gelände des erst 1697 durch Gräfin Witwe Amalie in Auftrag gegebenen Parks schon zuvor aufplaniert worden war, ist nicht sicher. Für eine Machtdemonstration bis hinunter ins Tal wären die Bastionen in diesem Fall zu niedrig angelegt gewesen. Vielmehr sah der Reisende – zumindest ab 1700 – vom Wesertal aus die vielgegliederte Dachfläche des Schlosses und Teile des dritten, vielleicht noch des zweiten, Stockwerks. Von dem einstigen Renaissancepark mit zentralem Bassin, Obstgarten und weiteren Nutzpflanzen ist nach der Umgestaltung in einen englischen Garten nichts mehr geblieben.

Der ab dem 19. Jahrhundert als Domäne bezeichnete Wirtschaftshof war unter Simon VI. ausgebaut worden (Abb. 10). Die heutige große Scheune Hermann Wulffs ist eine Rekonstruktion von 1962, da das Original zuvor abgebrannt war. Vis-à-vis liegt das um 1650 entstandene Vorwerk des Baumeisters Hans Degener. Die Datierung der restlichen historischen Gebäude ist nicht sicher. Besonders die Nordwestfassade zeigt noch mehrere Baudetails wie Fensteröffnungen und abgeschlagene Erker, die auf eine eingehende Bauuntersuchung warten.

Varenholz wurde während des 17. Jahrhunderts als Zweit- oder Witwensitz der Familie zur Lippe genutzt, während Brake und Detmold zu dieser Zeit die eigentlichen Zentren waren. Während des 30-jährigen Krieges wurde Schloss Varenholz 1636 geplündert und zum Teil stark zerstört (Abb. 11). Erst 1650 wurde damit begonnen, die zerstörten Fenster, Türen und

Abb. 8 An der Nordwestfassade wurde darauf verzichtet, den bastionierten Turm mit einem Ohr zu versehen

Einrichtungsgegenstände zu erneuern und auf dem Wirtschaftshof wieder mit großangelegter Viehzucht zu starten (Abb. 12). Ab der Mitte des 18. Jahrhunderts wurde das Schloss immer mehr zur Last – es wurde nur noch das Notwendigste ausgebessert, da nicht klar war, was aus dem Bau werden sollte. 1873 wurde dann das Inventar des Schlosses in einer mehrtägigen Auktion verkauft. 1906 legte der lippische Kammerbaumeister Bernhard Meyer ein Gutachten zur Instandsetzung vor, das aber nicht weiter beachtet wurde. Erst 1933 fand sich dann eine Nutzung. Nach eingehenden Sanierungsarbeiten und einem Aufruf zur Spende historischer Möbel, um das Schloss »stimmungsvoll« einzurichten, überließ das Land Lippe 1934 Schloss Varenholz für 10 Reichsmark jährlich dem »Bund Deutscher Mädel«, der hier eine Obergauführerinnenschule etablierte und 1938 mit der Ausbildung startete (Abb. 13).

Abb. 9 Die Südostbastion mit ihrem Gegenpart im Nordwesten

Schloss Varenholz

Abb. 10 Blick auf die Nordwestbebauung des Vorwerks

Ein kurzes Intermezzo in den frisch renovierten Räumen fand bis 1950 statt, als die Filmproduktionsfirma Ufa für kurze Zeit die Räumlichkeiten bezog. Damit begann die bis heute andauernde Nutzung von Schloss Varenholz als Schulgebäude, während die Wirtschaftsteile einst wie jetzt zur Pacht vergeben werden.

Das Innere des Schlosses ist durch die Umbauten der 1930er-Jahre stark verändert worden. So wurde die historische Raumaufteilung den neuen Gegebenheiten angepasst und in vielen Bereichen Betondecken eingezogen. Dahingegen sind die unteren Stockwerke der bastionierten Türme noch gut einzusehen, da hier nur wenig umgebaut wurde. Reste von Läden sind an einigen der Scharten noch vorhanden und es gibt bisher keinen Anhaltspunkt, der gegen eine bauzeitliche Datierung spricht. Auch die in den Räumen vorhandenen Kamine und Abtritte sind zur Besichtigung zu empfehlen, ebenso wie die Lavabo-Nische im »Wendt Haus« mit der Jahreszahl 1542. Sicherlich am imposantesten ist jedoch der Innenhof mit seinem abwechslungsreichen Renaissanceschmuck. Der Putz wurde 1937/38 großflächig erneuert und auch der Streifenputz im Inneren kommt dem Vorbild sehr nah. Offensichtlich wurde hier nicht wie auf der Wewelsburg, wo die SS den Putz abschlagen ließ, ein pseudomittelalterliches Bild verfolgt, sondern eher eine wissenschaftlich fundierte Sanierung durchgeführt.

Abb. 11 Detail einer der Scharten. Ob sie jemals genutzt wurden, ist nicht bekannt

Johannes Müller-Kissing

Abb. 12 Elias und Heinrich van Lennep, Ansicht der Südostfassade des Schlosses mit seinem im Süden gelegenen Vorwerk, um 1663

Abb. 13 Historische Ansicht der Südostfassade, bevor sie verbaut wurde. Oberhalb des im Geländeeinschnitt stehenden Gewächshauses ist die Südostmauer zu erkennen

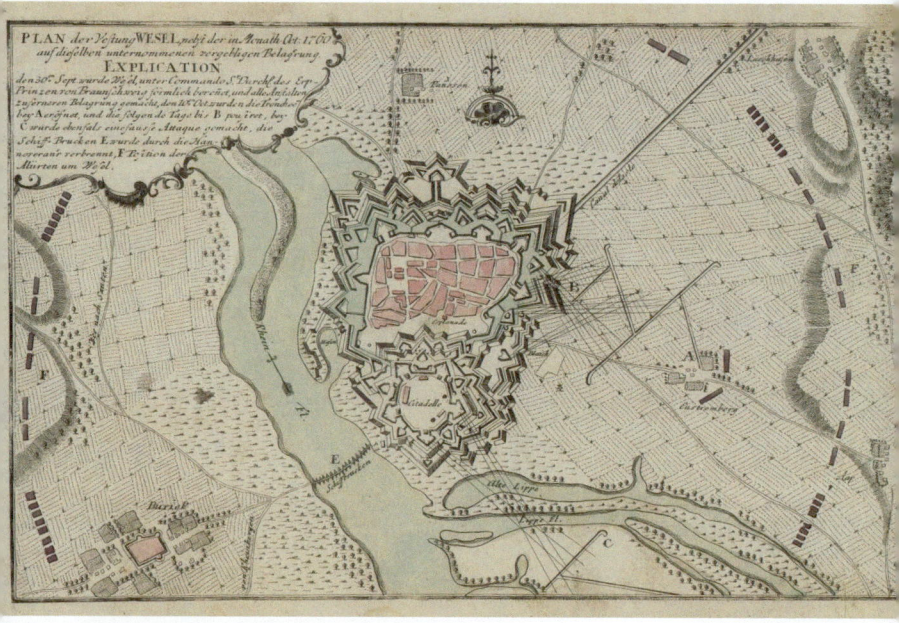

Abb. 1 Plan der Festung Wesel 1760

WESEL
STRATEGISCHER KNOTENPUNKT AM ZUSAMMENFLUSS VON LIPPE UND RHEIN

Wesel war einst eine blühende Handelsstadt und gehörte bis ins frühe 17. Jahrhundert zu den Vereinigten Herzogtümern Jülich-Kleve-Berg. Die Stadt liegt am unteren Niederrhein, dort, wo sich der Rhein von Nord-Nordwest nach Nordwest wendet und wo die Lippe in den Rhein mündet.

Die Lage der Stadt an der Lippe-Mündung in den Rhein und am Kreuzungspunkt großer Handelswege war die beste Voraussetzung für die Entwicklung zu einer bedeutenden Handels- und Hansestadt. Aufgrund dieser günstigen Lage ist Wesel jedoch oft in militärische Konflikte hineingezogen worden. Schon früh war Wesel von einer mit Türmen versehenen Stadtmauer umgeben.

Der Ausbau zur modernen, bastionären Festung ging in mehreren Entwicklungsstufen vor sich. Nach dem Ableben des letzten Herzogs von Kleve, Jülich und Berg, Johann Wilhelm, im Jahre 1609 entbrannte der Jülich-Klevische Erbfolgestreit zwischen dem Haus Brandenburg und dem Haus Pfalz Neuburg, der sich über Jahrzehnte hinzog. Zwischen 1614 und 1629 durch die Spanier, von 1629 bis 1672 durch die Niederländer und von 1672 bis 1679 durch die Franzosen wurde ständig an Wesels Festungsanlagen gebaut und umgebaut. Erst durch den Teilungsvertrag von Kleve im Jahr 1666 wurde dahingehend entschieden, dass der brandenburgische Kurfürst Friedrich Wilhelm I., der »Große Kurfürst«, Kleve, Mark und Ravensberg zum alleinigen Besitz erhielt. Aufgrund kriegerischer Handlungen konnte der Große Kurfürst Wesel jedoch erst Ende Februar 1680 endgültig in seinen Besitz bringen.

Der Große Kurfürst plante, Wesel zur Sicherung seiner weit im Westen gelegenen niederrheinischen Gebiete zu einer modernen und starken Festung auszubauen. Vermutlich um das Jahr 1681 begannen die Arbeiten zur systematischen Umgestaltung der Befestigungsanlagen. Zunächst wurde der französische Ingenieur Charles Dupuy de Lespinasse mit dieser Aufgabe beauftragt. Nach den Manieren des Franzosen Sébastien Le Prestre de Vauban und des Niederländers Menno Baron van Coehoorn entstand so bis ca. 1730 eine der stärksten Festungen in Brandenburg-Preußen. Dupuy wurde 1689 von Jean de Corbin, der bis 1702 tätig war, abgelöst. 1687 gab der Große Kurfürst Corbin den Befehl, eine Zitadelle zu errichten. Corbin plante verschiedene Ausführungsmöglichkeiten, realisiert wurde schließlich eine mit fünf Bastionen und der gleichen Anzahl von Ravelins ausgestattete Zitadelle im Süden von Wesel. Die Anbindung der Zitadellenwerke erfolgte durch stumpfe Bastionswerke an den Befestigungsgürtel der Stadt zum Berliner Tor hin an die Bastion Magdeburg und zum Rheintor hin an die Bastion Halberstadt. Zwischen Zitadelle und Stadt erstreckte sich ein weiträumiger freier Platz – die Esplanade –, der einen verdeckten Angriff auf die Zitadelle von der Stadt her verhindern und der Garnison als Exerzierplatz dienen sollte (Abb. 1).

Alle Festungsmauern der Zitadelle waren komplett aus Ziegelsteinen hergestellt. Die Mauern der Stadtbefestigung bestanden nur bis zu einer Höhe von ca. 4–5 m aus Ziegelsteinen. Oberhalb des Kordons befand sich ein ca. 3–4 m hoher Erdwall. Die Festungsgräben waren im Allgemeinen trocken. Sie konnten aber über den Zufluss von der Issel durch die Künetten in den Gräben abschnittsweise geflutet werden. In ihrer größten Ausdehnung bis 1760 beanspruchten die Werke der Zitadelle eine Fläche von fast 1.000 × 1.100 m und waren somit größer als die eigentliche Stadtfläche. Der äußere Durchmesser, über die Spitzen der fünf Zitadellenbastionen gemessen, betrug ca. 600 m. Die Bastionen führten die Namen König (I), Prinz von Oranien (II), Kronprinzessin (III), Kronprinz (IV) und Königin (V). Die Zitadelle symbolisierte so auf einer abstrakten Ebene die Dynastie Brandenburg-Preußen.

Der Zugang zur Zitadelle erfolgte auf der Nordseite von der Stadt her über vorgelagerte Werke, über Wallgräben und Brücken sowie durch das Zitadellenhaupttor (Abb. 2).

Seit 1702 wurden die Arbeiten an den Festungsanlagen unter Jean de Bodt weitergeführt. Von ihm stammen das Zitadellenhaupttor und das Berliner Tor. Friedrich Wilhelm I. erklärt Wesel 1714 zur Festung I. Ranges. Die Stadtbastionen trugen – beginnend bei der südwestlichen – im Uhrzeigersinn fortlaufend die Namen: Halberstadt, Pommern, Cleve, Friedrich Wilhelm, Sophia Dorothea, Preußen, Churmarck und Magdeburg. Die Bastionen der Stadtbefestigung hatten Nieder- und Oberflanken und in den Orillons waren Kasematten vorhanden.

Drei Stadttoranlagen (Clever Tor, Brüner Tor und Berliner Tor), ermöglichten bzw. verwehrten den Zugang in die Stadt. Das »Rhein-Thor« verband Stadt und Hafen. Die Rheinbrücke war nur durch die

Abb. 2 Luftbild des Zitadellenareals aus westlicher Richtung

Zitadelle mit ihrem stadtseitigen Haupttor und dem Feldtor zugänglich.

Ein vielfach gestaffeltes System von Verteidigungslinien umgab als breiter, gezackter Gürtel die Stadt. Die Flächenausdehnung der Festungswerke betrug in dieser Zeit etwa das Fünffache der eigentlichen Stadtfläche. Durch die vollständige

Einschnürung war für fast 200 Jahre keinerlei Ausdehnungsmöglichkeit für die Stadt gegeben.

König Friedrich II. von Preußen ließ nach 1740 alle Arbeiten an den Festungsanlagen einstellen. Nach dem angeordneten Baustopp wurden die Werke lediglich instandgehalten.

Um 1763 ordnete Friedrich II. eine Demolierung der Außenwerke an. Die Festungsanlagen der Stadt wurden daraufhin bis zu den Ravelins zurückgenommen. Die Schleifungen wurden von 1763 bis 1768 durchgeführt und die Befestigungsanlagen hatten danach wieder den Stand wie zu Beginn des 18. Jahrhunderts.

Im Verlauf des 4. Koalitionskrieges besetzten 1806 französische Truppen Wesel und übernahmen eine starke und intakte Festung. Dennoch ließ Napoleon Bauarbeiten an den Festungsanlagen durchführen. So entstanden unter seiner

Regentschaft u.a. die Citadelle Bonaparte auf der Büdericher Insel sowie auf dem Westufer des Rheins die Citadelle Napoléon. Für die rechteckige Anlage mit vier Bastionen wurde 1813 die Stadt Büderich niedergelegt, und erst später weiter westlich nach einem Rastergrundriss von den Preußen wieder neu errichtet. 1809 wurde im Zitadellenbereich die Kaserne VIII mit dem Versorgungsteil der »Bäckerey« erbaut. Diese Kaserne VIII ist das einzig heute noch erhaltene Gebäude aus der französischen Besatzungszeit. 1814 übernahmen die Preußen erneut die Stadt und die Citadelle Napoléon wurde in Fort Blücher umbenannt (Abb. 3).

Eine letzte Verstärkung und Modernisierung der Festungswerke wurde erforderlich, als aufgrund neuer waffentechnischer Entwicklungen die Durchschlagskraft der Artillerie erheblich gesteigert wurde. Zur wirksameren Verteidigung von Stadt und Festung gegen den weit reichenden Artilleriebeschuss wurden vorgeschobene Außenforts errichtet.

Mitte des 19. Jahrhunderts wurde Wesel an das neue in der Entstehung begriffene Eisenbahnnetz angeschlossen. 1856 wurde die Strecke nach Düsseldorf und Haltern eröffnet. 1874/78 folgten die Strecken nach Geldern, Kleve, Arnheim, Zütphen und Münster.

Die Strecke nach Haltern sowie der Bahnhof wurden vom Fort Fusternberg (erbaut ab 1856) und die Strecke nach Düsseldorf auf der anderen Lippeseite vom Lippebrückenkopf (erbaut ab 1856) gesichert.

Zum Schutz der neuen Eisenbahnbrücke über den Rhein wurde um 1878 das Fort I erbaut, das gleichzeitig auch zur Sicherung der Strecke nach Geldern diente.

Das Fort II (erbaut ab 1876) lag in der Gabelung der Strecken nach Geldern, Emmerich und Bocholt.

Im weiteren Verlauf des 19. Jahrhunderts verlor die Festung Wesel immer mehr an Bedeutung. Mit Allerhöchster Kabinettsordre vom 8. Dezember 1886 wurde der Entschluss gefasst, die Stadtbefestigungen zu beseitigen. Ab dem Jahr 1890 wurden die Festungsanlagen der Stadt geschleift. Von der Zitadelle wurden jedoch nur die Außenwerke geschleift. Von den ehemals vier Stadttoren blieb nur das Berliner Tor als Torso erhalten. Noch vor 1900

Abb. 3 Festungsplan von 1809

Abb. 4 Blick auf die Hauptkurtine

Abb. 5 Haupttor der Zitadelle von der Feldseite aus gesehen

Abb. 6 Haupttorgebäude der Zitadelle von Innen

wurde der Lippebrückenkopf geschleift und nach 1900 wurden auch das Fort II und das Fort Fusternberg aufgegeben.

Die deutsche Niederlage im Ersten Weltkrieg 1918 brachte das vollständige Ende der Festung Wesel. Auch die damals noch bestehenden Werke der Zitadelle wurden aufgrund des Versailler Vertrages in den 1920er-Jahren weitgehend eingeebnet.

Von dem einengenden Befestigungsring befreit, begann die Stadt im ausgehenden 19. Jahrhundert sich ins Umland auszudehnen. Im Verlauf des inneren Festungsgürtels legte man einen großzügigen Straßenring mit Kaiserring, Kurfürstenring, Herzogenring und Grafenring an. Das Vorgelände wurde zum Teil zu öffentlichen Grünanlagen umgestaltet. Im weiteren Umfeld erfolgte dann eine flächendeckende Erschließung von Bauland, insbesondere für neue Wohnsiedlungen.

Von der Zitadelle sind die Hauptkurtine mit dem Zitadellentor und dem Haupttorgebäude mit den Torkasematten, die Brisürenkasematten, die Tenaille als Erdwerk und der Grabenbereich vor der Hauptkurtine erhalten (Abb. 4–6). Innerhalb der Kurtine ist noch eine Poterne mit Kommunikationsgängen vorhanden. Über den Festungsgraben führt eine Nachbildung der Festungsbrücke zum Tor. Weitere Bauwerke innerhalb der Zitadelle sind:
– die ehemalige Kaserne VIII (diese beherbergt heute die Musik- und Kunstschule sowie die Restaurierungswerkstatt des Archivs der Stadt Wesel; Abb. 7),
– die ehemalige »Bäckerey« (in ihr ist das städtische Archiv untergebracht) und
– das ehemalige Körnermagazin aus dem

Abb. 7 Jugend-Musikschule

Jahr 1837 (in dem das LVR-Niederrheinmuseum Wesel eingerichtet wurde; Abb. 8).

Weitere sichtbare oberirdische Anlagen der ehemaligen Stadtfestung sind:
– das Berliner Tor (Abb. 9),
– die Niederflanke der ehemaligen Bastion Friedrich Wilhelm (Abfahrt Parkdeck Martinistraße),
– ein Stück der Oberflanke der Bastion Friedrich Wilhelm in der Parkanlage Martinistraße,
– ein Teilstück der Brisüre der Kurtine zwischen den Bastionen Sophia Dorothea und Friedrich Wilhelm im Hof Kleinpass und im Hof Schüler (durch An- und Umbauten jedoch kaum zu erkennen; Abb. 10),
– der Festungsgraben – in Originalbreite – am Südring mit Eskarpe und Konterescarpe der ehemaligen Bastion Halber-

Abb. 8 LVR-Niederrheinmuseum

Wesel

Abb. 9 Berliner Tor

Abb. 10 Oberflanke der Stadtbastion Friedrich Wilhelm

Abb. 11 Escarpe der Stadtbastion Halberstadt

stadt (zwischen diesen beiden Mauern liegt heute ein Parkplatz; Abb. 11),
– die Ravelin-Kasematte am Heuberg, die heute Fledermäusen als Brut- und Schlafplatz dient, sowie Kontereskarpen am Damaschkeweg.

Die geringen baulichen Relikte lassen Umfang und Bedeutung der ehemaligen Festungsanlagen kaum noch erkennen.

Von den Außenforts sind das in Privatbesitz befindliche Fort I auf der linken Rheinseite und auf der gleichen Seite vom Fort Blücher eine ehemalige Kaserne als Ruine erhalten. Das Fort Fusternberg, von dem das Reduit und eine Grabenkaponniere vorhanden sind, ist bekannt durch die Friedenskirche Zu den heiligen Engeln, die auf dem Reduit errichtet worden ist (Abb. 12). Es ist sehr interessant, sich einmal das Reduit unter der Kirche von innen anzuschauen, denn unter der Kirche sind drei weitere Geschosse vorhanden. Die

Abb. 12 Kirche zu den Heiligen Engeln auf dem Reduit des ehemaligen Forts Fusternberg

Räume befinden sich noch im Originalzustand, von einigen Einbauten abgesehen. Die Grabenkaponniere ist nicht begehbar. Die einzelnen Festungsteile sind bei einem Besuch in der Stadt gut zu Fuß zu erreichen.

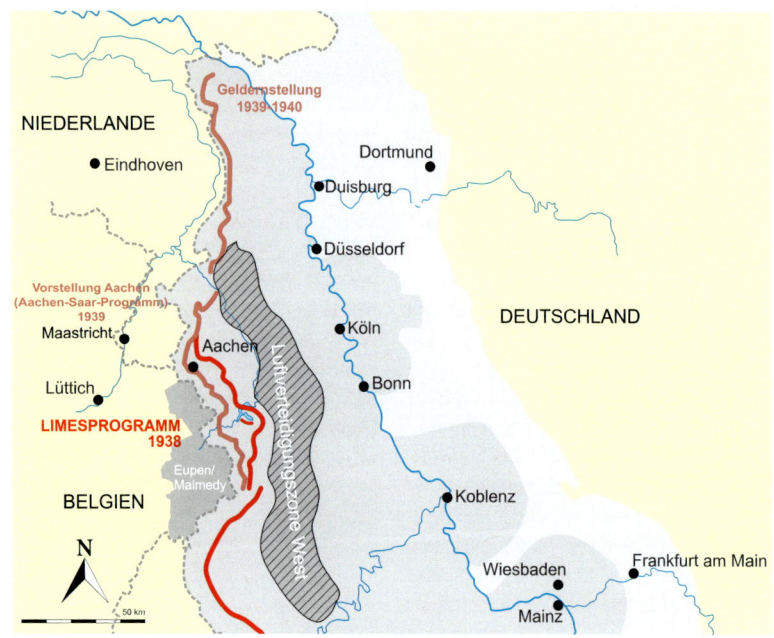

Abb. 1 Weststellungen im Bereich von NRW

DER WESTWALL IN NORDRHEIN-WESTFALEN
DAS ENDE DES LINEAREN FESTUNGSBAUS IM 20. JAHRHUNDERT

Der Westwall in Nordrhein-Westfalen erstreckt sich von der Eifel, an der Landesgrenze zu Rheinland-Pfalz, bis an den Niederrhein bei Kleve in einer Gesamtlänge von 175 km (Abb. 1). Dabei handelt es sich nicht um eine in sich geschlossen erbaute Grenzbefestigung, sondern um mehrere Befestigungslinien, die zu verschiedenen Zeiten, unter dem Eindruck politischer Ereignisse und unter den jeweils neuen militärtechnischen Anforderungen erbaut wurden. Daher ist die ursprüngliche Bezeichnung Weststellung zutreffender als die 1938 zunächst nur für die Limesstellung aufgekommene und von der NS-Propaganda aufgegriffene Bezeichnung Westwall. Bereits im Februar 1936, kurz vor der Rheinlandbesetzung am 7. März 1936 erhielt die Inspektion der Befestigungen den Auftrag, geheime Erkundungen entlang der Westgrenze durchzuführen, um geeignete Stellen für eine Grenzbefestigung zu ermitteln. Die Reste dieser Grenzbefestigung sind heute Teil der Kulturlandschaft und werden kaum noch wahrgenommen. Das liegt daran, dass auch in NRW über 95 % der Bunker nicht mehr vorhanden sind. Besser erhalten haben sich die Panzersperren und Panzermauern in der Nordeifel oder im Raum Aachen. Aufgrund ihrer Widerspenstigkeit sind sie noch zum überwiegenden Teil erhalten und prägen an einigen Stellen das Landschaftsbild (Abb. 2). Bis zu Beginn das neuen Jahrtausends waren sie als Weideflächen in die

Abb. 2 Fünfzügige Panzersperren südwestlich Paustenbach

Abb. 3 Ruine eines C-1-MG-Schartenstandes im Fuhrtsbachtal

Nutzung mit eingebunden. Seitdem der Naturschutz die Panzersperren als Biotop erkannt hat, wachsen sie zu und bilden ein grünes Band in der Landschaft. Nur noch einzelne Bunker und wenige gesprengte Anlagen sind erhalten. Als einzige größere Gruppe finden sich bei Simmerath-Strauch vier Bunker der Limes-Stellung im Buhlert.

Die einzelnen Befestigungslinien und die Entwicklung der Bunkerbauten werden im Folgenden näher vorgestellt.

PIONIERPROGRAMM

Erste Befestigungen an der westlichen Reichsgrenze im heutigen NRW firmierten unter dem Namen »Befestigungen Niederrhein und Eifel« oder auch als »Pionierprogramm 1938«. Am 9. März 1938 genehmigte Adolf Hitler den Bau dieser ersten Grenzanlagen nördlich der Mosel, über Aachen bis nach Brüggen im heutigen Kreis Viersen, deren Bau bereits ab dem 7. April 1938 begann. Neben dem Bunkerbau entlang der Westgrenze sollte eine Hauptkampflinie für den späteren Ausbau erkundet werden. Bei den Bunkertypen handelte es sich um MG-Schartenstände, Pak-Unterstände und Beobachtungsstände mit Baustärken von 0,3 m, 0,6 m und 1,0 m Wandstärke (Abb. 3).

Die Konzeption der Regelbauten war darauf abgestellt, möglichst viele Waffen unterzubringen und durch die Panzerscharte eine möglichst große Wirkung in die Tiefe des Hauptkampffeldes zu erreichen.

Bei dem MG-Schartenstand B1/1 handelte es sich um einen 4,9 × 7,3 m großen Bunker mit Gasschleuse und einem 2,9 × 3,8 m großen Raum für die fünfköpfige Besatzung und den Einsatz eines MGs hinter der Panzerscharte. Die Wandstärke betrug 1 m. Im Bereich des heutigen NRW wurden 69 Bunker dieses Typs gebaut. Ein weiterer Bautyp war der C-1 MG-Schartenstand, der eine Wandstärke von 0,6 m besaß, eine Kleinstanlage mit einem 1,9 × 2,6 m großen Raum (Abb. 4). Ein gesprengter Bunker dieses Typs liegt im Fuhrtsbachtal bei Monschau-Alzen. Die Anlagen des Pionierprogramms wurden 1939 in die Vorstellung Aachen einbezogen.

LIMESSTELLUNG

Hitler plante zur »Lösung« der Sudetenfrage einen Überfall auf die Tschechoslowakei zum 2. Oktober 1938. Aus militärischer Sicht war eine befestigte Westgrenze in diesem Zusammenhang eine der Vorbedingungen. Am 28. Mai 1938 erfolgte der entscheidende Befehl zum beschleunigten Ausbau der Westbefestigungen. Dieser Ausbau vollzog sich nun unter dem Namen »Limesprogramm«. Hitler beauftragte im Juni 1938 Fritz Todt (1891–1942) mit der Organisation der Baumaßnahmen und hob alle Beschränkungen hinsichtlich des benötigten Baumaterials und von Panzerteilen auf. In einer Denkschrift verwarf Hitler die bis dahin verbindlichen Bauprinzipien. Es erfolgte eine Abwendung vom Festungsbau, hin zum Stellungsbau. Er entwickelte eigene Ideen zu den Regelbautypen mit einer Tendenz hin zum Gruppenunterstand (Abb. 5). Zwingend vorgeschrieben war an allen Bunkeranlagen im Eingangsbereich eine Gasschleuse. Die Unterstände sollten Schutz für die Infanterietruppen bei Artillerieangriffen bieten, um sie danach in den Schützengräben einsetzen zu können. Die Regelbauten änderte man für das Limesprogramm binnen eines Monats, ihre Struktur vereinfachte sich, die Wandstärke wurde auf 1,5 m (Ausbaustärke B) verstärkt. Der Bau an dieser Weststellung begann im Rheinland Ende Juli 1938 in vier Divisionsabschnitten an der bereits festgelegten Hauptkampflinie. An besonders neuralgischen Kampfabschnitten waren 15–20 Bunker pro Kilometer, an den weniger problematischen Abschnitten 10–12 Bunker geplant. Bis Ende 1938 baute die Organisation Todt im Rheinland 1592 Bunker mit 1,5 m Wand- und Deckenstärke sowie 83 Bunker mit 1,0 m Wand- und Deckenstärke. Die Limesstellung erstreckte sich im Rheinland von der heutigen Landesgrenze zu Rheinland-Pfalz bei Dahlem-Kranenburg über Schleiden, entlang der Rur, weiter Richtung Zweifall, östlich an Aachen vorbei, entlang des Wurmtales bis Geilenkirchen und über Wassenberg bis nach Brüggen auf 138 km.

Zu den am häufigsten gebauten Bunkern des Limesprogramms gehören die Unterstände vom Typ 010 und die Doppelgruppenunterstände Typ 011 (Abb. 6). Der einfache Gruppenunterstand hatte eine Grundfläche von 9,80 × 11,10 m, zwei Zugänge und Gasschleusen sowie einen Be-

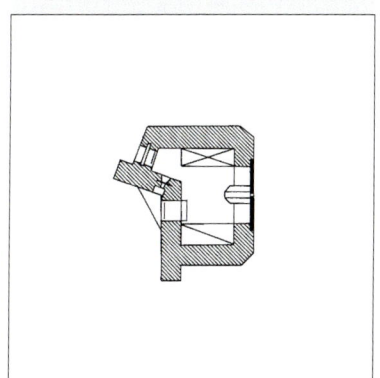

Abb. 4 Planzeichnung C-1-MG-Schartenstand

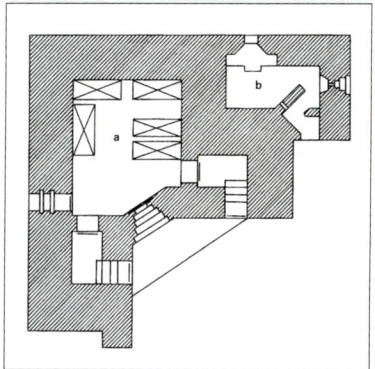

Abb. 5 Planzeichnung Gruppenunterstand Typ 010

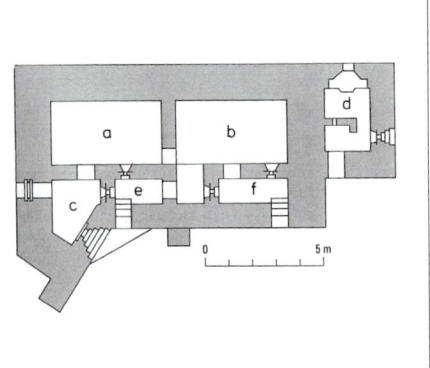

Abb. 6 Planzeichnung Gruppenunterstand Typ 011

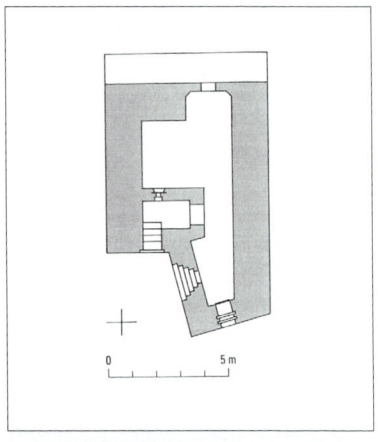

Abb. 8 Planzeichnung MG-Schartenstand 023

Abb. 7 Innenansicht angehängter Kampfstand mit MG-Auflage

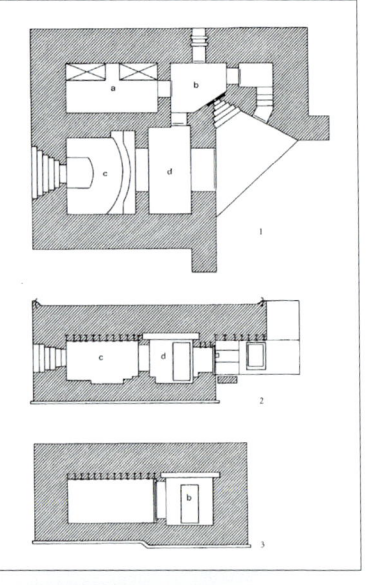

Abb. 9 Planzeichnung Pak-Schartenstand 020

reitschaftsraum mit 15 Betten. Eine direkte Verbindung mit dem Kampfstand bestand nur über ein Sprachrohr.

Der Doppelgruppenunterstand verfügte über einen weiteren Bereitschaftsraum von 2,70 × 4,80 m Größe. Wegen der

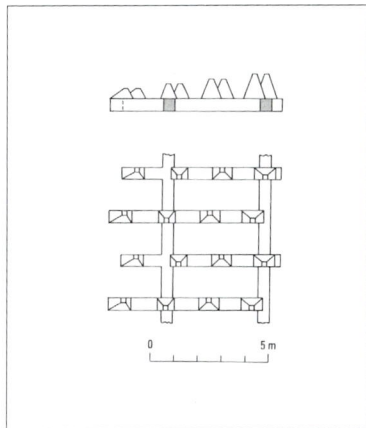

Abb. 10 Planzeichnung vierzügige Panzersperre 1938

fehlenden Panzerung versenkte man die Unterstände möglichst tief in den Boden und hängte einen erhöhten Kampfstand an (Abb. 7). Die Außenmauern des Kampfstandes hatten eine Stärke von 1 m.

Zu den am meisten gebauten Kampfständen sind die MG-Schartenstände vom Typ 1 und 023 sowie die Doppel-MG-Schartenstände Typ 26 zu nennen. Der Typ 023 hatte eine Größe von 6,80 × 10,20 m und besaß neben der Gasschleuse noch einen Raum für die Bereitschaft, einschließlich der Schießscharte und der Bunkersicherung (Abb. 8). Wesentlich komfortabler war der Doppel-MG-Schartenstand vom Typ 26 mit Gasschleuse, Bereitschaftsraum und zwei Kampfräumen. Als weitere Anlagen sind Pak-Bunker (Abb. 9), Artilleriebeobachter, Regimentsgefechtsstände und Sanitätsbunker zu nennen sowie weitere Sonderausführungen bzw. Sonderkonstruktionen. Zum Limesbauprogramm gehörten auch die vierzügigen Panzersperren, die Panzer bis 20 t abwehren sollten (Abb. 10 und 11). Von den Bunkern der Limesstellung in NRW existieren heute noch 20 Anlagen, zumeist ohne Panzerteile.

Begleitet wurde der beschleunigte Ausbau der Westbefestigungen mit einer in ihren Ausmaßen bis dahin nicht gekannten politischen Propagandakampagne, bei der im Sommer 1938 erstmals der Begriff »Westwall« aufkam, der als gängiger Begriff im Sprachgebrauch haften blieb.

Abb. 11 Ansicht vierzügige Panzersperre beim Hof England, Stadt Aachen

DOPPELGRUPPENUNTERSTAND »AM LEGER«

Einer der wenigen erhaltenen Bunker vom Typ 011 liegt südwestlich von Dahlem. Ihn erreicht man über die L 110 bis zum Hof Fuchskaul, dort nach rechts abbiegen und nach 440 wieder rechts, am Hof Am Leger vorbei. 180 m nördlich des Hofes liegt der Doppelgruppenunterstand in einem Waldstück. Er liegt abseits der Limes-Hauptstellung und diente zur Unterbringung des Baustabes. Der Bunker mit angehängtem Kampfstand ist bis auf die Panzertüren erhalten und wurde durch die Bundesanstalt für Immobilienangelegenheiten durch Absturzgitter gesichert (Abb. 12). Auch die Bunkeröffnungen sind für den Artenschutz verschlossen (Bunker UTM: 32324104/5583134).

BUNKERGRUPPE BUHLERT

Die einzig teilweise erhaltene Bunkergruppe der Limesstellung in NRW befindet sich nördlich der Landstraße zwischen Nideggen-Schmidt und Simmerath-Strauch. Auf halber Strecke in einer langgestreckten Kurve befindet sich an einer nicht mehr genutzten Straßentrasse der alten Straße ein Parkplatz. Vom Parkplatz über einen Wirtschaftsweg in nördlicher Richtung erreicht man nach ca. 500 m den von Nordost nach Südwest verlaufenden asphaltierten sogenannten Pionierweg. Nach 330 m liegt nördlich des Weges im Hang der Wasserbunker, der zur Wasserversorgung der Bunkerstellung am Buhlert diente. Er hat eine Seitenlänge von 4,5 m und rechts anschließend eine Flügelmauer. Neben einem Eingangsbereich hat der Bunker noch ein großes Wasserbassin (Abb. 13).

Nach ca. 1,6 km in westlicher Richtung erreicht man eine Teichanlage. Ein zwei-

Abb. 12 Doppelgruppenunterstand mit angehängtem Kampfstand bei Dahlem

Wolfgang Wegener

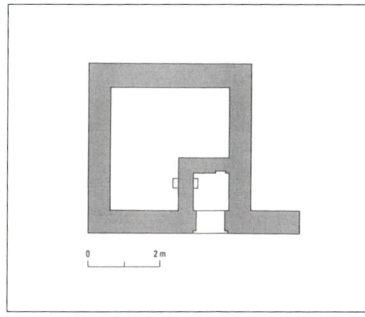

Abb. 13 Planzeichnung Wasserbunker.

ter Weg führt vom Ortsausgang Strauch, »Am Zäunchen«, nach Norden über den Wirtschaftsweg, an den Windkraftanlagen vorbei bis zu dem genannten Teich. Hier rechts an dem Teich vorbei und den nächsten Weg wieder rechts nehmen. Der Weg steigt leicht an. Oben auf der Kuppe befindet sich links ein erhaltener Doppelgruppenunterstand mit angehängtem Kampfstand, Typ 011 (Abb. 14). Weiter dem Weg in nördlicher Richtung folgend liegt nach 500 m links ein Gruppenunterstand vom Typ 010, ebenfalls mit angehängtem Kampfstand. Von der Rückseite aus erreicht man nach 150 m den Hang hinauf einen MG-Bunker vom Typ 023 (Abb. 15). Zum Schutz der Fledermäuse, die diese Bunker als Winterquartier nutzen, sind sie verschlossen. Zurück auf dem Wirtschaftsweg erreicht man nach 150 m auf der linken Seite einen weiteren Gruppenunterstand mit angehängtem Kampfstand, der unverschlossen ist (Abb. 16). Ein Betreten der Anlage geschieht auf eigene Gefahr. Weitere Bunker, die zu dieser Stellung gehörten, sind zerstört und planiert (Bunker 132, UTM: 32311721/5614534 / Parkplatz L246, UTM: 32313505/5614590).

Abb. 14 Doppelgruppenunterstand 139/40 im Buhlert, Bunkerhof

Abb. 15 Bunkerhof MG-Schartenstand im Buhlert

Abb. 16 Gruppenunterstand 132 im Buhlert, Bunkerhof

BUNKERGRUPPE LIMES AM OCHSENKOPF UND PETERBERG

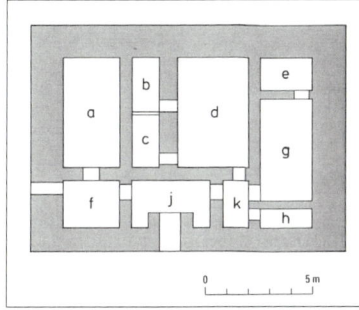

Abb. 17 Planzeichnung Sanitätsbunker 1938 in Simonskall

SANITÄTSBUNKER SIMONSKALL

Wenige hundert Meter nördlich im Tal der Kall befindet sich ein erhaltener Sanitätsbunker (Abb. 17), der vom Geschichtsverein Hürtgenwald als Bunkermuseum betrieben wird und ständig durch neue Objekte ergänzt wird. Der Bunker ist sonntags von 11:00 bis 17:00 Uhr geöffnet (UTM: 32312866/5616208).

Über die Landstraße durch das Kalltal erreicht man kurz vor der B 399 einen Wanderparkplatz. Am Parkplatzzugang befindet sich eine Tafel zum Historisch-Literarischen Wanderweg, dem Ochsenkopf-Weg. Auf der gegenüberliegenden Straßenseite beginnt ein Wirtschaftsweg, an dessen nördlicher Seite zahlreiche Deckungsgräben zu erkennen sind. An zwei Gedenksteinen vorbei liegt in der nächsten Rechtskurve ein gesprengter Gruppenunterstand. Weiter den Weg entlang sieht man den Hügel eines gesprengten Unterstandes und die Reste eines angehängten Kampfstandes. 150 m weiter befindet sich links im Wald die Ruine eines weiteren Unterstandes und weiter am Waldweg die Ruine eines Doppel-MG-Bunkers (Abb. 18). Die Bunkerruinen dür-

Abb. 18 Ansicht Bunkerruine Doppel-MG-Bunker, Typ 026, am Peterberg

Der Westwall in Nordrhein-Westfalen

fen wegen des Gefahrenpotenzials nicht betreten werden (Parkplatz L 160, UTM: 32311560/5615768).

AACHEN-SAAR-PROGRAMM

Anfang Oktober 1938 verkündete Hitler auf dem Gauparteitag der NSDAP in Saarbrücken die Einbeziehung des Saarlandes und des Raums um Aachen in die Weststellungen. Bereits am 16. Oktober 1938 erfolgte der Auftrag an die Organisation Todt. Die Planungen orientierten sich zunächst an den bisher verwendeten Bautypen, ehe am 19. Januar 1939 der Befehl erging, neue, stärkere Bautypen mit Wand- und Deckenstärke von 2,0–3,5 m zu bauen. Hinzu kam eine wesentlich größere Grundrissgestaltung und zusätzliche Räume. Innerhalb der Bereitschaftsräume erhöhte man die Fläche pro Mann von 1,0 auf 1,3–1,4 m². Weiter schaffte man Platz für Vorratsräume zur Unterbringung von Lebensmitteln und Munition, sowie einen besonderen Raum für einen Beobachter, der mit einem Sehrohr oder einer Kleinstglocke ausgestattet war. Im Gegensatz zu den Bunkern der Limesstellung konnten

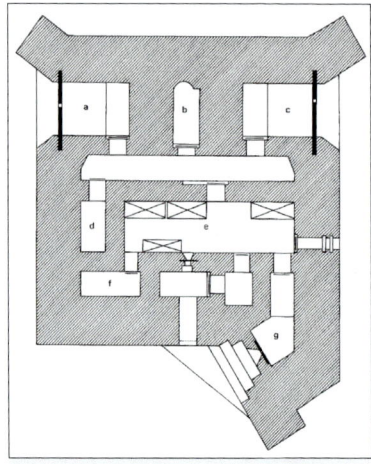

Abb. 19 Planzeichnung Doppel-MG-Kasematte, Typ 107a

Abb. 20 Gesprengte Doppel-MG-Kasematte, Typ 107a, Fuhrtsbachtal

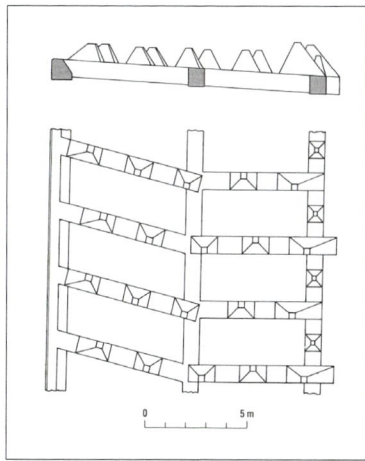

Abb. 21 Planzeichnung fünfzügige Panzersperre 1939

deren Zahl auf 617 reduziert wurden. Nach Einstellung der Arbeiten Mitte 1940 gab es 802 Anlagen, einschließlich der Grenzwachtbunker und der Bunker des Pionierprogramms. Erhalten haben sich bis heute nur drei Anlagen.

Zu den am meisten gebauten Anlagen gehörten die Gruppenunterstände Typ 101, Doppelgruppenunterstand Typ 102 und MG-Kasematten Typ 105, 107 (Abb. 19), 108 (Abb. 20). Neben diesen Bunkertypen kamen zahlreiche andere Varianten und Typen hinzu vom Pak-Stand, 6-Schartenkuppelstand bis zu Artilleriebeobachtern und Gefechtsständen. Auch die Panzersperren wurden weiterentwickelt mit einem fünfzügigen Typ, der auf Panzer bis 36 t ausgerichtet war. Sie hatten eine Breite von 13,45 m und bestanden aus drei parallel verlaufenden Fundamenten. Die Höckerhöhe stieg von 0,8 m an der Feindseite bis auf 1,5 m an der Freundseite an (Abb. 21). Zusätzlich gesichert waren die diese Anlagen nur noch flankierend Feuerschutz geben. Die Vorstellung Aachen erstreckte sich von Hellenthal-Losheim entlang der Grenze zu Belgien bis Aachen und weiter bis an die Stadtgrenze von Herzogenrath. Geplant waren 687 Bunker,

Abb. 22 Ansicht Höckerreihe fünfzügige Panzersperre, Freundseite

Abb. 23 Ansicht fünfzügige Panzersperre nördlich Hof Heimbüchel, Hollerath

Befestigungsanlagen durch umfangreiche Sicherungsgräben und Stacheldrahtverhaue. An Bachläufen errichtete man Sonderkonstruktionen, eine Arbeitstechnik, die auch bei den einzelnen Bunkertypen je nach Geländebeschaffenheit angewandt wurden. Im Bereich des heutigen NRW baute man 42,6 km, die zum großen Teil erhalten sind (Abb. 22). Einzelne Relikte der Vorstellung Aachen finden sich zwischen Hellenthal und Aachen.

HOLLERATHER KNIE

Zwischen der Landesgrenze zu Rheinland-Pfalz bei Kehr bis westlich von Hellentahl-Hollerath finden sich an vielen Stellen vier- und fünfzügige Panzersperren und gesprengte Bunkeranlagen. Südlich vom Parkplatz Hollerather Knie verläuft eine vierzügige Panzersperre entlang der Nordseite eines Wirtschaftsweges und wird von diesem teilweise überdeckt. Sie biegt nach Norden um und trifft auf der Höhe des Hofes Heidbüchel auf die von Osten kommende fünfzügige Panzersperre (Abb. 23). Von hier verlaufen beide Sperren parallel zueinander, sodass man den Eindruck eines neunzügigen Panzerhindernisses hat. Westlich des Weges, nahe der deutsch-belgischen Grenze, liegen im Wald die Reste eines Panzergrabens, den Hitlerjungen aus Bad Münstereifel im September 1944 gegraben haben. Nach 600 m trennen sich die beiden Panzersperren. Kurz zuvor, kurz vor einem Wirtschaftsweg, finden sich an den Panzerhöckern als Intervention des Künstlers Dr. Ralf Peters Auszüge der Schrift von Immanuel Kant »Zum Ewigen Frieden« (Abb. 24). In dem anschließenden Waldgelände liegen an dem asphaltierten Wirtschaftsweg zahlreiche gesprengte Bunker als aufgeschüttete Hügel, einzelne Beton-MG-Verstärkungen und zahlreiche Feldstellungen bis ins Urfttal (Parkplatz, UTM: 32313872/5592386).

Abb. 24 Vom Künstler Dr. Ralf Peters beschriebener Panzerhöcker, Hollerath

FUHRTSBACHTAL

Von Monschau-Alzen gelangt man über den Kanterberg in das Naturschutzgebiet Fuhrtsbachtal. Unmittelbar an der Brücke über den Fuhrtsbach befinden sich ein gesprengter Doppel-MG-Bunker 107d mit vorgezogener Flankenmauer (Abb. 25). Weiter über die Brücke und nach Südosten, entlang des Fuhrtsbaches, gelangt man zur Antoninusbrücke. Über diese Brücke hinweg erreicht man eine Wegegabelung. Direkt nördlich der Wegegabelung liegen einzelne gesprengte Bunker, ein

Abb. 25 Gesprengte Doppel-MG-Kasematte mit Flankenmauer, Fuhrtsbachtal

Abb. 26 Erhaltener Kabelbrunnen im Fuhrtsbachtal

lungen aus den Kämpfen 1944/1945. Die Vorstellung Aachen erstreckt sich weiter über den Bereich Wahlerscheid bis zum Oleftal (Antoniusbrücke UTM: 32307691/5599286).

PANZERSPERREN BICKERATH

In der Gemeinde Simmerath, zwischen den Ortsteilen Bickerath und Paustenbach, fließt der Kallbach. Zu beiden Seiten erstreckt sich die Vorstellung Aachen. An der Nordseite, um das Eifelkreuz, bestand die Verteidigungsstellung aus 11 Bunkern, darunter zwei 6-Schartenkuppeln, MG-Bunker, Unterstände und Pak-Unterstellräume. Während die Bunker alle zerstört sind, ist die fünfzügige Panzersperre, mit einer Sonderkonstruktion im Bereich des Kallbaches, gut erhalten. Über die Panzersperre führt der Wanderweg Nr. 54, ein Rundwanderweg um Simmerath (Abb. 28). 450 m östlich der Panzersperre, am Kopperweg, finden sich die Reste eines Reichsarbeitsdienstlagers (Panzersperre an der Kall UTM: 32308022/5610260).

Unterstand Typ 102, ein Doppel-MG-Bunker 108d (vgl. Abb. 20) und einer der seltenen C-1 MG-Schartenstände (vgl. Abb. 3). Weiter den Weg entlang des Fuhrtsbaches zeigen sich weitere Bunker und ein Kabelbrunnen (Abb. 26). Alle Bunker sind gesprengt und dürfen wegen der verschiedenen Gefahrenmomente nicht betreten werden (Abb. 27). In den angrenzenden Wäldern finden sich zahlreiche Feldstel-

Abb. 27 Gesprengte Doppel-MG-Kasematte mit Flankenmauer, Fuhrtsbachtal

PANZERMAUER UND HÖCKERLINIEN BEI AACHEN-ORSBECK-VETSCHAU

Abb. 28 Ansicht fünfzügige Panzersperre südöstlich von Paustenbach, Simmerath

An der Grenze zu den Niederlanden bei Vaals verlaufen zwischen Aachen-Vaalserquartier und der Wurm bei Klinkheide auf mehrere Kilometer die Reste der Vorstellung Aachen. Hier sind die Panzersperren und zwei Panzermauern gut erhalten. Vom Parkplatz an der Schurzelter Straße, Ecke Schneebergweg erreicht man nach 950 m die Panzermauer am Schneeberg. Dort, wo die Straße das Hindernis durchquert, finden sich die Reste einer Straßensperre (Abb. 29). Die Panzermauer ist auf einer Strecke von 340 m erhalten. Reste von

Abb. 29 Ansicht Panzermauer am Schneeberg, Aachen

Eisenstäben für den Stacheldraht sind noch erkennbar. In Richtung Orsbach und weiter nach Osten finden sich immer wieder einzelne Abschnitte der fünfzügigen Panzersperre. Einzelne Abschnitte sind für landwirtschaftliche Nutzung aufgeschüttet. Die zur Sicherung der Stellung erbauten Bunker sind alle gesprengt, teilweise noch als Erdhügel zu erkennen (Panzermauer UTM: 32289836/5629732)

GELDERN-STELLUNG

Ende August 1939 richtete sich die Wehrmacht in den Weststellungen ein. Gleichzeitig begann der Bau der Geldern-Stellung, auch als Niederheinstellung bezeichnet, weil die Oberste Heeresleitung mit ihrem Angriff auf Polen einen Gegenangriff der englischen und französischen Truppen auf das Ruhrgebiet, unter Missachtung der niederländischen Neutralität, befürchtete. Geplant waren vor allem Unterstände und MG-Bunker. Im Januar 1940 reduzierte man den Bau auf 6 Doppel-MG-Kasematten und 138 Mannschaftsbunker vom Typ 102 V. Der Mannschaftsbunker 102 V hatte eine Größe von 10,6 × 16,9 m und bestand neben der Entgiftungsnische und der Gasschleuse aus zwei weiteren Bereitschaftsräumen. Charakteristisch sind die Verstärkungen an den feindseitigen Ecken (Abb. 30). Bei Einstellung der Arbeiten im Sommer 1940 waren 142 Bunker fertiggestellt.

BUNKER AM NIEDERRHEIN, A57 AUSFAHRT KLEVE, FRIEDHOF NÜTTERDEN

Von der Autobahn A57 aus kann man kurz vor der Ausfahrt Kleve an der rechten Seite ein Gehöft mit einem Gruppenunterstand 102 V sehen (Abb. 31). Bei der Sprengung nach dem Krieg wurde der Innenbereich des Bunkers zerstört, der Bunker selbst aber kaum beschädigt. Die ehemals vorhandenen Zugänge sind verschlossen. Neben den Bunkern bei Goch am Bockelter Weg und an der Hassumer Straße gibt es eine weitere Anlage bei Kranenburg-Nütterden, direkt am Friedhof (Abb. 32). Alle diese Bunker sind verschlossen und nicht begehbar (Bunker Friedhof Nütterden UTM: 322974626/5741780).

VORSTELLUNG VOGELSANG

Neben diesen genannten Stellungslinien gab es noch die Vorstellung Vogelsang, die im Zusammenhang mit dem Westwall und zur Sicherung der Ordensburg Vogelsang 1939 bis 1940 erbaut wurde. Es handelt sich dabei um 16 Anlagen, 11 MG-Bunker vom Typ 103, 107 und 108, zwei Doppelgruppenunterstände vom Typ 102 und zwei Pak-Unterstände. Sie liegen in einem Bereich, der sich halbkreisförmig vom Hühnerkopf über den Walberhof bis um das Dorf Wollseifen erstreckt. Alle Bunker sind zerstört, die Ruinen teilweise von den Wanderwegen aus rund um die Ordensburg zu erkennen.

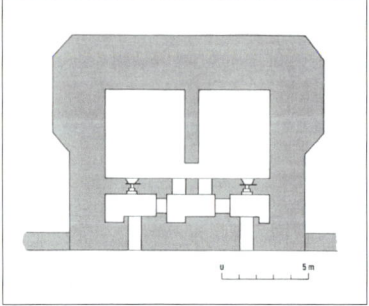

Abb. 30 Planzeichnung Doppelgruppenunterstand Typ 102V

Abb. 31 Ansicht Doppelgruppenunterstand östlich der A 57, Abfahrt Kleve

Abb. 32 Ansicht Doppelgruppenunterstand am Friedhof von Nütterden, Kranenburg

DIE LUFTVERTEIDIGUNGSZONE WEST (LVZ-WEST)

Anfang Juni 1938 beauftragte Hermann Göring seinen Führungsstab, eine eigene Luftverteidigungszone (LVZ-West) entlang der Westgrenze zu errichten. Ihr Ausbau erfolgte zeitgleich mit dem Limesprogramm und dem nachfolgenden Aachen-Saar-Programm. Auch fanden Bunkertypen dieses Programms beim Ausbau der LVZ Verwendung, die in einer Entfernung von 10 bis 40 km hinter dem Westwall lagen. Bei den Mannschaftsbunkern handelte es sich um Unterstände vom Typ »F«, das »F« stand für den »Führer« Adolf Hitler, der Skizzen für die Konstruktion entworfen hatte. Sie waren 7,60 × 10,80 m groß und entsprachen dem Regelbau 10a mit einer Wandstärke von 1,50 m (Abb. 33). Neben den zwei Gasschleusen und Entgiftungsnischen gab es noch zwei Bereitschaftsräume.

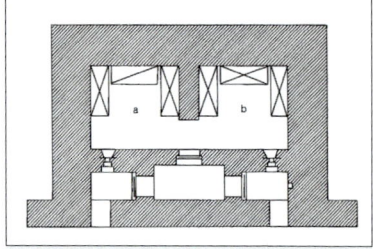

Abb. 33 Planzeichnung Gruppenunterstand »F«, Typ 010a

Die Flakstellungen wurden im Teil- und im Vollausbau in Beton errichtet. Zu einer Stellung im Vollausbau gehörten vier Geschützstände, eine Gerätestellung, fünf Unterstände für die Bedienungsmannschaften, ein MG-Stand, ein Pz-Stand mit Kleinstglocke für die Batterieführung und zur Unterbringung einer 3,7 cm Flak; weiter drei separate Munitionsbunker. Bei den Geschützstellungen gab es zwar Vorgaben, aber die Gestaltung fiel sehr unterschiedlich aus. Sie hatten jeweils eine Zu- und Ausfahrt, die durch Pfähle,

Abb. 34 Blick in einen Geschützstand von der Zugangsseite, Dahlemer Binz

Holzbohlen und Sandsäcke versperrt wurden (Abb. 34). An einer Seite befand sich ein versetzter Durchgang. Nischen an den Wandseiten dienten zur Unterbringung von Munition. Die Wandstärken betrugen im Durchschnitt 0,40–0,50 m. Die Außenwände waren mit Erdmaterial angeschüttet.

Die Gerätestellung bestand aus zwei Teilen, die durch einen Gang miteinander verbunden und über eine Treppe zu erreichen waren. Auf der rechten Seite befand sich ein im Durchmesser 4 m großer und 0,80 m hoher Betonsockel, auf dem das Entfernungsmessgerät stand (Abb. 35). An der linken Seite stand das Kommandohilfsgerät. Die Informationen beider Geräte liefen in der Mitte zusammen und wurden über Kabel an die einzelnen Geschützstände weitergegeben. Der Pz-Stand leitet sich aus dem Unterstand 10a vom Limesbauprogramm ab, allerdings mit einem

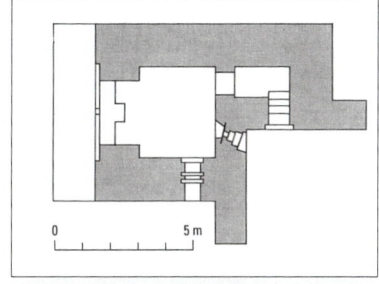

Abb. 36 Planzeichnung MG-Schartenstand, LVZ-Stellung, Typ 1

verkleinerten Bereitschaftsraum für den Beobachtungsstand mit Kleinstglocke. Den Zugang an dieser Seite hat man erweitert, um ein 3,7 cm Pack unterzubringen. Die Munitionsbunker waren eine eigene Entwicklung der Luftwaffe. In den zwei Innenräumen von 4,80 × 3,0 m lagerten für die Erstausstattung der Flakbatterien jeweils 300 Schuss. Die für die Sicherung einer Flakstellung errichteten MG-Schartenstände entsprachen dem Limesprogramm, Typ 1 (Abb. 36).

Abb. 35 Gerätestellung, Standort für das Entfernungsmessgerät in der Gerätestellung, Ottenberg, Nettersheim

Abb. 37 Bunkerhof MG-Schartenstand bei Vettweis-Ginnick

LVZ-STELLUNGEN

Eine LVZ-Stellung befand sich nördlich von Vettweiß-Ginnick. Von Froitzheim aus biegt kurz vor dem Ort ein befestigter Weg zum Sportplatz ab. Am Wasserturm vorbei liegt 100 m vor dem Sportplatz im Wald ein erhaltener MG-Schartenstand, der die Flakstellung schützen sollte. Er ist verschlossen und wird als Waldhütte genutzt. Anders als bei den Regelbauten des Westwalls 1939 sind hier die Übergänge zwischen Wand und Decke abgerundet (Abb. 37). Der Bunkerzugang liegt an der Nordostseite, die MG-Scharte nach Süden (Abb. 38). Von der Flakstellung nördlich des Wasserturmes sind obertägig keine Reste erhalten. An der Südseite im Hang liegt noch ein Schützengraben (Bunker UTM: 32328057/5619700).

Eine der wenigen noch in Teilen erhaltenen Flakstellungen der LVZ-West liegt östlich des Flughafens Dahlemer Binz. Man fährt über die B 51 nach Schmidtheim und kann im Ort, gleich hinter der Bahnunterführung, links in die Hubertusstraße abbiegen. Nach 1.500 m befindet sich nördlich der Straße die Hauptstellung im Wald. Dort, wo die Straße leicht nach Südwesten abknickt, liegt ein Kabelbrunnen und ein erhaltener Wasserbunker, der die Flakstellung mit Wasser versorgte. Vom Eingang erreicht man durch einen schmalen Flur das Wasserbassin. Auf dem Wasserbunker hat man einen Geschützstand errichtet (vgl. Abb. 33). Nordöstlich von dieser Stellung befindet sich im Wald die Hauptstellung, die eingezäunt ist und durch einen privaten Betreiber genutzt wird. Südlich der Landstraße stehen noch die Ruinen eines weiteren Bunkers (Wasserbunker UTM: 32325156/5587070)

EINSTELLUNG DER ARBEITEN AN DEN WESTSTELLUNGEN

Nach Einstellung der Bauarbeiten im Sommer 1940 baute der Reichsarbeitsdienst

Abb. 38 Frontansicht MG-Schartenstand bei Vettweis-Ginnick

die Feldstellungen und Drahthindernisse zurück und viele Panzerteile aus den Bunkern wieder aus, um sie für den neu errichteten Atlantikwall weiterzuverwenden. Die Bunkeranlagen blieben sich selbst überlassen oder wurden in Ortsnähe von der Bevölkerung und Landwirten genutzt. Noch vorhandene Eisenteile verrosteten, das Schussfeld wucherte wieder zu.

Nach der alliierten Invasion in der Normandie begannen Anfang August 1944 erste Überlegungen, die Weststellungen wieder zu aktivieren und durch zusätzliche Anlagen verteidigungsfähig zu machen. Neben dem feldmäßigen Ausbau kamen als neue Bunkeranlagen zahlreiche Ringstände dazu. Diese Anlagen hatten zuvor die Italiener in Nordafrika entwickelt und das Westheer auch am Atlantikwall eingebaut. Bei den Ringständen Typ 58c handelte es sich um eine im Bereich des Kampfraumes achteckige Anlage, der Durchmesser betrug 1,4 m. Über drei Stufen gelangte man in den tiefer gelegenen Unterschlupf, der seitlich eine Türöffnung besaß (Abb. 39). Auf der kreisförmigen Öffnung konnte ein MG angebracht werden. Zahlreiche dieser Anlagen baute der Baustab 401 in die Maas-Rur-Stellung am Niederrhein direkt an der Landesgrenze ein.

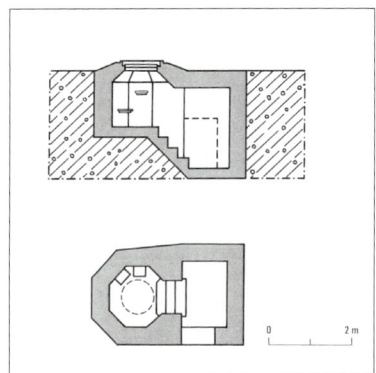

Abb. 39 Planzeichnung Ringstand, Typ 58c

Abb. 40 Freigelegter Ringstand, zur Translozierung vorbereitet, Niederkrüchten-Elmt

ELMTERWALD

An der deutsch-niederländischen Grenze bei Niederkrüchten, zu beiden Seiten der Autobahn A46, verläuft am Westhang zur Maasniederung die Maas-Rur-Stellung. Direkt im oberen Bereich des Hanges verläuft ein Panzergraben, sowie ein System von Deckungsgräben. Im Wald und direkt am Grenzweg liegen mehrere Ringstände. Ein beim Bau der Autobahn störender Ringstand wurde ausgegraben und transloziert (Abb. 40). Er steht heute 330 m nördlich der A46 und direkt westlich einer Auskiesung an einem Waldweg mit Erläuterungstafel (Ringstand UTM: 32296029/5676978).

Bei den Kämpfen um die Weststellungen seit dem Herbst 1944 wurden zahlreiche Bunkeranlagen erobert und von den nachfolgenden Pioniereinheiten anschließend gesprengt. Nach Ende des Krieges und der Kontrollrats-Direktive 22, die die Zerstörung der Befestigungen regelte, zerstörten die britischen Besatzungstruppen systematisch die Anlagen der Weststellungen und der LVZ-West. Allein einige Wasserbunker blieben erhalten, da sie für die Versorgung der Zivilbevölkerung in den Gemeinden wichtig waren. Die gesprengten Anlagen dienten als willkommenes Baumaterial für die Anwohner oder wurden für die Erfassungsstellen für Wehrmachtsgut ab 1951 durch zwei Firmen ausgeschlachtet. Einzelne Panzertüren blieben auch bei Privatpersonen. Ab 1952 nutzte man die Anlagen zur Sprengung von Munition und Minen.

LITERATUR (IN AUSWAHL)

Allgemein

Thomas Biller, Der bastionierte Festungsbau des 16. Jahrhunderts und sein Weg nach Deutschland, in: ders., Die Wülzburg. Architektur einer Renaissancefestung, München/Berlin 1996, S. 1–62.

Tobias Büchi, Fortifikationsliteratur des 16. und 17. Jahrhunderts. Traktate deutscher Sprache im europäischen Kontext, Basel 2015.

Tobias Büchi, Theorie und Praxis der Festungsbaukunst – Einführung, in: ders., Die Festung Basel, Daniel Specklin und der Dreissigjährige Krieg. Gutachten, Ausführung und Rahmenbedingungen, Basel 2021, S. 13–29.

Stefan Bürger, Architectura Militaris. Festungsbautraktate des 17. Jahrhunderts zwischen Specklin und Sturm, Berlin 2013.

Deutsche Gesellschaft für Festungsforschung e. V. (Hrsg.), Festungsforschung, bisher 14 Bde., Regensburg seit 2009.

G. Ulrich Großmann, Renaissance entlang der Weser. Kunst und Kultur in Nordwestdeutschland zwischen Reformation und Dreißigjährigem Krieg, Köln 1990.

Wilhelm Kohl, Westfälische Geschichte, 3 Bde., Düsseldorf 1982–1984.

Johannes Müller-Kissing, The Development of Fortifications in the County Lippe and Eastern Westphalia on the Eve of the Reformation, in: Rainer Atzbach u. a. (Hrsg.), Castles and Fortifications of the Reformation Period, Bonn 2020, S. 269–280.

Hartwig Neumann, Festungsbaukunst und Festungsbautechnik. Deutsche Wehrbauarchitektur vom XV. bis XX. Jahrhundert (Architectura militaris 1), Koblenz 1988.

Franz Petri u. Georg Droege (Hrsg.), Rheinische Geschichte, 3 Bde., Düsseldorf 1976–1983.

Guido von Büren u. Christian Ottersbach (Red.), Von der Burg zur Festung. Der Wehrbau in Deutschland und Europa zwischen 1450 und 1600 (Forschungen zu Burgen und Schlössern 18), Petersberg 2021.

Thomas Tippach, Frühneuzeitliche Festungsstädte in Westfalen, in: Wilfried Ehbrecht (Hrsg.), Westfälischer Städteatlas, Lieferung VI, Einleitungsfaszikel, Altenbeken 1999, o. S.

Aachen

Guido von Büren, Karl V. und die militärische Revolution der Frühen Neuzeit, in: Frank Pohle (Hrsg.), Der gekaufte Kaiser. Die Krönung Karls V. und der Wandel der Welt, Dresden 2020, S. 84–97.

Thomas R. Kraus (Hrsg.), Aachen von den Anfängen bis zur Gegenwart, 4 Bde., Aachen/Neustadt an der Aisch 2011–2018.

Bruno Lerho, Die große Aachener Stadtmauer mit Toren und Türmen, Aachen 2006.

Carl Rhoen, Die Befestigungswerke der freien Reichsstadt Aachen, Aachen 1894.

Bielefeld

Johannes Altenberend u. a. (Hrsg.), Sparrenburg archäologisch. Die Ausgrabungen 2007 bis 2013, Bielefeld 2014.

Andreas Kamm, Sparrenburg. Burg, Festung, Wahrzeichen (Sonderveröffentlichung des Historischen Vereins für die Grafschaft Ravensberg 12), Bielefeld 2007.

Andreas Kamm, Das Rechnungsbuch des Amtes Sparrenberg von 1549, in: Jahresbericht des Historischen Vereins für die Grafschaft Ravensberg 94 (2009), S. 7–96.

Johannes Müller-Kissing, Überlegungen zur Typologie und Entwicklung von Treppenscharten, in: Marburger Arbeitskreis für europäische Burgenforschung e. V. (Hrsg.), Die Burg als Bau und als Motiv (Burgenforschung 3), Marburg 2017, S. 137–154.

Bonn

Gebhard Aders, Bonn als Festung. Ein Beitrag zur Topographie der Stadt und zur Geschichte ihrer Belagerungen, Bonn 1973.

Ingrid Bodsch (Hrsg.), Die Bombardierung Bonns 1689. Bonn als Festungsstadt, Bonn 2014.

Guido von Büren u. Marc Grellert, Architectura militaris im langen 17. Jahrhundert am Rhein. Die virtuelle Rekonstruktion der Bonner Heinrichbastion und ihr Kontext (mit DVD), in: Andreas Rutz (Hrsg.), Krieg und Kriegserfahrung im Westen des Reiches 1568–1714 (Herrschaft und soziale Systeme in der Frühen Neuzeit 20), Göttingen 2016, S. 237–271.

Alexander Hess, Die Bonner Stadtbefestigungen und ihre Auswirkungen auf das heutige Stadtbild, in: Fortis. Das Magazin 2015/16, S. 83–97.

Detmold

Heiner Borggrefe, Das Renaissanceschloss Detmold und Graf Bernhard VIII. zur Lippe, in: Detlef Hellfaier (Hrsg.), Museum, Region, Forschung, Detmold 2011, S. 115–129.

G. Ulrich Großmann, Schloss Detmold (Burgen, Schlösser und Wehrbauten in Mitteleuropa 13), Regensburg 2002.

Roland Pieper, Status und Repräsentation. Der neuzeitliche Burgenbau in Lippe, in: Rainer Springhorn (Hrsg.), Burgen in Lippe ... heute schützen wir sie! (Kataloge des Lippischen Landesmuseums 8), Detmold 2002, S. 49–59.

Düsseldorf

Andreas Kupka, 25 Jahre Stadtarchäologie in Düsseldorf, in: Jürgen Kunow (Hrsg.), 25 Jahre Archäologie im Rheinland, Stuttgart 2012, S. 378–380.

Andreas Kupka u. Martin Vollmer-König, Der ArcheoPoint im U-Bahnhof Heinrich-Heine-Allee – Archäologische Präsentation im Herzen der Stadt, in: Edmund Spohr u. Hatto Küffner (Hrsg.), Düsseldorf – Eine Stadt zwischen Tradition und Vision. Die Altstadt im Wandel, Bd. 2: Vorstadt-Neustadt, Düsseldorf 2017, S. 142–153.

Andreas Kupka, Die Bastion Diemantstein der Zitadelle Düsseldorf, in: Guido von Büren u. Michael Goer (Hrsg.), Burgen – Schlösser – Häuser. Festschrift für G. Ulrich Großmann zum 65. Geburtstag, Petersberg 2019, S. 52–67.

Edmund Spohr, Düsseldorf. Stadt und Festung, Düsseldorf ²1979.

Edmund Spohr, Karten und Pläne als Grundlage einer siedlungsgeschichtlichen Betrachtung von Düsseldorf, in: Düsseldorf im Kartenbild. Die Entwicklung der Stadt vom 16.–19. Jahrhundert in Karten und Plänen, Düsseldorf 1998, S. 26–63.

Hugo Weidenhaupt (Hrsg.), Düsseldorf. Geschichte von den Ursprüngen bis ins 20. Jahrhundert, Bd. 1, Düsseldorf 1988.

Familie Pasqualini

Guido von Büren, »Pasqualini«, in: Neue Deutsche Biographie 20 (2001), S. 85–86 [Online-Version]; URL: https://www.deutsche-biographie.de/pnd129479675.html#ndbcontent

Fossa Eugeniana

Fossa Eugeniana. Weltgeschichte in der Region. Ausst.-Kat. Museum für Volkskunde und Kulturgeschichte, Kevelaer 1997.

Irmgard Hantsche, Vom Rhein zur Maas quer durch das Oberquartier Geldern? Das Projekt der »Fossa Eugeniana«, in: Geldrischer Heimatkalender 2020, S. 115–130.

Axel Heimsoth, Die Fossa Eugeniana. Ein Kanalbauprojekt als transnationaler Erinnerungsort, in: Düsseldorfer Jahrbuch 83 (2013), S. 13–49.

Rolf-Günter Pistor u. Henri Smeets, Die Fossa Eugeniana. Eine unvollendete Kanalverbindung zwischen Rhein und Maas (Arbeitsheft Landeskonservator Rheinland 32), Köln 1979.

Wolfgang Wegener, Die Fossa Eugeniana, in: Jürgen Kunow (Hrsg.), Der Niederrhein zwischen Xanten und Nijmegen (Führer zu archäologischen Denkmälern in Deutschland 47), Stuttgart 2006, S. 261–262.

Roel Zijlmans, Fossa Eugeniana. Een Schelde-Maas-Rijnverbinding rond 1626. Achtergrond, voortraject en onderhandelingen, in: Publications de la Société Historique et Archéologique dans le Limbourg, Limburgs Geschied- en Oudheidkundig Genootschap (LGOG), Jaarboek 154 (2018), S. 115–160.

Jülich

Guido von Büren u. Michael D. Gutbier (Hrsg.), Das preußische Jahrhundert. Jülich, Opladen und das Rheinland zwischen 1815 und 1914 (Jülicher Forschungen 11), Goch 2016.

Guido von Büren u. Andreas Kupka, Schloss und Zitadelle Jülich (Burgen, Schlösser und Wehrbauten in Mitteleuropa 14), Regensburg 2005.

Jürgen Eberhardt, Alessandro Pasqualinis Entwurfsmodell von 1545 für den Renaissance-Neubau der herzoglichen Residenz zu Jülich. Die mathematisch-philosophischen Hintergründe des Modell-Grundrisses und ihre Bedeutung für die reduzierte Ausführungsplanung von 1549 (Jülicher Forschungen 14), Aachen 2020.

Wolfgang Hommel u. Guido von Büren, Jülich. Geschichte der Festungs- und Forschungsstadt, Jülich ²2020.

Hartwig Neumann, Stadt und Festung Jülich auf bildlichen Darstellungen, Bonn 1991.

Kaiserswerth

Irmingard Achter, Düsseldorf-Kaiserswerth (Rheinische Kunststätten 252), Neuss ³1994.

Edmund Spohr, Wichtigste kurkölnische Festung, in: Christa-Maria Zimmermann (Hrsg.), Kayserswerth. 1300 Jahre Heilige, Kaiser, Reformer, Düsseldorf 1981, S. 145–157.

Erich Wisplinghoff, Kaiserswerth, in: Hugo Weidenhaupt (Hrsg.), Düsseldorf. Geschichte von den Ursprüngen bis ins 20. Jahrhundert, Bd. 1, Düsseldorf 1988, S. 316–349.

Köln

Andreas Kupka, Archäologie Nord-Süd-Stadtbahn Köln: Der Stadt zum Schutz und Schmuck – Spätmittelalterliche und neuzeitliche Befestigungswerke im Kölner Süden, in: Kölner Museums-Bulletin 4 (2006), S. 12–27.

Andreas Kupka, Die »Neue Fortification« des 17. Jahrhunderts, in: Marcus Trier u. a. (Hrsg.), ZeitTunnel. 2000 Jahre Köln im Spiegel der U-Bahn-Archäologie, Köln 2012, S. 234–235.

Andreas Kupka, Archiv und Archäologie. Die Nord-Süd-Stadtbahn und der Bestand Festungskarten im Historischen Archiv der Stadt Köln, in: Bettina Schmidt-Czaia (Hrsg.), Das Schatzhaus der Bürger mit Leben erfüllt. 150 Jahre Überlieferungsbildung im Historischen Archiv der Stadt Köln, Köln 2011, S. 41–59.

Andreas Kupka, Die Festungsstadt Köln im 19. Jahrhundert, in: Thomas Otten u. a. (Hrsg.), Fundgeschichten. Archäologie in NRW, Köln 2010, S. 297–301.

Andreas Kupka, Ein kleiner Überblick zur Kölner Stadtbefestigung, in: ders. (Hrsg.): Ars Militaris nach der Revolution. Der europäische Festungsbau in der 1. Hälfte des 19. Jahrhunderts und seine Grundlagen (Festungsforschung 8), Regensburg 2016, S. 11–22.

Henriette Meynen (Hrsg.), Festungsstadt Köln. Das Bollwerk im Westen, Köln 2010.

Henriette Meynen (Hrsg.), Die Kölner Stadtbefestigungen. Einzigartige Zeugnisse aus Römerzeit, Mittelalter und Neuzeit, Daun 2021.

Marcus Trier, Die Kölner Stadtbefestigung in Mittelalter und in der Frühen Neuzeit, in: Manfred Gläser (Hrsg.), Die Befestigungen (Lübecker Kolloquium zur Stadtarchäologie im Hanseraum 7), Lübeck 2010, S. 535–552.

Heinrich Wiethase, Cölner Thorburgen und Befestigungen 1180–1882, Linderhöhe 1884.

Krefeld

Christoph Reichmann, Burg Linn, in: Ministerium für Bauen und Verkehr des Landes Nordrhein-Westfalen u. Landschaftsverband Westfalen-Lippe (Hrsg.), Burgen AufRuhr. Unterwegs zu 100 Burgen, Schlössern und Herrensitzen in der Ruhrregion, Essen 2010, S. 248–251.

Christoph Dautermann, Krefeld-Linn (Rheinische Kunststätten 509), Neuss 2009.

Patrick Jülich, Die Archäologie der spätmittelalterlichen Stadt Linn. Topographie, Infrastruktur und Genese, 2 Bde., Bonn 2020.

Guido Rotthoff, Linn (Rheinischer Städtealtlas 23), Köln/Bonn 1978.

Albert Steeger, Burg Linn (Rheinische Kunststätten 70), Neuss ⁹1976.

Jens Wroblewski u. André Wemmers, Theiss Burgenführer Niederrhein, Stuttgart 2001, S. 100–103.

Gotthilf Benjamin Keibel

André Bruns, General-Major Gotthilf Benjamin Keibel, 1770–1835, in: Burgen, Schlösser, Altertümer Rheinland-Pfalz/Deutschen Gesellschaft für Festungsforschung e. V. (Hrsg.), Neue Forschungen zur Festung Koblenz und Ehrenbreitstein, Bd. 1, Regensburg ²2005, S. 101–104.

N.N, Nekrolog des General-Majors des Ingenieurs-Korps Keibel, in: Archiv für die Offiziere der Königlich Preußischen Artillerie- und Ingenieur-Korps 2 (1836), S. 90–94.

Kurd Wolfgang von Schöning, Die Generale der Chur-Brandenburgisch und Königlich Preußischen Armee von 1640–1840, Berlin 1840.

Lemgo

Heiner Borggrefe, Schloss Brake. Residenz der Edelherren und Grafen zur Lippe, Lemgo 2020.

Eckehard Deichsel, Schloss Brake (Lippische Kulturlandschaften 17), Detmold 2010.

Karl Meier, Die Festung Lemgo, in: Mitteilungen aus der lippischen Geschichte und Landeskunde 24 (1955), S. 90–114.

Johannes Müller-Kissing, Die Stadtbefestigungen von Lemgo in der frühen Neuzeit, in: Befestigung und Grenze in Mittelalter und Neuzeit (Mitteilungen der Deutschen Gesellschaft für Archäologie des Mittelalters und der Neuzeit 32), Paderborn 2019, S. 197–206.

Hermann Wulff

Otto Gaul, Schloss Brake und der Baumeister Hermann Wulff, Lemgo 1967.

Otto Gaul, Renaissance-Baumeister in Lippe, in: Mitteilungen aus der Lippischen Geschichte und Landeskunde 23 (1954), S. 5–37.

Lipperode

Otto Gaul, Lipperode. Zur Geschichte von Burg, Festung und Dorf, in: Lippische Mitteilungen 44 (1975), S. 5–18.

Gunter Hagemann, Die Festung Lippstadt. Ihre Baugeschichte und ihr Einfluss auf die Stadtentwicklung (Denkmalpflege und Forschungen in Westfalen 8), Bonn 1985.

Cornelia Kneppe u. Hans-Werner Peine, Die Geschichte und bauliche Entwicklung der Burg Lipperode. Ein Vorbericht aus historischer und archäologischer Sicht zur Grabungskampagne 1985, in: Ausgrabungen und Funde in Westfalen-Lippe 5 (1987), S. 285–303.

Cornelia Kneppe u. Hans-Werner Peine, Burg Lipperode. Ein Vorbericht aus historischer und archäologischer Sicht zu den Grabungskampagnen 1985–1987, in: Westfalen 70 (1992), S. 277–354.

Hans-Werner Peine, Lippstadt. Burg und Festung Lipperode, in: Der Kreis Soest (Führer zu archäologischen Denkmälern in Deutschland 39), Stuttgart 2001, S. 196–200.

Minden

Manfred Hoof u. Ulf-Dietrich Korn, Das Fort C der Mindener Bahnhofsbefestigung, in: Denkmalpflege in Westfalen-Lippe 98 (1998), S. 59–67.

Ulf-Dietrich Korn u. Thomas Tippach, Stadt Minden. Einführungen und Darstellungen der prägenden Strukturen, Teilbd. 2: Festung und Denkmäler (Bau-

und Kunstdenkmäler von Westfalen 50, T. 1), Essen 2005.

Mönchengladbach-Rheydt

Stefan Frankewitz, Der Niederrhein und seine Burgen, Schlösser, Herrenhäuser an der Niers (Geldrisches Archiv 11), Geldern 2011, S. 131–154.

Hans-Peter Hütter, Schloss und Herrschaft Rheydt im Spannungsfeld des spanisch-niederländischen Krieges (1568–1648), in: Guido von Büren, Nils Kappen u. Karlheinz Wiegmann (Hrsg.), Weltreich und Provinz. Die Spanier am Niederrhein 1560–1660, Petersberg 2025 (im Druck).

Kurt Pieper, Die Verteidigungsanlagen von Schloß Rheydt, in: Rheydter Jahrbuch 19 (1991), S. 165–171.

Claus Weber, Schloss Rheydt – Neue Erkenntnisse zur Archäologie im Spiegel eines Festungsplans aus der Zeit vor 1472, in: Guido von Büren u. Alfred Schuler (Red.), Die Burg in der Ebene (Forschungen zu Burgen und Schlössern 18), Petersberg 2016, S. 214–223.

Karl-Klaus Weber, Johan van Valckenburgh. Das Wirken des niederländischen Festungsbaumeisters in Deutschland 1609–1625, Köln/Weimar/Wien 1995, S. 103–111.

Münster

Max Geisberg, Die Stadt Münster, Bd. 1: Die Ansichten und Pläne, Grundlagen und Entwicklung, die Befestigungen, die Residenzen der Bischöfe (Die Bau- und Kunstdenkmäler von Westfalen 41), Münster 1976.

Holger Jakobi, Das Liebfrauentor – Ausgrabungen im Bereich der Stadtbefestigung Münsters, in: Archäologie in Westfalen 2018 (2019), S. 160–163.

Agnieszka Marschalkowski, Ein Graben und viele Pfosten – Neues zur Stadtbefestigung Münsters, in: Archäologie in Westfalen 2017 (2018), S. 152–156.

Barbara Rommé, Der Zwinger – Bollwerk, Kunstwerk, Mahnmal, Münster 2007.

Johann Conrad Schlaun

Gerd Dethlefs, Johann Conrad Schlaun, in: Internet-Portal »Westfälische Geschichte«; URL: https://www.lwl.org/westfaelische-geschichte/portal/Internet/finde/langDatensatz.php?urlID=1494&url_tabelle=tab_person.

Ulf-Dietrich Korn (Hrsg.), Johann Conrad Schlaun 1695–1773. Schlaun als Soldat und Ingenieur (Schlaunstudie 3), Münster 1976.

Neviges

Kristin Dohmen u. Joachim Zeune, Schloss Hardenberg – neue Erkenntnisse zur Baugeschichte einer rheinischen Wasserburg, in: Guido von Büren u. Alfred Schuler (Red.), Die Burg in der Ebene (Forschungen zu Burgen und Schlössern 17), Petersberg 2016, S. 264–282.

Kristin Dohmen u. Harald Herzog, Die Hauptburg von Schloss Hardenberg. Neue Erkenntnisse zur rheinischen Wohn- und Wehrarchitektur, in: Jahrbuch der rheinischen Denkmalpflege 43 (2013), S. 49–82.

Orsoy

Guido von Büren, Bollwerke aus Papier. Daniel Specklins Ansichten und Pläne niederrheinischer Festungen aus der zweiten Hälfte des 16. Jahrhunderts, in: INSITU. Zeitschrift für Architekturgeschichte 3 (2011), H. 1, S. 55–72.

Dieter Kastner, Bau und Entstehung der Festung Orsoy, in: Annalen des Historischen Vereins für den Niederrhein 187 (1984), S. 103–143.

Dieter Kastner (Bearb.), Orsoy (Rheinischer Städteatlas 51), Bonn 1989.

Dieter Kastner u. Gerhard Köhnen, Orsoy. Geschichte einer kleinen Stadt, Duisburg 1981.

Varenholz

Thomas Dann, Schloss Varenholz (Lippische Kulturlandschaften 24), Detmold 2013.

Volker Wehrmann, Burgen, Schlösser, Herrensitze, Kirchen, Bauernhöfe, Bürgerhäuser in Lippe, Detmold 1981, S. 64–67.

Wesel

Werner Arand, Volkmar Braun u. Josef Vogt, Die Festung Wesel. Darstellung ihrer Entwicklung anhand historischer Karten und Pläne (Weseler Museumsschriften 3), Köln/Bonn 1981.

Jürgen Eberhardt, Jadwiga Pilarska u. Josef Vogt, Festung Wesel. Die Darstellung der untertägig noch zu vermutenden Wehranlagen im heutigen Katasterplan, in: Elmar Brohl (Hrsg.), Militärische Bedrohung und bauliche Reaktion. Festschrift für Volker Schmidtchen, Marburg 2000, S. 173–177 u. Farbtaf. 20–24.

Martin Wilhelm Roelen (Hrsg.), Stadt und Festung Wesel in Mittelalter und Neuzeit (Studien und Quellen zur Geschichte der Stadt Wesel 42), Wesel 2021.

Veit Veltzke, Preußische Festung Wesel. Politik, Krieg und Kunst, Wesel 1995.

Josef Vogt, Die Zitadelle Wesel (Rheinische Kunststätten 557), Köln 2015.

Westwall

Manfred Groß, Der Westwall zwischen Niederrhein und Schnee-Eifel (Archäologische Funde und Denkmäler des Rheinlandes 5), Köln 1982.

Manfred Groß, Bunkerstellungen der Luftverteidigungszone West im Rheinland und Hitlers Hauptquartier in Bad Münstereifel-Rodert, o. O. 2001.

Wiebke Hoppe u. Wolfgang Wegener, Archäologische Kriegsrelikte im Rheinland (Führer zu archäologischen Denkmälern im Rheinland 5), Essen 2014.

Harald Koschik (Hrsg.), Der Westwall. Vom Denkmalwert des Unerfreulichen (Führer zu archäologischen Denkmälern des Rheinlandes 2), Köln 1997.

Jürgen Kunow (Hrsg.), Zukunftsprojekt Westwall. Wege zu einem verantwortungsbewussten Umgang mit den Überresten der NS-Anlage, Weilerswist 2008.

BESICHTIGUNGSHINWEISE

Aachen
Informationen:

Tourist Info Elisenbrunnen,
Friedrich-Wilhelm-Platz, 52062 Aachen

Tel.: 0241-1802950
E-Mail: info@aachen-tourismus.de
Internet: www.aachen-tourismus.de

Die Reste der Stadtbefestigung lassen sich ohne Beschränkungen vom Stadtgrund aus besichtigen.

Bielefeld

Besucherinformationszentrum auf der Sparrenburg, Am Sparrenberg 40, 33602 Bielefeld

Tel.: 0521-516789
E-Mail: sparrenburg@bielefeld-marketing.de
Internet: www.sparrenburg.info

Öffnungszeiten Besucherinformationszentrum:

Apr.–Okt.: täglich 10–18 Uhr, Nov.–März: Sa., So. und Feiertage 11–18 Uhr (außer 24.12.–1.1.). Witterungsbedingt können die Öffnungszeiten abweichen.

Bezüglich der Besichtigung der Kasematten besteht nur die Möglichkeit einer Besichtigung in Form einer Führung im Zeitraum Apr.–Okt. (täglich 12 und 14.30 Uhr, So. und an Feiertagen zusätzl. 16 Uhr).

Bonn
Informationen:

Bonn-Information, Windeckstraße 1, 53111 Bonn
Tel.: 0228-775000
E-Mail: bonninformation@bonn.de
Internet: www.bonn.de/bonn-erleben

Reste der Stadtbefestigung lassen sich innerhalb des Stadtkerns an mehreren markanten Punkten (Alter Zoll, Sterntor) wiederfinden und sind vom Straßengrund aus rund um die Uhr zu besichtigen.

Detmold

Fürstliches Residenzschloss Detmold,
Schlossplatz 1, 32756 Detmold

Tel.: 05231-70200

E-Mail: besichtigung@schloss-detmold.de
Internet: www.schloss-detmold.de

Öffnungszeiten:

Jan.–März: Mo. Ruhetag, Di., Mi., Do. nur nach vorheriger Anmeldung, Fr., Sa., So. und an Feiertagen täglich 11–16 Uhr, Apr.–Okt.: Mo Ruhetag, Di., Mi., Do. 11–13 Uhr sowie 14–18 Uhr, Fr., Sa., So. und an Feiertagen 11–18 Uhr, Schlossführungen Sa., So. 11.30 Uhr, 13 Uhr, 14.30 Uhr, 16 Uhr sowie nach vorheriger Anmeldung, Nov.–Dez.: Di.–Fr. 14–17 Uhr, Sa, So. und an Feiertagen 11–17 Uhr

Düsseldorf
Informationen:

Touristinformation Düsseldorf,
Rheinstraße 3, 40213 Düsseldorf

Tel.: 0211-17202867
E-Mail: info@visitduesseldorf.de
Internet: www.visitduesseldorf.de

Die Reste der Zitadelle lassen sich in der Altstadt ohne Beschränkungen besichtigen.

Stadtmuseum Düsseldorf, Berger Allee 2, 40213 Düsseldorf

Tel.: 0211–8996170
E-Mail: stadtmuseum@duesseldorf.de
Internet: www.duesseldorf.de/stadtmuseum

Öffnungszeiten:

Di.–So. 11–18 Uhr, An folgenden Feiertagen geöffnet: Karfreitag, Ostersonntag, Christi Himmelfahrt, Pfingstsonntag, Fronleichnam, Tag der Dt. Einheit, Allerheiligen, 2. Weihnachtsfeiertag

Landeshauptstadt Düsseldorf ArcheoPoint im U-Bahnhof Heinrich-Heine-Allee, Eingang Corneliusplatz

Öffnungszeiten:

täglich 10-18 Uhr

Fossa Eugeniana

Der Fossa Eugeniana-Wanderweg ist mit einer Raute gekennzeichnet und erschließt die erhaltenen Kanalbereiche und Schanzen zwischen Kamp-Linfort und der Landesgrenze zu den Niederlanden. Teilweise verläuft er auf unebenen Waldwirtschaftswegen.

Die heute noch erhaltenen Teilstücke der Fossa Eugeniana und ihre Schanzen sind in mehreren Radtouren des Kreises Wesel, der Stadt Geldern und der südlichen Niederlande eingebunden.

www.fossa-eugeniana.nl

Jülich
Informationen:

Tourist-Information Jülich,
Kölnstraße 19b, 52428 Jülich

Tel.: 02461-63418
E-Mail: stadtmarketing@juelich.de
Internet: www.juelich.de/touristinformation

Museum Zitadelle Jülich,
Schlossstraße, 52428 Jülich

Tel.: 02461-63510
E-Mail: museum@juelich.de
Internet: www.museum-zitadelle.de

Öffnungszeiten:

Apr.–Okt.: Di.–Fr. 14–17 Uhr, Sa., So. und an Feiertagen 11–17 Uhr, Nov.–März: Sa., So. 11–17 Uhr, an Feiertagen geschlossen

Brückenkopf-Park Jülich,
Rurauenstraße 11, 52428 Jülich

Tel.: 02461-97950
E-Mail: info@brueckenkopf-park.de
Internet: www.brueckenkopf-park.de

Öffnungszeiten:

Nov.-Febr. 10–16 Uhr, März–Okt. 9–18 Uhr

Kaiserswerth
Die Reste der Stadtbefestigung sind frei zugänglich.

Museum Kaiserswerth,
Fliednerstraße 32, 40489 Düsseldorf

Tel.: 0211-403614
E-Mail: info@museum-kaiserswerth.de
Internet: www.museum-kaiserswerth.de

Öffnungszeiten:

Das Museum öffnet, wenn eine Wechselausstellung zu besichtigen ist: Sa. 14–17 Uhr, So. und an Feiertagen 11–17 Uhr

Köln
Informationen:

Köln Tourismus GmbH,
Kardinal-Höffner-Platz 1, 50667 Köln

Tel.: 0221-346430

E-Mail: info@koelntourismus.de
Internet: www.koelntourismus.de

Im Stadtgebiet von Köln haben sich an verschiedenen Stellen Reste der Befestigungsanlagen erhalten, die meist nur von außen besichtigt werden können. Verschiedene Vereine und Initiativen (u. a. Arbeitsgemeinschaft Festung Köln e. V., Festungsmuseum Köln e. V., Fortis Colonia e. V.) bieten spezielle Festungsführungen an.

Krefeld
Museum Burg Linn,
Rheinbabenstraße 85, 47809 Krefeld

Tel.: 02151-155390
E-Mail: burglinn@krefeld.de
Internet: www.museumburglinn.de

Öffnungszeiten:

Apr.–Okt.: Di.–So. 10–18 Uhr, Nov.-März: Di.–So. 11–17 Uhr

Lemgo
Informationen:

Lemgo Marketing e. V.,
Kramerstraße 1, 32657 Lemgo

Tel.: 05261-98870
E-Mail: info@lemgo-marketing.de
Internet: www.lemgo-marketing.de

Die Besichtigung der Stadtbefestigung ist in der Innenstadt von Lemgo nach eigenem Ermessen möglich.

Lipperode
Informationen:

Stadtinformation,
Lange Straße 14, 59555 Lippstadt

Tel.: 02941-58515
E-Mail: stadtinfo@kwl-lippstadt.de
Internet: www.lippstadt-erleben.de

Burg Lipperode, Zum Amt, 59558 Lippstadt, rund um die Uhr geöffnet

Parkplätze müssen innerhalb des Ortes gesucht werden. Es empfiehlt sich in der Nähe der Adresse Lippstadt, Zum Amt 2 zu suchen, da von dort ein Fußweg in die Lippeniederung und zur Festung führt.

Minden
Informationen:

Minden Marketing GmbH,
Domstraße 2, 32423 Minden

Tel.: 0571-8290659
E-Mail: info@mindenmarketing.de
Internet: www.mindenmarketing.de

Mindener Museum,
Ritterstraße 23–33, 32423 Minden

Tel.: 0571-9724020
E-Mail: museum@minden.de
Internet: www.minden.de/bildung-kultur-sport/mindener-museum

Öffnungszeiten:

Di.-So. 12–18 Uhr

LWL-Preußenmuseum Minden,
Simeonsplatz 12, 32427 Minden

Tel.: 0571-837280
E-Mail: preussenmuseum@lwl.org
Internet: www.lwl-preussenmuseum.de

Öffnungszeiten:

Di.–So. und an Feiertagen 10–18 Uhr

Mönchengladbach

Städtisches Museum Schloss Rheydt,
Schlossstraße 508, 41238 Mönchengladbach

Tel.: 02161-252681
E-Mail: info@schlossrheydt.de
Internet: www.schlossrheydt.de

Öffnungszeiten:

Di.–Fr. 11–17 Uhr, Sa.–So. 11–18 Uhr

Münster

Informationen:

Münster Marketing,
Heinrich-Brüning-Straße 7, 48143 Münster

Tel.: 0251-4922710
E-Mail: info@stadt-muenster.de
Internet: www.stadt-muenster.de/tourismus/startseite

Stadtmuseum Münster,
Salzstraße 28, 48143 Münster

Tel.: 0251-4924503
E-Mail: museum-info@stadt-muenster.de
Internet: www.stadt-muenster.de/museum/museum

Öffnungszeiten:

Di.–Fr. 10–18 Uhr, Sa., So. und an Feiertagen 11–18 Uhr

Zwinger in Münster, Promenade im Bereich Lotharingerstraße, 48143 Münster, Kontakt über Stadtmuseum Münster

Das Stadtmuseum ermöglicht Führungen durch das Große Bollwerk/»Zwinger«, während der Rest der Stadtbefestigungen mitsamt der Zitadelle frei zugänglich ist. Lediglich ein Vorwerk zwischen Zitadelle und Stadtbefestigung liegt auf dem nicht öffentlichen Gelände des 1. Deutsch-Niederländischen Korps. Da gerade hier der Rest einer Kasematte mit Scharten liegt, lohnt sich ein Blick von der Zitadelle auf den Parkplatz der Kaserne. Wenn möglich, sollten die Befestigungsreste in der laubfreien Zeit besichtigt werden.

Neviges

Schloss Hardenberg,
Zum Hardenberger Schloss 1, 42553 Velbert

Tel.: 02051-262828
E-Mail: kulturloewen@velbert.de
Internet: www.velbert.de/kultur/schloss-hardenberg

Die Vorburg von Schloss Hardenberg wird für Gastronomie und Veranstaltungen genutzt. Das Schloss soll zum Naturerlebniszentrum ausgebaut werden.

Orsoy

Informationen:

www.rheinberg.de/de/inhalt/ortsteil-orsoy

Die Stadtbefestigung zieht sich als Promenade durch den Ortsteil Orsoy der Stadt Rheinberg und ist frei zugänglich.

Varenholz

Schloss Varenholz, 32689 Kalletal

Tel.: 05755-9620
E-Mail: info@schloss-varenholz.de
Internet: www.schloss-varenholz.de

Durch den Schulbetrieb im Schloss ist eine Besichtigung der Innenbereiche nur nach vorhergehender Anfrage im Schulsekretariat möglich. Die Außenbereiche des Schlosses, inklusive des Innenhofes, und der Wirtschaftshof sind frei zugänglich. Es ist aber unbedingt auf den laufenden Wirtschaftsbetrieb zu achten, der in jedem Fall Vorrang hat.

Wesel

Informationen:

WeselMarketing GmbH,
Großer Markt 11, 46483 Wesel

Tel.: 0281-2032622
E-Mail: info@weselmarketing.de
Internet: www.wesel-tourismus.de

LVR-Niederrheinmuseum Wesel,
An der Zitadelle 14–20, 46483 Wesel

Tel.: 0281-339960
E-Mail: niederrheinmuseum-wesel@lvr.de
Internet: www.niederrheinmuseum-wesel.lvr.de

Öffnungszeiten:

Di.–So. 11–17 Uhr, Geschlossen an Heiligabend, 1. Weihnachtsfeiertag, Silvester und Neujahr. An allen anderen gesetzlichen Feiertagen in NRW (auch montags) geöffnet.

Westwall

Die ehemalige Verteidigungslinie erstreckt sich zwischen Hellenthal und Monschau und lässt sich frei besichtigen, genauso wie der Westwall zwischen Simmerath und Simonskall. Weitere Panzerhindernisse lassen sich ebenso bei Aachen Richtung Wurmtal entdecken. Die Geldernstellung zwischen Brüggen und Kleve lässt sich ebenfalls frei besuchen. Anhand zahlreicher Wegespuren in den Wäldern ist das gewachsene Interesse an diesen Zeugen der Vergangenheit zu erkennen. An einzelnen Wanderwegen wird auf die Bunkeranlagen hingewiesen, es gibt aber nur wenige ausgewiesene Westwall-Wanderwege in NRW. Die angebotenen Wandertouren im Bereich Hürtgenwald befassen sich vor allem mit den Kriegsereignissen 1944. Verschiedene Touren bietet die Nordeifel Tourismus GmbH (www.nordeifel-tourismus.de) an. Genaue Standort- und Wegangaben finden sich in der Beschreibung des Westwalls.

GLOSSAR

Armierung: Aufrüstung der Festung für den Verteidigungszustand

Artillerie: schwere, weitreichende Feuerwaffen (Kanonen, Mörser), im weiteren Sinne auch die Bezeichnung der zugehörigen Truppe

Außenwerk: eine vor dem Hauptwall liegende Verteidigungseinrichtung (z. B. Blockhaus, Ravelin oder Kontergarde)

Bastei: ein aus dem Wallverlauf rund vortretender Abschnitt, dient zur Aufstellung von Geschützen

Barbakane: vor dem Tor gelegene Wehranlage (Vortor)

Bastion: ein aus dem Wallverlauf vortretender Abschnitt mit fünfeckigem Grundriss, dient zur Aufstellung von Geschützen

Bastionsschulter: der Bereich, wo Face und Flanke aufeinandertreffen

Batardeau: Staumauer im Graben zur Regulierung des Wasserstandes

Batterie: im Wehrbau eine Stellung für mehrere Geschütze mit Plattform und Brustwehr oder kasemattiert, kann auch nur für Infanterie eingerichtet sein

Berme: schmaler, horizontaler Absatz in der äußeren Wallböschung

Blockhaus: ein kleines befestigtes Gebäude, z. B. im gedeckten Weg oder als Reduit eines Vorwerkes

Bonnet: partielle Erhöhung der Brustwehr an gefährdeten Stellen

Bresche: durch Beschuss, Sprengung, Untergraben oder Unterminieren erzeugte Lücke im Wall oder in der Festungsmauer, durch welche die Angreifer eindringen können

Brückenkopf: Befestigungsanlage vor einer Flussbrücke

Brustmauer: eine Deckungsmauer, z. B. über dem Kordon eines Walls

Brustwehr: eine mindestens mannshohe Deckung, gemauert oder aus Erdreich, über die hinweg gefeuert wird oder die Einschnitte (Scharten) besitzt, durch die gefeuert wird (krenelierte Brustwehr)

Bunker: bomben- und beschusssicherer Unterstand, nicht zwingend selbst verteidigungsfähig

Defensionskaserne: verteidigungsfähige Truppenunterkunft

detachiert: bed. abgesetzt; z. B. eine detachierte Bastion ist durch Gräben vom Wall getrennt; ein detachiertes Werk ist eine unweit der Hautbefestigung / Hauptumwallung liegende, Befestigung

Enceinte: Hauptwall einer Festung

Eskarpe: innere Grabenwand

Esplanade: militärischer Raum zwischen Stadt und Zitadelle

Face: eine Seite der Bastionsspitze (Saillant)

Fausse-Braie: ein vor dem Hauptwall gelegener, niedrigerer Wall

Feldseite: die dem Angreifer zugewendete Seite

Flanke: bei der Bastion der Abschnitt zwischen Face und Wallanschluss

Flesche: ein Werk mit der Wallform eines ausspringenden Winkels

Fort: ein von der Hauptbefestigung abgesetztes, selbständiges Vorwerk

Gedeckter Weg: vor dem Festungsgraben, über der Kontereskarpe verlaufender Weg, der durch ein Glacis vor Einsicht und Beschuss geschützt ist

Glacis: Erdaufschüttung vor dem Graben, die zum Angreifer hin flach abfällt, im Belagerungsfall dient der Abschnitt dem Verteidiger als Schussfeld, dass auf die Wallverteidigung hin ausgerichtet ist

Grabenschere (Tenaille): Außenwerk in Form eines einspringenden Winkels; liegt vor der Kurtine und zwischen den Bastionsflanken

Halbbastion: es fehlt eine Face, hier ist die Flanke direkt mit der Bastionsspitze verbunden

Halbmond (Demilune): ältere Bezeichnung für halbrundes Verteidigungswerk

Hornwerk: Festungswerk, das aus zwei mit einer Kurtine verbundenen Halbbastionen besteht

Kaponniere (Grabenwehr): schusssichere Verteidigungseinrichtung, entweder als Gebäude im Graben oder Kasematten in der Grabenwand, dient der Grabenverteidigung

Kasematte: schusssicherer und oft auch verteidigungsfähiger Hohlbau

Kaserne: Unterkunftsgebäude für die Soldaten

Kavalier: eine überhöhende Stellung auf dem Wall

Kehle: die dem Feind abgewandte Rückseite einer Befestigungsanlage

Kontereskarpe: äußere / feldseitige Grabenwand

Kontergarde: winkelförmiges, einer Bastion oder einem Ravelin vorgelagertes Werk

Kronwerk: Festungswerk aus zwei Halbbastionen mit einer ganzen Bastion in der Mitte

Künette: Entwässerungsrinne in der Grabensohle, die so breit und tief ist, dass sie ein Annäherungshindernis darstellt

Kurtine: Wall oder Mauer zwischen zwei Basteien, Bastionen, Rondellen oder Türmen

Linienbefestigung: fortlaufende und geschlossene Linie von Festungswerken

Lünette: fünfeckiges Außenwerk

Minengang/-galerie: unterirdischer Stollen von Angreifern und Verteidigern

Motte: mittelalterlicher Burgtyp, dessen Hauptmerkmal ein künstlich angelegter Erdhügel mit einem meist turmförmigen Gebäude ist

Poterne: Durchgang oder Durchfahrt durch einen Festungswall

Ravelin: vor der Kurtine im Graben liegendes dreieckiges oder fünfeckiges Außenwerk

Rayon: Vorgelände einer Festung mit Nutzungs- bzw. Baubeschränkungen

Redoute: ein Werk aus ausspringenden Winkeln von viereckiger oder polygonaler Form

Reduit: beschusssicheres und verteidigungsfähiges Rückzugsgebäude in einem Festungswerk

Rondell: gerundetes, vorspringendes Bauwerk, das die Kurtine nicht oder nur unwesentlich überragt, für die Aufstellung von Geschützen (siehe Bastei)

Saillant: ausspringender Winkel; bei Bastionen wird der durch die Facen gebildete Winkel damit bezeichnet

Schanze: eine Befestigung von unterschiedlicher Form mit Wall, Graben und Brustwehr, die aus Erde / Holz ausgeführt ist; kann ein Reduit haben

Schanzturm: steinerner Wehrturm in einer äußeren Mauer, der auf der Rückseite offen oder dort in einer leichten Bauweise ausgeführt ist

Schießscharten / Scharte: Öffnungen in der Mauer oder Einschnitt in der Brustwehr zum Hindurchschießen

Schleifung: systematischer Abbruch einer Festung

Schütte: Erdaufschüttung hinter oder vor einer Wehrmauer

Tracé: Grundlinie einer Befestigung z. B. der Verlauf von Wall und Graben

Traversen: Mauer oder Wall, quer gestellt zur Hauptverteidigungslinie als Deckung gegen seitliche Schüsse

Vorwerk: ein vor dem Glacis einer Hauptbefestigung liegendes, mehr oder minder selbständiges Werk

Waffenplatz: ein vergrößerter Bereich im gedeckten Weg

Wallgang: Transportweg für Waffen auf dem Wall

Zeughaus: Gebäude zur Lagerung und Pflege von Waffen

Zitadelle: Teil einer Festung, der in sich geschlossen, aber von der übrigen Festung abgesondert ist

BILDNACHWEIS

Luftaufnahmen: Nürnberg Luftbild, Hajo Dietz

Einführung: Abb. 1, 10, 14, 17–19, 21, 23: Museum Zitadelle Jülich; Abb. 2: Kunsthistorisches Institut der Universität zu Köln, Abteilung Architekturgeschichte, Michael Wieczorek; Abb. 3: LVR-Landes-Museum Bonn; Abb. 4: Koninklijke Bibliotheek van België Brüssel; Abb. 5: LVR-Amt für Denkmalpflege im Rheinland Pulheim-Brauweiler, Hans Meyer; Abb. 6, 15: LWL-Museum für Kunst und Kultur Münster; Abb. 7: Entwurf: Franz Petri, Zeichnung: E. Wagner; Abb. 8: Klaus T. Weber; Abb. 9: Sammlung Brigitte und Klaus Jordan, Musée Dräi Eechelen Luxemburg; Abb. 11: Musée de l'Armée Paris; Abb. 12: Stadtarchäologie Soest, Frederik Heinze; Abb. 13: Johannes Müller-Kissing; Abb. 16, 24: Rheinisches Bildarchiv Köln; Abb. 20: Staatsbibliothek Bamberg; Abb. 22: Museum Kurhaus Kleve – Sammlung Robert Angerhausen; Abb. 25: Stadtmuseum Düsseldorf; Abb. 27: Rijksmuseum Amsterdam; Abb. 29: Rouven Meidlinger, planlauf GmbH Jülich; Abb. 30: Luca de Graaf; Abb. 31: Bernhard Dautzenberg; Abb. 32: Holger Körber

Aachen: Abb. 1: aus: Carl Rhoen, Die Befestigungswerke der freien Reichsstadt Aachen, Aachen 1894; Abb. 2: Bildarchiv Verf.; Abb. 3: Stadtarchiv Aachen; Abb. 4, 8: LoKiLeCh, WikiCommens; Abb. 5: aus: Die Kunstdenkmäler der Stadt Aachen, Bd. 3: Die profanen Denkmäler und die Sammlung der Stadt Aachen (Die Kunstdenkmäler der Rheinprovinz X,3), Düsseldorf 1924, S. 105; Abb. 6, 7: Andreas Kupka; Abb. 9: Städtische Sammlung Aachen, Anne Gold

Bielefeld: Abb. 1: LWL-Archäologie für Westfalen, Maja Thede/Johannes Müller-Kissing; Abb. 2, 3, 9–13: Johannes Müller-Kissing; Abb. 4–8: LWL-Archäologie für Westfalen, Außenstelle Bielefeld, Maria Hahne; Abb. 14: Sammlung Johannes Müller-Kissing

Bonn: Abb. 1, 4: Architectura Virtualis GmbH Darmstadt; Abb. 2, 6: Stadtarchiv Bonn; Abb. 3: Rijksmuseum Amsterdam; Abb. 5: Staatsbibliothek Berlin – Preußischer Kulturbesitz; Abb. 7: Rouven Meidlinger, planlauf GmbH Jülich; Abb. 8–10: Axel Kirch

Detmold: Abb. 1: G. Ulrich Großmann; Abb. 3–11: Johannes Müller-Kissing; Abb. 4: Lippische Landesbibliothek Detmold

Düsseldorf: Abb. 1: Landeshauptstadt Düsseldorf (LHD), Amt 62; Abb. 2: LHD; Abb. 3: Generallandesarchiv Karlsruhe; Abb. 4: Museum Zitadelle Jülich; Abb. 5–7, 9, 14, 15: Andreas Kupka; Abb. 10, 12: Stadtmuseum Düsseldorf; Abb. 11: aus: Hatto Küffner/Edmund Spohr, Burg und Schloß Düsseldorf. Baugeschichte einer Residenz, Kleve 1999, S. 67; Abb. 13: Architectura Virtualis GmbH Darmstadt /LHD; Abb. 16: Kurpfälzisches Museum Heidelberg; Abb. 17: Stadtarchiv Düsseldorf

Familie Pasqualini: Abb. 1: Rheinisches Bildarchiv; Abb. 2: Stadtarchiv Wesel

Fossa Eugeniana: Abb. 1, 6–8: Historischer Verein für Geldern und Umgegend e. V.; Abb. 2: Rijksmuseum Amsterdam; Abb. 3: Stadtarchiv Geldern; Abb. 4, 5, 9, 11–15: Wolfgang Wegener; Abb. 10, 16–18: GeoBasis NRW

Jülich: Abb. 1: Entwurf: Conrad Doose, Zeichnung: Esther Weiss; Abb. 2, 4–6: Museum Zitadelle Jülich; Abb. 8, 9: Wilhelm-Peter Schneider; Abb. 10: Christoph Fischer; Abb. 11: Olaf Kiel; Abb. 12, 18: Service historique de la Défense Vincennes; Abb. 13: Guido von Büren; Abb. 14, 16, 17, 20: Bernhard Dautzenberg; Abb. 15: Wolfgang Hommel; Abb. 19: Siegfried Peters

Kaiserswerth: Abb. 1, 3–5: Museum Kurhaus Kleve – Sammlung Robert Angerhausen; Abb. 6: A. Savin, Wikipedia; Abb. 7: Barbara Rinn-Kupka; Abb. 8: Rouven Meidlinger, planlauf GmbH Jülich

Köln: Abb. 1: Wikipedia; Abb. 2, 23: Barbara Rinn-Kupka; Abb. 3, 6, 8, 9, 15: Archiv Andreas Kupka; Abb. 5, 10, 22, 25: Andreas Kupka; Abb. 11: Geobasis NRW; Abb. 12: K.H. Blümel; Abb. 14: Bernhard Dautzenberg; Abb. 16: Fortis Colonia; Abb. 17, 20: F. Beumer, CRIFA; Abb. 18: André Brauch; Abb. 19: A. Radnai, CRIFA; Abb. 21: https://www.flickr.com/photos/drakegoodman/6475834305/in/photostream/; Abb. 24: aus: Uwe Westfehling, Jakob und Wilhelm Scheiner. Bilder zur Kölner Stadtentwicklung zwischen 1872 und 1922, Köln 1980; Abb. 26: Römisch-Germanisches Museum der Stadt Köln

Gotthilf Benjamin Keibel: Abb. 1: Ancestors Family Search; Abb. 2: Museum Zitadelle Jülich

Krefeld: Abb. 2: Ludwig Arntz; Abb. 3: Büro für Burgenforschung; Abb. 4: Albert Steeger; Abb. 5: LVR-Amt für Denkmalpflege im Rheinland Pulheim-Brauweiler; Abb. 7: Stadtarchiv Krefeld; Abb. 8: Rouven Meidlinger, planlauf GmbH Jülich; Abb. 9: Patrick Jülich nach Christoph Reichmann

Lemgo: Abb. 1: Stadtarchiv Lemgo u. Lippische Landesbibliothek Detmold; Abb. 2: Stadtarchiv Lemgo; Abb. 3, 7, 8: Lippisches Landesmuseum Detmold, Johannes Müller-Kissing; Abb. 4–6, 9: Johannes Müller-Kissing; Abb. 10: By Tsungam – Own work, CC BY-SA 3.0, https://commons.wikimedia.org/w/index.php?curid=28436549; Abb. 11: Lippische Landesbibliothek Detmold

Hermann Wulff: Abb. 1: aus: Herbert Kreft u. Jürgen Soenke, Die Weserrenaissance, Hameln 61986, S. 23

Lipperode: Abb. 1, 3–7, 9–11: Johannes Müller-Kissing; Abb. 8: Lippische Landesbibliothek Detmold

Minden: Abb. 1, 3–9, 11–13: Johannes Müller-Kissing

Mönchengladbach: Abb. 1: LVR-Amt für Bodendenkmalpflege im Rheinland auf der Grundlage von Plänen der Stadt Mönchengladbach; Abb. 2: Städtisches Museum Schloss Rheydt Mönchengladbach; Abb. 4: Architectura Virtualis GmbH Darmstadt; Abb. 5: Landesarchiv NRW, Abteilung Rheinland, Duisburg; Abb. 6: Kriegsarchiv Stockholm; Abb. 7: Rouven Meidlinger, planlauf GmbH Jülich; Abb. 8–10: Guido von Büren

Münster: Abb. 1: Staatsbibliothek zu Berlin – Preußischer Kulturbesitz; Abb. 2–10: Johannes Müller-Kissing

Johann Conrad Schlaun: Abb. 1: LWL-Landesmuseum für Kunst und Kultur Münster, Sabine Ahlbrand-Dornseif; Abb. 2: Archiv des Rhein-Sieg-Kreises Siegburg

Neviges: Abb. 1: LVR-Amt für Denkmalpflege im Rheinland Pulheim-Brauweiler, Kristin Dohmen; Abb. 3: Theodor Wildeman; Abb. 4: LVR-Amt für Denkmalpflege im Rheinland Pulheim-Brauweiler, Kristin Dohmen/Claudia Notarius; Abb. 5, 6: H. Helfers

Orsoy: Abb. 1, 4: Museum Zitadelle Jülich; Abb. 2: Landesarchiv Nordrhein-Westfalen, Abteilung Rheinland, Duisburg; Abb. 3: Generallandesarchiv Karlsruhe; Abb. 5: Rouven Meidlinger, planlauf GmbH Jülich

Varenholz: Abb. 1, 3, 5–11: Johannes Müller-Kissing; Abb. 4, 12: Lippische Landesbibliothek Detmold; Abb. 13: Sammlung Johannes Müller-Kissing

Wesel: Abb. 1: Landesarchiv Nordrhein-Westfalen, Abteilung Rheinland, Duisburg; Abb. 2: Hans Blossey; Abb. 3: Stadtarchiv Wesel; Abb. 4–12 Josef Vogt

Westwall: Abb. 1: Karin White-Rahneberg, LVR-Amt für Bodendenkmalpflege im Rheinland (LVR-ABR); Abb. 2, 3, 11, 12, 14–16, 18, 20, 22–29, 31, 32, 34, 35, 37, 38, 40: Wolfgang Wegener; Abb. 4: aus: M. Groß 1982, S. 123, LVR-ABR; Abb. 5: aus: M. Groß 1982, S. 128, LVR-ABR; Abb. 6, 7: aus: H. Koschik 1997, S. 166, LVR-ABR; Abb. 8: aus: H. Koschik 1997, S. 209, LVR-ABR; Abb. 9: aus: M. Groß 1982, S. 133, LVR-ABR; Abb. 10, 21: aus: H. Koschik 1997, S. 96, LVR-ABR; Abb. 13: aus: H. Koschik 1997, S. 211, LVR-ABR; Abb. 17: aus: H. Koschik 1997, S. 220, LVR-ABR; Abb. 19: aus: M. Groß 1982, S. 153, LVR-ABR; Abb. 30: aus: H. Koschik 1997, S. 310, LVR-ABR; Abb. 33: aus: M. Groß 1982, S. 179, LVR-ABR; Abb. 36: aus: H. Koschik 1997, S. 242, LVR-ABR; Abb. 39: aus: H. Koschik 1997, S. 284, LVR-ABR

Gedenkmedaille auf die Einnahme der Festung Jülich im Jahr 1610 mit der lateinischen Umschrift »Nichts ist uneinnehmbar« (Museum Zitadelle Jülich)